西方古典学研究
编辑委员会

主　编：黄　洋　（复旦大学）
　　　　高峰枫　（北京大学）

编　委：陈　恒　（上海师范大学）
　　　　李　猛　（北京大学）
　　　　刘津瑜　（美国德堡大学）
　　　　刘　玮　（中国人民大学）
　　　　穆启乐　（Fritz-Heiner Mutschler，德国德累斯顿大学）
　　　　彭小瑜　（北京大学）
　　　　吴　飞　（北京大学）
　　　　吴天岳　（北京大学）
　　　　徐向东　（浙江大学）
　　　　薛　军　（北京大学）
　　　　晏绍祥　（首都师范大学）
　　　　岳秀坤　（首都师范大学）
　　　　张　强　（东北师范大学）
　　　　张　巍　（复旦大学）

西方古典学研究

Aristotle
The Desire
to Understand

理解的欲求
亚里士多德哲学导论

Jonathan Lear

[英] 乔纳森·李尔 著
刘玮 译

北京大学出版社
PEKING UNIVERSITY PRESS

著作权合同登记号 图字：01-2011-8064
图书在版编目（CIP）数据

理解的欲求：亚里士多德哲学导论 /（英）乔纳森·李尔著；刘玮译. —北京：北京大学出版社，2021.1
（西方古典学研究）
ISBN 978-7-301-31596-5

Ⅰ.①理… Ⅱ.①乔… ②刘… Ⅲ.①亚里士多德（Aristotle 前384—前322）– 哲学思想 – 研究 Ⅳ.① B502.233

中国版本图书馆 CIP 数据核字（2020）第 166425 号

Aristotle: The Desire to Understand First Edition (ISBN 978-0521347624) by Jonathan Lear first published by Cambridge University Press 2011.
All rights reserved.
This simplified Chinese edition for the People's Republic of China is published by arrangement with the Press Syndicate of the University of Cambridge, Cambridge, United Kingkom.
© Cambridge University Press & Peking University Press 2020.
This book is in copyright. No reproduction of any part may take place without the written permission of Cambridge University Press and Peking University Press.
This edition is for sale in the People's Republic of China (excluding Hong Kong SAR, Macau SAR and Taiwan Province) only.
此版本仅限在中华人民共和国（不包括香港、澳门特别行政区及台湾地区）销售。
Copies of this book sold without a Cambridge University Press sticker on the cover are unauthorized and illegal.
本书封面贴有 Cambridge University Press 防伪标签，无标签者不得销售。

书　　名	理解的欲求：亚里士多德哲学导论 LIJIE DE YUQIU: YALISHIDUODE ZHEXUE DAOLUN
著作责任者	[英]乔纳森·李尔（Jonathan Lear） 著　刘 玮 译
责任编辑	王晨玉
标准书号	ISBN 978-7-301-31596-5
出版发行	北京大学出版社
地　　址	北京市海淀区成府路 205 号　100871
网　　址	http://www.pup.cn　　新浪微博:@北京大学出版社
电子信箱	pkuwsz@126.com
电　　话	邮购部 010-62752015　发行部 010-62750672　编辑部 010-62752025
印　刷　者	北京中科印刷有限公司
经 销 者	新华书店
	730 毫米 × 1020 毫米　16 开本　25.25 印张　306 千字 2021 年 1 月第 1 版　2022 年 1 月第 3 次印刷
定　　价	75.00 元

未经许可，不得以任何方式复制或抄袭本书之部分或全部内容。
版权所有，侵权必究
举报电话：010-62752024　电子信箱：fd@pup.pku.edu.cn
图书如有印装质量问题，请与出版部联系，电话：010-62756370

"西方古典学研究"总序

古典学是西方一门具有悠久传统的学问,初时是以学习和通晓古希腊文和拉丁文为基础,研读和整理古代希腊拉丁文献,阐发其大意。18世纪中后期以来,古典教育成为西方人文教育的核心,古典学逐渐发展成为以多学科的视野和方法全面而深入研究希腊罗马文明的一个现代学科,也是西方知识体系中必不可少的基础人文学科。

在我国,明末即有士人与来华传教士陆续译介希腊拉丁文献,传播西方古典知识。进入20世纪,梁启超、周作人等不遗余力地介绍希腊文明,希冀以希腊之精神改造我们的国民性。鲁迅亦曾撰《斯巴达之魂》,以此呼唤中国的武士精神。20世纪40年代,陈康开创了我国的希腊哲学研究,发出欲使欧美学者以不通汉语为憾的豪言壮语。晚年周作人专事希腊文学译介,罗念生一生献身希腊文学翻译。更晚近,张竹明和王焕生亦致力于希腊和拉丁文学译介。就国内学科分化来看,古典知识基本被分割在文学、历史、哲学这些传统学科之中。20世纪80年代初,我国世界古代史学科的开创者日知(林志纯)先生始倡建立古典学学科。时至今日,古典学作为一门学问已渐为学界所识,其在西学和人文研究中的地位日益凸显。在此背景之下,我们编辑出版这套"西方古典学研究"丛书,希冀它成为古典学学习者和研究者的一个知识与精神的园地。"古典学"一词在西文中固无歧义,但在中文中可包含多重意思。丛书取"西方古典学"之名,是为避免中文语境中的歧义。

收入本丛书的著述大体包括以下几类:一是我国学者的研究成果。近年来国内开始出现一批严肃的西方古典学研究者,尤其是立志于从事西方古典学研究的青年学子。他们具有国际学术视野,其研究往往大胆而独具见解,代表了我国西方古典学研究的前沿水平和发展方向。二是国外学者的研究论著。我们选择翻译出版在一些重要领域或是重要问题上反映国外最新研究取向的论著,希望为国内研究者和学习者提供一定的指引。三是西方古典学研习者亟需的书籍,包括一些工具书和部分不常见的英译西方古典文献汇编。对这类书,我们采取影印原著的方式予以出版。四是关系到西方古典学学科基础建设的著述,尤其是西方古典文献的汉文译注。收入这类的著述要求直接从古希腊文和拉丁文原文译出,且译者要有研究基础,在翻译的同时做研究性评注。这是一项长远的事业,非经几代人的努力不能见成效,但又是亟需的学术积累。我们希望能从细小处着手,为这一项事业添砖加瓦。无论哪一类著述,我们在收入时都将以学术品质为要,倡导严谨、踏实、审慎的学风。

我们希望,这套丛书能够引领读者走进古希腊罗马文明的世界,也盼望西方古典学研习者共同关心、浇灌这片精神的园地,使之呈现常绿的景色。

"西方古典学研究"编委会
2013 年 7 月

献给 Cynthia Farrar

τί οὖν κωλύει λέγειν εὐδαίμονα τὸν κατ' ἀρετὴν τελείαν ἐνεργοῦντα καὶ τοῖς ἐκτός ἀγαθοῖς ἱκανῶς κεχορηγημένον μὴ τὸν τυχόντα χρόνον ἀλλά τέλειον βίον;

有什么能妨碍我们说，幸福就是合乎完全德性的活动，并且有充足的外在的好，而且不是度过任意的时间，而是完整的一生呢？

目　录

前　言   I

第一章　理解的欲求   1

第二章　自然   17
    一、自然作为变化的内在原理   17
    二、理解与"为什么"   30
    三、四种方式   32
    四、动物的心脏   50

第三章　变化   63
    一、巴门尼德的挑战   63
    二、对变化的分析   69
    三、变化的媒介（一）：无限   75
    四、变化的媒介（二）：时间的无限性   85
    五、变化的悖论：芝诺的飞矢   96

第四章　人的自然   111
    一、灵魂   111
    二、感觉   117

三、理智　　135
　　四、主动理智　　156
　　五、行动中的理智　　164

第五章　伦理学与欲求的组织　　177
　　一、《尼各马可伦理学》的要点　　177
　　二、幸福与人的自然　　186
　　三、德性　　191
　　四、不自制　　204
　　五、自由与德性　　217
　　六、主奴辩证法　　223

第六章　理解存在的普遍结构　　243
　　一、亚里士多德的逻辑学　　243
　　二、亚里士多德的数学哲学　　267
　　三、形而上学：研究作为存在的存在　　285
　　四、关于存在最确定的原理　　288
　　五、什么是实体？　　305
　　六、《形而上学》第七卷的旅行指南　　314
　　七、自然之外的理智　　339
　　八、人在自然之外的位置　　357

参考文献　　370

索　引　　379

译后记　　383

前　言

我写这本书是当作某种告别。1970年从耶鲁大学毕业时，我得到梅隆奖学金（Mellon Fellowship）的资助首次来到剑桥，之后的十五年中，除了偶尔回到美国，我在那边待了差不多十二年。剑桥在很多方面都是我思想与情感的家园：此前我从没见过这样一个给人带来温暖、鼓励，同时又极富挑战的思想环境。或许这就是我逗留如此之久的原因。1985年当我决定返回美国时，我就想在思想上（如果不是情感上的话）标记下我在剑桥度过的时光。我关于亚里士多德的大部分研究都完成于我在克莱尔学院（Clare College）的那段时间，一开始是学生，之后是研究员。所以我决定写一本亚里士多德哲学的导论。我喜欢写导论这个想法，首先是因为，我认为这会迫使我在一个宽广的背景下工作，我需要澄清很多年间的思想，而不是聚焦于某个单独的论证；其次是因为，我想写一本那些不是亚里士多德专家的朋友们也能理解的书，他们会在平常的交谈中无数次地问我："你觉得亚里士多德对这个问题会怎么看？"

我不想逐一列举我在剑桥的诸多友人，如果你是其中之一并且正在阅读这些文字，我想说你在我的内心和思想中非常重要。然而，我要提到那些曾经帮助过我进行亚里士多德研究的朋友们。首先，我要感谢我在剑桥生活的一部分，而且这一部分也陪伴我回到了美国：我的妻子，辛西娅·法拉（Cynthia Farrar）。但是我不会陷入通常的陈词滥调，说"如果没有她的帮助会如何如何"，部分原因是，这些确实是陈词滥调；另一部分原因是，我不确定这是不是事实：即使辛西娅没有这样支持我，我觉得我也会写完这本书。我在这里提到她，仅仅是因为她帮助我理解了亚里士多德说的"人依据自然是政治的动物"。正是通过参加她在剑桥关于修昔底德的课程，并且通过观察她的生活，我懂得了如何将政治理论研究与积极的城邦公民生活结合成一个协调的整体。我还要感谢那个"古代哲学帮"，我曾经是其中的一分子。在与迈尔斯·伯恩耶特（Myles Burnyeat）、杰弗里·劳埃德（Geoffrey Lloyd）、M. M. 麦肯齐（M. M. Mackenzie）、大卫·塞德利（David Sedley）、马尔科姆·斯科菲尔德（Malcolm Schofield）以及格里高利·弗拉斯托斯（Gregory Vlastos，和他只共事了大约两年时间）进行的无数研讨班、课程和私下讨论中，我学会了如何阅读古代哲学文本。实际上，我在剑桥几乎每周都会有一天和他们中的某一位在一起，翻译和阐释某个亚里士多德的文本。最后我想要提到蒂莫西·斯麦里（Timothy Smiley）和伯纳德·威廉斯（Bernard Williams），我从这两位朋友那里最多地学到了如何"做哲学"。然而，我不想献给他们一个深情的告别。我在向一种生活方式告别，而不想和那些帮助我确立这种生活方式的人告别。

我确实想要向一个人告别，但是却不可能了。查尔斯·帕金（Charles Parkin），克莱尔学院的灵魂，1986年秋天他突然死于心脏病。他是那种非常谦逊的人，无所不知却不发表任何东西。他爱他认识的人，一直在学院里独身生活。他并不为世人所知，而克莱尔学院的学生和研究员们都很爱他。他是政治思想史家，而他的兴趣包括整个世界。在我刚到剑桥的时候，有几个夜晚，我们一起观察他显微镜下的细菌，透过他的望远镜拍摄月球的环形山，安静地坐着听火车驶出各个欧洲车站的录音。我们也会讨论亚里士多德。就在二战后，查尔斯得了肺结核，在剑桥外的疗养院待了两年。在这期间，他有了一种领悟，真正理解了主体与客体的同一。他曾经告诉我，他认为自己的余生都是在试图重新抓住那个瞬间。我想他会喜欢这本书。

我要感谢美国国家人文基金会（National Endowment for Humanities）提供的独立研究奖学金，使本书的部分研究和写作得以完成；安德鲁·梅隆基金会（Andrew W. Mellon Foundation）给我的奖学金，让我初次访问剑桥；剑桥大学及克莱尔学院的院长和研究员，为我提供了进行研究的理想环境；耶鲁大学惠特尼人文研究中心（Whitney Humanities Center），为我提供了远离尘嚣的办公室，在那里我可以不受学期中日常事务的干扰写作本书。阿兰·寇德（Alan Code）、杰弗里·劳埃德、杰里米·麦诺特（Jeremy Mynott）、马尔科姆·斯科菲尔德、蒂莫西·斯麦里、伯纳德·威廉斯和迈克尔·伍兹（Michael Woods）阅读了本书早前的草稿，他们都给了我详细而有价值的评论。寇德和我频繁而长时间地在越洋电话里讨论亚里士多德——我甚至怀疑我们支持了一颗通信卫星的发射。我要特别感谢他建议我把科米蛙①当作我需要的"非人的个体"，来说明潜能与现实的不同等级。克里斯托弗·达斯汀（Christopher Dustin），我在耶鲁的助教，就我的课程内容写了大量的评论，极大地帮助我统一了本书中用到的材料。

最重要的，我要感谢剑桥和耶鲁那些听我讲授亚里士多德的本科生。他们使我相信，这种难度的材料对于他们来说很有趣，而这类书籍会对他们很有帮助。

---

① Kermit the Frog，美国电视节目《芝麻街》中著名的布偶角色。——译者注

第一章　理解的欲求

亚里士多德在《形而上学》开头写道：

> 所有人都依据自然欲求认识。一个表现就是我们在感觉中获得的快乐；因为即使排除掉它们的用处，感觉自身就被我们所喜爱；在所有感觉之中，我们最喜爱视觉。因为不仅和行动有关，即便在我们不做任何事情的时候，也喜爱视觉甚于几乎其他一切。因为在所有感觉之中视觉最能让我们认识事物，并揭示事物之间的很多区别。①

亚里士多德认为我们有一种欲求、一种力量，它驱策我们追求知识。当然，对某些人，这种欲求没有表现出很大的影响；但对另一些人而言，它在我们的生命中扮演着极为重要的角色。亚里士多德无疑相信，正是这种欲求激发了他的研究和思考，使他写下了《形而上学》，他也相信这种欲求会让别人去研究它。也正是这种欲求，让我写这本书，让你阅读这本书。

亚里士多德如何知道我们拥有这种欲求呢？我们并不知道某种欲求的内容，除非我们知道什么东西能够最终满足它。通过欲求的满足，我们就能知道那种欲求的对象。这就是亚里士多德为

---

① 《形而上学》I.1.980a21-27。希腊语的"知道"（to know）是 *eidenai*。

什么会谈到我们在感觉中获得快乐。如果我们追求的知识仅仅是一种手段，为的是更进一步的目的，比如说，为了获得凌驾于他人之上的权力，或者为了控制环境，那么我们内在的欲求就不是对知识的欲求。它可能是权力意志或是对控制的执念。我们从感官能力的单纯运用中获得快乐，这是我们确实欲求知识的一个标志。因为尽管我们确实利用感觉提供的知识，在世界中生活，达成某些实际的目的，但是这种知识也因其本身被我们追求。

在亚里士多德看来，闲暇至关重要。只有当人类发展出帮助他们应对生活必需的技艺之后，他们才能转向不为达成任何实际目的的科学。[①]亚里士多德说，这就是数学诞生于埃及的原因：因为正是在那里，祭司阶层有闲暇去追求知识本身。但是，求知的自然欲求在它能够完整表现之前，不得不静候历史的发展，等待存在有闲阶级的社会出现。在那之前，一个观察者也许能够察觉人们在感官经验本身之中获得的快乐，但他不可能理解这种快乐只是人类灵魂中更深层力量的表面显现而已。我们不禁好奇：亚里士多德本人是否生活在一个适合领会这一欲求真正内容的时代呢？

亚里士多德当然认为，在个人的历史中，求知欲的内容在不断发展，也就是说，一个人对他想要知道的东西会发展出越来越丰富的感觉。世界的结构和我们自己灵魂的结构共同促进了这种发展。[②]人并非生来就有知识，但是人生来就拥有获得知识的能力。但是，如果他想要运用这一能力，世界也必须与他合作。人生来拥有辨识感觉现象的能力，这是他与其他动物都拥有的能力。他的

[①] 《形而上学》I.1.981b13-25; I.2.982b20-24。

[②] 参见《形而上学》I.1.980a27-981a12;《后分析篇》II.19.99b35-100b3。

灵魂保留了感官接触的记录。另一方面，世界在与人的感觉接触的过程中给了人重复性和规律性。通过反复接触，我们感觉的辨识发展成了记忆，之后又发展成亚里士多德所说的"经验"（experience）。亚里士多德把经验描述为"灵魂中的普遍物整体"。① 从对个别人的反复感觉中，我们形成了人的概念，而"**我们看到的这个东西是一个人**"就是经验。假如普遍物，或者概念，并未以某种方式**已然**蕴藏于个别事物中，我们就不能将单纯的感觉辨识转变为关于个体的知识。就像亚里士多德说的："尽管一个人感觉个别事物，感觉却是关于普遍物的。"② 世界为人类的好奇心提供了一条供其驰骋的道路。因为普遍性蕴藏于个别事物中，一个人最初在个别事物中的探索，会很自然地引领他去把握体现在其中的普遍物。获得了经验，或者关于个体的知识，我们就能构想出更抽象的知识形式，也就是技艺（technai）与科学（epistêmai）。③ 认识发展的每个阶段都以前一阶段为基础，而世界的结构本身帮助我们从"无知的洞穴"上升。正是因为世界为人类的探究提供了路径，人类求知的欲求才有希望得到满足。

但是世界并未"扼住我们的咽喉"，把我们拔出洞穴。我们必须具备某种东西，驱使我们去利用世界的结构。从童年开始，人类就展现出天生的好奇心。确实，英国精神分析学家梅拉尼·克莱因（Melanie Klein）曾把这种童年的好奇心称为 epistemophilia——对知识（epistêmê）的爱。④ 但我相信，"好奇心"

---

① 《后分析篇》II.19.100a7。
② 《后分析篇》II.19.100a17-b1。
③ 《形而上学》I.1.981a1-b10。
④ Melanie Klein, *Love, Guilt and Reparation*, Hogarth Press, 1981, pp. 87, 188, 190-191, 227-228, 426, 429.

并非概括这一驱动力的最好方式。我们或许应该去思考一下人们感到困惑的自然能力。我们认为这种能力理所当然。然而关于我们的一个惊人事实是，我们不能仅仅观察现象，我们想要知道它们**为什么**发生。我们可以想象这样的存在者，他们仅仅观看天上的日落月升，他们可能会期待有规律的变化，但他们对于为什么发生变化缺少好奇心。不过我们不是这样的。天体的运动**向我们**发出寻求解释的呼喊。

亚里士多德说，正是出于惊奇，人类才第一次开始哲学思考，甚至现在也是这样。① 也就是说，哲学诞生于人类感到困惑和惊惧的自然能力。关于天体为何如其所是这样的问题，除非我们有了解释，否则我们就不会感到满意。这种不满意和求知欲是一体的：它推动我们去探索，去形成解释。亚里士多德认识到，神话也是人类困惑的表现，神话被设计出来解释现象，由此来减轻我们的不安。当然，神话最多只能提供暂时的安慰，因为它们所提供的解释不能令人满意。我们终究会被自己的自然倾向引领，真诚地寻求解释本身。

在寻找解释的过程中，人们不可避免地会遇到困难。② 在最严肃的问题上，当然存在着互相冲突的意见；这些意见都表达了对现象有说服力但各不相同的论述。对亚里士多德而言，这些困难正是哲学的出发点。正是通过开辟一条穿过困惑或困难的道路，哲学智慧才逐渐成长。因此亚里士多德将《形而上学》中的整整一卷都用来罗列围绕"什么是存在的基本要素？"这个问题而产

---

① 《形而上学》I.2.982b12-22。
② 《形而上学》III.1.995a25-b3。

生的困惑。① 正如他所说的:"我们应当事先考察所有的疑难……因为,在一开始不提出疑难就进行探究的人,就像不知道该去往何处一样。"② 亚里士多德用打结做比喻。当我们面对那些不知该如何解决的困难时,我们的思想就被捆绑住了。我们被限制住了,探索不能继续前进,求知欲也受到挫败。因此,当我们像兜圈子一样不断回到一个无法解决的难题时,就会感到沮丧;当我们突然理解了如何解决难题并继续前进时,就会感到轻松和快乐。根据牛津版的译文,亚里士多德说,当我们解决了困难时,我们会享受到"思想的自由嬉戏"(free play of thought)。③ 希腊语 euporia 字面的意义是"容易通过"。它的反义词 aporia 就是亚里士多德用来形容困难或疑难的词,字面意思是"很难或无法通过"。

亚里士多德在一部作品的开头,通常都会罗列先前思想家思考这个问题时遇到的困难。对不熟悉亚里士多德的读者而言,这些开头的章节会显得极其无聊。因为如果不了解亚里士多德那个时代的思想背景,这些难题会显得不清不楚、枯燥乏味。然而,即使亚里士多德列出的困难不会立即变得鲜活,我们也不该忽视他这种哲学方法的重要性。对亚里士多德而言,哲学始于问题和困惑。我们被自然的求知欲引导,为解释本身而寻求解释;因为发现这个世界令人困惑是我们自然的一部分。但是说世界在本质上令人困惑,则是一种误导。我们应该说,世界对我们这样的存在者表现得令人困惑。但是,一旦我们形成了关于世界的问题,

---

① 《形而上学》III。
② 《形而上学》III.1.995a33-b1。
③ euporesai:《形而上学》III.1.995a27(牛津旧版和修订版的翻译,参见 12 页注释①[中译本 14 页注释①。——译者注])。

哲学（至少是萌芽形态的哲学）就已经开始了。通过提出和回答问题，我们尽己所能使世界对我们而言变得可以理解：而对亚里士多德来说，使世界变得可以理解就是哲学活动。

尽管很难抵达真理，但亚里士多德说在另一种意义上，真理是容易获得的。① 几乎所有的信念都戳中了真理。信念是在与世界相互作用的基础上形成的，而亚里士多德认为，一个信念中没有一点真理的情况是非常罕见的。不仅知识是通过许多思想家和研究者谦卑的努力积累起来的，就连错误信念的形成通常也是合理的。亚里士多德说真理是"没有人会错过的大门"。因此，研究人们的信念——甚至是错误的信念——是有意义的，因为通过看清人们如何跌倒，我们才有可能更清楚地把握真理。

亚里士多德认为，真理是困难的，其原因不在于世界，而在于我们："因为正如蝙蝠的眼睛之于白昼的光辉，我们灵魂中的理性之于那些**依据自然**最为清晰的事物也是如此。"② 就事物而言，依据自然最为清晰是什么意思呢？亚里士多德区分了在无条件的意义上最可理解的事物，以及对我们而言最可理解的事物。③ 我们的生命始于无知，我们必须开辟从个别的经验到普遍真理的道路，这条道路非常曲折，当我们朝着真理前进的时候，并不习惯它们。尽管最初对我们而言最可理解的事物和在无条件的意义上最可理解的事物是不同的，它们在本质上却彼此关联。因为，从我们现有的知识（或无知）状态和困惑出发，我们仿佛走上了一条道路，朝向发现世界真实样貌的方向前进。一旦把握了有关世

---

① 《形而上学》II.1.993a30-b15。
② 《形而上学》II.1.993b8-9。
③ 比如《形而上学》I.2.982a30-b30。

界的基本真理和实在的结构，我们就会认识到，没有什么像它们那样清楚。作为系统的研究者，我们的工作就是要把依据自然最清楚的事物转变为对我们而言最清楚的事物。正是这一活动满足了我们的求知欲。实在的基本真理对我们也不再像白昼的光辉那样刺眼了。

因此，尽管哲学起源于惊奇，它却终结于惊奇的缺失。① 比如，我们可能会惊讶于发现正方形的对角线与它的边不可通约，然而一旦我们了解不可通约的理论，对角线要是可通约反而变得怪异了。因为这个理论告诉我们对角线为什么必须如此。一个人实现了这种缺失，他也就获得了智慧（*sophia*）；为智慧本身追求智慧就是哲学（*philosophia*）——字面意思就是"爱智慧"。在理解了世界的原理和原因的哲学家那里，求知欲获得了最终的满足。

但是，如果哲学是我们原初内在欲求的终极目标，或许我们就要重新思考一下这种欲求是什么。比如，我们并不满足于知道天体以这种方式运动；我们也不满足于罗列很多关于现象的事实。我们想知道天体**为什么**这样运动，现象**为什么**如其所是。我们追求的不仅是知识，我们追求理解。我相信，亚里士多德很清楚这一点。尽管用"知道"可以很充分地翻译希腊语 *eidenai*，但亚里士多德用这个普遍性的词汇涵盖了很多种类的知道。② 其中一类是 *epistasthai*（字面意思是，拥有知识 [*epistêmê*] 的状态），它经常被翻译为"知道"或者"拥有科学知识"，但是翻译成"理解"

---

① 《形而上学》I.2.983a13-21。

② 参见 M. F. Burnyeat, "Aristotle on Understanding Knowledge," in *Aristotle on Science: The Posterior Analytics*, Editrice Antenore, 1984。

（understand）其实更好。因为亚里士多德说，当我们知道一个事物的原因时，就拥有了关于它的知识（epistêmê）。① 要拥有知识，人们必须不仅知道一个事物，而且必须把握它的原因和解释。这就是理解它，在深层的意义上知道它是什么，以及它是如何生成的。亚里士多德说，哲学是关于真的**知识**。②

亚里士多德在两个意义上使用 epistêmê：首先，指一种组织起来的知识体系，比如几何学；其次，指掌握了这种知识体系的人的灵魂状态。这并非含糊其辞或模棱两可。因为对于一个学会了几何学的人，这种 epistêmê 就成了他灵魂的一部分。实际上，正是因为他的灵魂变成了 epistêmê，变成了有组织的知识体系，他才能被称为几何学家。我们需要注意，几何学家拥有的不只是知识，而是组织起来的知识体系。几何学家不仅知道三角形的三个内角和是 180 度，还知道三角形为什么**必然**有这样的内角，因为他可以给出证明。理解本质上是普遍性的。比如，几何学家的证明并不解释为什么某个图形的内角和是 180 度（除非是在偶然的意义上证明，亚里士多德可能会这么说）。几何证明解释的是为什么所有的三角形都有这样的内角。③ 随着我们寻求理解，我们就离开了个别的事实，走向构成其基础的普遍原理、原因或解释。

用 epistemophilia（对知识的爱）来描述最初激发孩子探索世界的内在动力极为贴切。但是如果只有最终满足欲求的东西才能揭示欲求的真正内容，那么认为 epistemophilia 指的是天生的好

---

① 参见《后分析篇》I.2.71b8-12。
② 参见《形而上学》II.1.993b19-20。
③ 我会在第六章第二节中详细讨论这一点。

奇心，甚至是求知欲，就过于局限了，因为那种欲求是为了获得 epistêmê，即理解。

然而，epistêmê 还有比单纯的理解更多的含义。因为，与"理解"概念本身的意思相比，epistêmê 使人与世界在一种更深刻、更重要的关系中联结起来。首先，世界不仅仅是我们理解的对象，它还是理解发生的情境。世界（向我们）显现为令人困惑的，从而推动我们进行探索；然后，它诚实地交出它的真理，回应我们耐心的研究。这个世界本身想要被（我们这样的存在者）认识，并且邀请人类去实现他们作为系统理解者的角色。想象一下，带着理解的欲求降生在一个无法与之配合的世界上，是多么令人沮丧！世界始终无法理解，而我们却执着地钻牛角尖。亚里士多德对这个世界怀有极大的信心：实际上，他的哲学就是试图将世界归还给那些欲求理解它的生物。

其次，正是通过获得对世界的理解，人才理解了自己。理解世界的计划是我们之为我们的基础。除非我们实现了这项计划，否则不仅没有完全知道理解的欲求是在欲求什么，也不知道**我们**究竟是谁。也就是说，我们还不完全理解世界的系统理解者到底是什么。因此，我们不能仅仅把目光朝向自身来获得关于自我的知识。因为我们欲求理解，因为我们从根本上是系统的理解者，自我理解在某种意义上必然是间接的。当我们第一次阅读亚里士多德的时候，会感到他所做的很多工作，完全不像我们现在说的哲学。他好像是一个科学家，热切地探索着自然世界。但是，这种哲学与科学的二元对立，在亚里士多德眼中，似乎只是建立在对内、外关系的肤浅理解之上。正是通过向外观看世界，灵魂复制了世界的结构。理解了世界，人不仅成了他最根本上的所是——系统的理解者，而且能够通过观看世界发现他的灵魂结构投射在其中。（不是像现代观念论者认为的那样，因为人用他的形象构造了世界，而是因为人的自然使得世界能够将它的形象印刻在人的身上。）

无论如何，我们很容易认出的哲学是，人类探索世界的自然发展过程。**因为 *epistêmê* 本质上就是反思性的：除非人理解了"理解"在世界中的地位，否则他就不能理解世界。**与此类似，理解的欲求和理解这种欲求的欲求必然是同一的。因此，要从"通常"对世界的理解走向理解这个理解本身，或者说，理解哲学思想自身的本质，并不需要额外的步骤，也不需要视角的变化。

亚里士多德认为，人们会理解到，对第一原理和原因的理解是神圣的。① 毫无疑问，早先人们发现了潜藏在纷繁现象之下的基本原理，这必定显得极为神奇，仿佛神赐的礼物，并不是普罗米修斯从嫉妒又吝啬的众神那里偷来了这一切。我们就是这样的，世界也是这样的，所以我们的理解几乎就是一种爱的馈赠。但是，亚里士多德之所以认为理解是神圣的，有着更为清醒的理由。神本身就被认为是万物的众多原因之一，是第一原理。因此，知道第一原理，我们就理解了神。对神而言，这种知识是自我理解。假如有朽的我们洞悉神的本质而神自己却一无所知，这当然是荒谬的。更合理的看法是，我们分享了某些神圣的东西。

这个看起来合理的思路有两个显著的结果。首先，由于神是万物的第一原理，并且（至少部分）是由自我理解构成的，那么这个理解本身似乎就是万物的原因或原理。理解本身就是世界中

---

① 《形而上学》I.2.982b28-983a11；另参见《形而上学》XII.7, XII.9；《尼各马可伦理学》X.7。

的一种力量。其次，当人类获得了这个理解，事实证明，他并不是理解了一个独特的、神圣的对象：这个理解本身就是神圣的。因此在获得这个理解的过程中，也就是在哲学活动之中，人类在一定程度上超越了自己的自然。亚里士多德清楚地意识到了这个结果：

> ……他会过（沉思的生活），并非就他是人而言，而是就他有某种神圣的东西而言……如果相比于人，理智是神圣的，那么依据理智的生活与人的生活相比就是神圣的。但是我们千万不要听从这样的建议，是人就要思考人的事情，是有朽者就要思考有朽的事情；而是要尽可能让自己不朽，尽最大的努力依照我们之中最好的东西生活；因为即使它在体量上很小，它在力量和价值上却超过所有一切。①

所有人依据自然都有一种欲求，引导他们超越自己的自然。悖谬的是，正是在超越自身自然的神圣过程中，人才最完全地实现了自身：

> （理智）似乎也就是每个人自身，因为它是人身上有权威的和更好的部分。假如一个人并不选择**他的**生活而是其他东西的生活，那是很奇怪的……对每个事物适当的东西是依据自然对这个事物最好的和最快乐的；因此，对人而言，符合

---

① 《尼各马可伦理学》X.7.1177b26-1178a2。老的牛津版译文用"理性"（reason）来翻译 nous，修订本用"理智"（intellect）。我则用"心灵"（mind），我会在第四章第三节给出理由。[译文仍保留"理智"。——译者注]

理智的生活是最好的和最快乐的，因为理智比其他任何东西更是人。①

人类拥有理解的欲求，如果它得到满足，就会将人从人的生活中提升起来，上升到神圣的存在。而当一个人这样做的时候，他也就最完全地实现了自身。这种关于人类自然的观点，并不容易理解。

本书的目的在于更深入地理解亚里士多德所说的"所有人依据自然欲求认识"。为了理解《形而上学》的这一行文字，我们必须要穿越亚里士多德哲学的主体部分。因为我们可以从广义和狭义来研究理解的欲求。广义上讲，我们必须要理解亚里士多德自己理解世界的努力。因为只有当我们按照亚里士多德的方式认识世界，我们才能认识到，对他而言理解的欲求是一种什么样的欲求。并且，亚里士多德认为，如果想要领会人在自然中的位置，我们必须努力去理解自然本身：因为只有严肃地研究自然本身，人才能最终获得自我理解。正是为了这个目标，理解的欲求始终鞭策着我们。这把我们带向了狭义的问题：我们必须研究理解的欲求在亚里士多德的哲学世界中占据什么位置。在本书中，我试图兼顾这两种视角。我试图提供一个亚里士多德哲学世界的广阔图景，以此来阐明"人依据自然欲求认识"的重要意义。如果我们根本不知道"拥有自然"是什么意思，我们就不能理解对人来说，依据自然行事是什么意思。因此第二和第三章会从整体上展现亚里士多德的"自然"观念。在第四和第五章中，我聚焦于亚

---

① 《尼各马可伦理学》X.7.1178a2-7。

里士多德对**人的**自然的论述。第四章关于人的灵魂：感觉能力、思考和理解世界的能力、欲求能力，以及在这些欲求的基础上思虑如何行动的能力。人还有能力组织和塑造他的欲求，第五章关于人的这种能力，他能将自己塑造成在社会中通过伦理生活获得真正幸福的存在者。亚里士多德说，"人依据自然是政治的动物"。如果我们想要了解亚里士多德的世界，就必须要明白，理解的自然欲求如何与另一项自然的命令共存，即在政治社会中过伦理上有德性的生活。最后，在第六章，我会全面论述理解的欲求是对什么东西的欲求。亚里士多德发现了研究存在整体结构的可能性。他称这种研究为"第一哲学"；后来的注疏者称之为"形而上学"。我首先会介绍亚里士多德的逻辑学，因为逻辑学是展示存在整体结构的重要工具。然后我会展示成熟的形而上学和神学中的几个核心观念和论证，这就是理解的欲求引领我们到达的地方，我会对此做出评价。

我相信，这种研究亚里士多德的双重进路，即在广义和狭义上追索"理解的欲求"，概括了他哲学的本质。这种进路可以帮助读者理解，在亚里士多德论述世界的任何观点上，他在做什么，为什么这样做。因此，本书可以作为亚里士多德哲学的导论。我想要帮助读者，因为我认为那些对亚里士多德抱有严肃兴趣的人，不可能不去阅读他的著作。任何试图去阅读他的人都知道这并不容易。他的希腊文以一种凝练的风格写就（我承认，这是一种后天获得的品味，在一段时间之后你会喜欢上它），尽管英译本提供了极大的帮助，但仍然难以理解。有时候，译者为了弥补这种凝练的风格，会做出一些阐释，说明他们认为亚里士多德讲的是什么。这样做有时会有帮助，但有时也会误导读者，即便是对一个聪明而且在其他方面受过良好教育的读者来说也是如此。在本书中，我努力使亚里士多德的作品更容易理解。在每一节的开头，我都会列出要讨论的文本，当我引用亚里士多德时，我通常会对译文作出评论。① 我希望读过本书**也**读过英译本的读者，接下来可以自己去阅读和理解亚里士多德。我希望对很多人来说一直难以理解的伟大著作，能够变成他们的精神食粮和愉悦的源泉。

因为我尝试清楚地展示亚里士多德的哲学，并且为它提供一个导论，所以本书有特定的局限。比如，它并不是一本全面的导论。我并不打算按部就班地概括亚里士多德的所有主要立场。相反，这是一本**哲学性的**导论：尝试处理亚里士多德的概念和论证，并赋予它们生命力。这需要我在阐明一个单独的概念或论证时花费大量的时间和精力。尽管我确实涉及了亚里士多德文本的很大一部分，而且尝试展现亚里士多德哲学世界的宏观图景，但是这幅图景不可能面面俱到，除非它不再是哲学性的，也不再是导论。此外，我几乎没有针对论战对手捍卫我对亚里士多德的阐释。亚里士多德大概是历史上被评注最多的思想家。读者应该知道，对于我在本书中提出的每个观点，有思想的、严肃的亚里士多德研究者都会提出相反的观点，给出不同的阐释。尽管我可以用更长的篇幅来捍卫自己的观点，但是我不可能在这本书里这样做，除非我放弃导论的目标。不过我对此并不介意。本书的主旨

---

① 本书中，我的引文主要出自 *The Complete Works of Aristotle, The Revised Oxford Translation*，因为它比牛津原来的译本 *The Works of Aristotle Translated into English* 有了重要的改进。然而原来的译本仍然很不错。我偶尔会用原来的译本，也偶尔会做一些我自己的订正和翻译。我会把这些都标注出来。

既不是给读者一份亚里士多德每部著作提纲挈领的总结,也不是要给读者一个绝对确定的阐释,而是要让读者能够自己阅读和理解这些作品。

当我们开始这一研究时,可以设想自己与亚里士多德的世界的关系——也就是与他的信念体系的关系,就像亚里士多德与他所生活的世界的关系一样。正是理解的欲求驱动着我们所有人。就亚里士多德而言,它是理解整个世界的欲求;就(此时此刻的)我们而言,它是理解世界很小一部分的欲求,也就是理解亚里士多德的信念和体系。作为亚里士多德的研究者,我们无需认为我们从事的活动和亚里士多德自己的活动存在根本不同。亚里士多德竭力使世界变得可以理解,并且相信它在终极的意义上可以理解;而我们尝试让亚里士多德对世界的论述变得可以理解,或许我们还有更多的理由相信它在终极意义上可以理解。因为就算亚里士多德错误地认为世界意在被理解,我们认为亚里士多德的哲学本身意在被理解肯定不会错。因此,认为我们只能通过把亚里士多德当作研究对象来了解他,就是错误的。因为我们研究的形式在根本上与他的并没有什么不同,我们应该至少能够重现某些曾经困扰他的思想难题,由此对他认为哲学从事的那类活动,产生新的洞见,而且这种洞见不是旁观者的,而是切身参与其中的。

因为我主要关注关于亚里士多德的真实,而不是亚里士多德观点本身的真实性,所以我几乎没有花时间去给他在科学史上定位,只是偶尔会对比亚里士多德的概念和现代的观念,比如"原因"。但这种对比是为了揭示亚里士多德的世界与现代世界有多么不同,而不是展示亚里士多德的信念与我们现在所认为的真理有多大差距。这是将我们的研究局限于亚里士多德的哲学世界需要付出的代价，但是我有两个谦卑的理由接受这种局限性。首先，我没有能力讨论亚里士多德在科学史中的角色：其他人已经做过、能够做，或者会做得更好。其次，我也不想告诉读者，也许是从事研究的科学家，他读到的亚里士多德对他来说毫无用处。很多处理17世纪科学革命的书倾向于把亚里士多德主义当作已经死掉的东西：一个值得检查的标本，但毫无疑问是死的。但如果科学仍是一项生机勃勃的事业，充满了关于如何进行阐释和概念化的难题，那么一个从事研究的科学家是从哪个方向获得启发就没有什么差别。因此，与其详述亚里士多德的目的因概念为什么（现在被认为）是错误的，我更愿意尝试用尽可能鲜活的形式来展现这个概念，展示在亚里士多德的体系中是什么驱动和维系着这个概念。

最后，我还要提一点。亚里士多德相信，为了理解自己，我们必须理解世界。他也相信，要理解世界，我们必须理解自己。特别是，如果人们仍然不明白理解的欲求在自己的灵魂中和整个世界中扮演的角色，仍然不明白人类的理智及其理解能力，仍然不明白追求自己的欲求对自己和别人的代价是什么，他们就不可能理解这个世界。亚里士多德试图让自己和学生摆脱这种无知。尽管现代世界可能早已抛弃了亚里士多德观点的很多细节，但是我相信，他所坚持的理解和自我理解之间的互相依赖，是确定无疑的，而这个看法的深刻内涵，我们才刚刚开始领会。

第二章 自然

一、自然作为变化的内在原理①

如果要理解对人类而言什么是**依据自然**欲求理解,我们必须理解对于某物而言什么是依据自然（phusei）存在。② 亚里士多德在《物理学》第二卷开头写道,存在物可以被划分为依据自然存在的和由于其他原因存在的。③ 我们用"原因"来翻译的希腊语单词,意思并不是现代意义上的原因:也就是足以产生某个结果的在先的事件。它的含义其实是事物的基础或根据。亚里士多德随后说,除非我们知道某物为什么是其所是,否则我们就不理解它,而原因就给出了"为什么"。④ 我们稍后会讨论亚里士多德的原因概念。眼下重要的是,亚里士多德认为,说某物**依据自然**存在就是在说它的原因。

亚里士多德认为他能毫无问题地确定依据自然存在的事物,范例就是活着的有机体——动物和植物,也包括了它们的部分以及"简单的物体"——土、气、火、水。亚里士多德的任务是要找出将自然物与其他事物区分开的典型特征。他说:"它们每一个

---

① 相关阅读:《物理学》II.1-2。
② 参见《物理学》II.1.192b38。
③ di' allas aitias:《物理学》II.1.192b8-9。
④ to dia ti:《物理学》II.3.194b17-20。

都**在自身之中**（within itself）拥有变化和静止的原理。"① 生长的能力在植物和动物中很明显，动物可以在周围的环境中移动，即使是最简单的元素也拥有朝固定方向运动的倾向。比如，火具有朝向宇宙边缘运动的倾向，除非被阻碍，它会一直这样运动。当火到达宇宙边缘，它的"向上"运动就会停止。②

有人也许会问：如果自然是变化的**内在原理**，那么自然如何能成为原因？自然似乎更多地是某物自身的一部分而非原因。我们可以这样开始：亚里士多德将存在物划分为自然物和由于其他原因存在的事物，我们考虑一下他做这个区分时的那种对比。由于其他原因存在的典型是人造物。人造物的存在依赖外在的来源，一个工匠用某种材料制造了这个人造物。显然，工匠就是他所制造的人造物的原因。但是为什么只有当这种创造性的原理是外在的，我们才将它单独提出来作为原因呢？自然物的奇妙之处在于它们似乎在自身之内拥有这种创造性的力量；因此，如果我们想要知道某物为什么是其所是，就应该关注这种创造性的力量。这似乎就是亚里士多德的推理，因为他总结道，"自然是变化和静止的原理或原因，它就在以首要的方式拥有它的事物**之中**。"③

我们对这个内在原理还几乎一无所知。亚里士多德的前人提出过一个理论，一个事物的自然是构成它的质料。根据亚里士多德记载，安提丰（Antiphon）论证，如果你将一张床种在地下，那么从腐烂的床中不会生出一个小床，而会萌发出能长成树木的幼苗。据说安提丰认为这表明床的真正自然是木头，而床的形式

---

① 《物理学》II.1.192b13-14。
② 参见《物理学》II.1.192b37。
③ 《物理学》II.1.192b21。

只是加于其上的性质。① 如果这样使用技艺的类比，人们就会认为形式只是表面上的：它是在可塑的和变化的存在上的一种流动的标记。但是在亚里士多德看来，这种观点错误地运用了技艺与自然的类比。他对人造物与自然物之间的差异就像对二者的相似之处一样感兴趣。恰恰是因为人造物拥有外在的变化原理，所以加于质料之上的形式才仿佛是表面上的。但是，成长为一个男人，正是一个小男孩的**自然**。因此，我们不能认为一个人之所以是人只是由于表面上加在血肉和骨骼之上的偶然性质。比方说，假如你"种下一个人"，也就是让他经历出生、繁衍和衰亡的自然过程，那么生长出来的会是另一个人，而不是单纯的肌肉和骨骼。亚里士多德认为，如果我们正确地运用技艺与自然的类比，就必须摆脱那种认为床的形式是表面上加于木头之上的想法。相反，我们必须认为床拥有自己的完整性，并且要问：**床是什么？**这个问题的答案不可能是木头。正如亚里士多德说的，一堆木头最多不过是一张**潜在的床**：② 也就是说，这堆木头能够被一个娴熟的工匠做成一张床。要成为一张床，必须要有形式现实地加在木头之上。因此亚里士多德认为，如果我们认为床也拥有某种自然，那么更恰当的看法是将床的形式确定为它的自然。事实上，假如床是自然物的话，把它种在地下，它就会长出一张床。但床不能生出床，这就表明它并没有自然。因为床的形式并不是内在于床的原理。亚里士多德和安提丰在这一点上是一致的。他们的区别仅仅在于，安提丰认为它揭示了自然物的自然，而亚里士多德则认为它表明了自然物与人造物之间的重要差别。

---

① 《物理学》II.1.193a9-17。

② 《物理学》II.1.193a34-35。

但如果形式是内在于自然物的,我们应该如何区分自然物的形式和质料呢?毕竟,就人造物而言,质料有明确的含义,它在工匠加工之前就存在,人造物毁坏之后也还会继续存在。但是(1)如果自然物的自然是使它成为自然物的内在原理,并且(2)形式是这个自然的选项之一,那么形式似乎从一开始就必然是自然物的一部分。那么,形式就不能被定义成附加在质料上的性质,这个质料在自然物存在之前以及(或许)之后都存在。①

亚里士多德通过技艺与自然的类比,让我们对自然物的形式有所认识。一个工匠能够将形式加于多种质料:他能够用这块或那块木头制造床,也可以用蜡或铜造一个球。② 在每种情况下都存在一个**过程**,通过这个过程,质料获得了某个具体的形式。而就所有生物而言,也存在着生成的过程。亚里士多德将这一自然的生成过程概括为,有机体实现其(自然的)形式。诚然,我们的确在成熟的有机生物中看到了一定层次的组织,这是生长与成熟过程的结果。在有机体成熟之前它并不存在。我们至少可以在最低限度上认可质料在形式变化中持存的观点。在有机体死亡之后,它就失去了变化与静止的原理;留下的就是质料。然而,这最多只是一种弱化的表述,因为质料在死亡的同时就开始消亡。质料似乎要依赖形式才能成为其所是的质料。

实际上,形式似乎也在某种意义上依赖质料:就自然有机体而言,与很多人造物不同,一种形式只能在唯一的质料类型中实现。人的形式不能以青蛙的质料或铁来实现。简而言之,对有机

---

① 参见 J. L. Ackrill, "Aristotle's Definitions of *Psuchê*," in J. Barnes, M. Schofield, and R. Sorabji eds., *Articles on Aristotle*, vol. 4;另参见本书第四章第一节。

② 另参见《形而上学》VII.7-9;本书第六章第五节中会进一步讨论。

体，我们缺乏像人造物那样清晰明确的区分质料和形式的标准。然而，亚里士多德认为，如果技艺确实模仿自然，我们可以从模仿物出发逆向推理，达到那个它所模仿的东西。① 我猜测，亚里士多德会赞同下面这个反事实条件句："**假如存在**神圣的工匠（Divine Craftsman），他会将自然有机体的形式加于适当的质料之上。"当然，亚里士多德会否认这句话的前提：他认为没有神圣的工匠。然而，因为技艺确实模仿自然，我们就可以把自然物看作**仿佛**是被创造出来的。从这个角度看，创造就是把形式加于质料之上。②

有一个或许是杜撰的故事，讲的是一个小孩问爱因斯坦无线电是如何工作的。爱因斯坦让小孩想象一只从纽约延伸到芝加哥的巨大的猫。有个人在纽约咬了猫的尾巴一口，猫就在芝加哥叫了出来。据说爱因斯坦这样说道，"无线电波正像是这样，只不过没有那只猫。"

自然的形式正是神圣工匠会加在质料上的东西，假如真有这样一位神圣工匠的话；但是这样的工匠并不存在。形式的发展**内在于**有机体自身生长成熟的过程。但是有机体内在的变化原理是它的自然。因此，一个事物的自然似乎是推动它**趋向**实现自身形式的发展动力。那么，亚里士多德又怎么能将有机体的自然等同于形式呢？答案是，形式能够在潜能与现实的不同层次上存在；后面我们还会详细考察这一点。一个年轻的有机体的形式不能被

---

① mimeitai：《物理学》II.2.194a21。为确定自然物中形式／质料的区别而进行逆向推理的进一步讨论，参见本书第四章第一节。

② 实际上，亚里士多德认为质料和形式都不是被创造出来的。参见《形而上学》VII.7-9。对亚里士多德来说，创造指的是创造形式与质料的复合物；并且创造就是将形式加于质料之上。参见本书第六章第五节。

等同于它当下的组织和结构。在不成熟的有机体已有的结构之外，它在自身之中还拥有未来生长和发展的动力。这个动力就是形式，尽管在这一阶段，亚里士多德认为形式应当被理解为潜能或是**能力**（*dunamis*）。年轻和健康的有机体的形式是一种内在动力，它推动有机体朝向自身形式的实现。这并不像乍看起来那么**悖谬**，因为当有机体成熟之后，它的形式就不再是潜能了。在成熟的有机体中，形式作为完满的现实存在。在有机体的成长中，形式本身从潜能发展为现实，并且指引着这个过程。因此，我们不能将自然的形式等同于有机体的结构。结构参与构成形式，但形式同时还是动态的、有力的和主动的。它们是实现结构的动力。

　　形式也是成熟与不成熟的有机体之间的联系。对亚里士多德来说，有机体成长的过程要导向一个目的（*telos*），即一个成熟的、功能发挥良好的有机体。成熟的有机体是成长过程发生的"所为之物"（that for the sake of which）。[①]但亚里士多德也认为有机体的自然就是目的，或是"所为之物"。[②]这里似乎又有某种悖论的味道。如果有机体要依靠变化的内在原理来实现其目的，那么这个在成长过程中并不存在的目的，怎么能被等同于有机体的自然呢？亚里士多德的答案是，我们应当将目的当作是（**充分实现的**）形式。因为形式在整个发展过程中，一直都是它的自然。形式**既是**这个过程指向的目标，生长"为此"而发生，**也是**指引这个过程的东西。不成熟的有机体的自然就是成长为这个物种中成熟的一员；而成熟的有机体的自然就是在最完满、最积极的意义上成

---

① 《物理学》II.2.194a27（*to hou heneka*）。

② 《物理学》II.2.194a28-29。

为该物种的一员。对亚里士多德而言，这是同一个自然，它是主动和动态的形式，在潜能与现实的不同层次上，在适当的质料中发挥作用。

17世纪以来，西方科学逐渐放弃了将形式作为宇宙基本结构的观点。人们认为，如果我们理解了质料的全部性质，就会看到形式从这些性质中显现出来。亚里士多德的世界并非如此，认识到这一点非常重要。在亚里士多德的世界里，不能用质料来理解形式。形式必须在存在论中占据基础性的地位，它们才是基本的存在物。

我猜测，亚里士多德有一整套理由相信形式是不可还原的。如果技艺模仿自然，那么形式必然是质料之外的东西。床不会仅仅因为木头而存在；必须有一个工匠将形式加于木头之上。自然物的原理存在于自身之内，但这并不会削弱一个事实：原理必然是质料之外的东西。毫无疑问，亚里士多德认为他可以在经验观察的基础上支持形式不可还原的信念。对亚里士多德而言，质料是无限定的，缺乏秩序的。如果我们看一下基本元素——土、气、火、水——仅靠这些元素，要完全解释像血肉这样有序的统一体看起来是不可思议的，更不用说解释活的有机体了。亚里士多德也有理论上的理由认为这是不可能的。[1] 因为每一种基本元素本身都拥有（原始的）自然：火向上朝着宇宙的周边运动，土向中心运动，气和水占据着居间的位置。如果不存在另外的赋予秩序的原理，就没有什么东西能让元素结合在一起：如果没有外在约束，元素就会朝着它们自然位置的不同方向飞散而去。

---

[1] 参见 Sarah Waterlow [Broadie], *Nature, Agency and Change in Aristotle's Physics*, Oxford: Clarendon Press, 1982。

亚里士多德相信，一个有序的统一体总能与构成它的质料区别开来。对一个有序的统一体而言，要成为**有序的**，就需要一个赋予其秩序的原理。亚里士多德比较了一堆东西和一个音节。① 一堆东西根本不是真正的统一体，它可以仅仅被看作是质料成分的聚合。而作为对比，音节 ba，不能被仅仅看作是其成分 b 和 a 的简单聚合。要成为一个音节，而非仅仅是 b 和 a 两种形状的连接，就要由一个理解语言的人在书写或言说中去塑造它。这个人——或者说他灵魂中的语言知识——就发挥了组织原理的功能，他塑造了这个音节。

亚里士多德说，质料是一种相对的东西。② 他的意思是，一个事物的质料必须联系它的形式来理解。质料总是不如形式那样有组织，但是它自身也拥有一种组织。实际上，可以说存在着质料与形式的等级序列。比如，亚里士多德说动物的质料是它们的部分：心脏、肺、大脑、肝、四肢等。但这些部分本身也是形式和质料的复合物，它们由同质的质料——肉、内脏和骨头——以特定的组织构成。③ 所以，虽然肺、肝和手等等都是人的质料，人却不仅仅是一堆肝和肺之类的器官。他是肝、肺等以特定组织方式构成的结果。因此，除了肝、肺和四肢本身体现出来的组织，还需要一个原理，将人的器官和四肢组织成人的形式。这个推理可以一直继续下去。肉和骨头是人的器官和四肢的质料，但是手臂不仅仅是一堆肉和骨头。它是肉和骨头以特定组织构成的结果。因此，除了肉和骨头本身所体现出的组织，还需要一个原理，将

---

① 比如参见《形而上学》VII.17.1041b12-32。
② 参见《物理学》II.2.194b9 (*pros ti hê hulê*)。
③ 参见《论动物的生殖》I.1.715a9-11。

肉和骨头组织成手臂。把这个推理再往前推一步：肉也有自身的组织，它本身就是形式和质料的复合物。仅仅从肉的质料（火与土）所体现的组织来看，就不能理解肉本身的组织。肉不仅仅是一堆土、水和热量，这些质料必须由**另外的原理**来组织。这样组织起来之后，肉就能作为人四肢的质料存在。①

亚里士多德和现代生物学家都会同意下面这个虚拟条件句："假如这个小孩生活在一个能提供充分支持的环境里，他就会成长为一个成熟、健康的成年人。"然而，对现代生物学家而言，这一条件句的真实性，是基于这个孩子**已经达到的质料结构**。这个孩子已经具有了一种结构，确保他在得到充分支持的条件下，能够成长为一个健康的成年人。相反，对亚里士多德而言，孩子实际的质料结构本身并不足以保障其正常的发展。然而亚里士多德确实赞同这个虚拟条件句。不过，他不认为这个条件句是**实实在在的真**：也就是说，它是真的，但不是因为任何实际存在的东西。这个孩子会在健康的环境下成长为成熟的成年人，这是基于形式在孩子之中**现实地**存在。这个形式就是那个另外的原理，既是孩子已经获得的质料结构的原因，也是其未来发展的原因。它并不仅仅是质料结构发挥功能的状态。而且孩子之中的这个形式，即便存在，也不是发展得最完满的状态。它存在于孩子之中，是一种可以获得完满发展的能力或潜能。

然而，如果这一能力不是质料结构发挥功能的状态，那么它的存在怎么能被观察到呢？自然能力（natural powers）是否超出了经验研究的领域呢？并非如此。但我们需要仔细一点，才能说清

---

① 我会在本书第二章第三节中进一步讨论这一点。

楚在何种条件下它们能被观察到。显然，能力不是感觉的直接内容。它们也不能在显微镜下被观察到。如果一位聪慧的科学家终其一生中只能观察一种不成熟的自然有机体，始终对生成与毁灭的普遍事实一无所知，那么他不可能察觉有机体中存在着一种能力。只有回顾有机体的成长过程，才能显出这种能力。从完全发展的有机体的角度来看，我们意识到在不成熟的有机体中存在着一种力量，它指引有机体向着其成熟状态生长和活动。然而，尽管关于能力存在的最初观念必然是回溯式的，这并不意味着能力是不可观察的。

亚里士多德认为生成与毁灭的自然过程的规律性有着非常重大的意义。假如目的论的生成过程仅仅发生一次，那么人们必须等它结束，才能理解使这一过程发生的那个预先存在的力量。① 因为生长的自然过程的发生有着非常可靠的规律性，例外情况可以被视为败坏或有缺陷而被排除，所以经验证据可以表明在不成熟的有机体中确实存在着一种能力。此外，不成熟的有机体的形式并非只是使其发展的能力，还表现在结构和组织之中。虽然形式不只是幼年的有机体的物质结构发挥功能的状态，但它是那个结构的原因。而且，虽然不成熟的结构本身不足以确保其发展成更复杂、更成熟的结构，但不成熟的结构显现出的形式（在适当的条件下）却足以确保其发展。

自 17 世纪起，人们习惯于蔑视所谓的催眠力（*virtus dormitiva*）

---

① 黑格尔相信，人类历史就是这样一个独一无二的过程。所以，对黑格尔而言，哲学在本质上就是回溯。因为只有从已经实现的目的这一制高点回顾，才能完全理解人类活动的全部意义。正如黑格尔所说："密涅瓦的猫头鹰只在黄昏时起飞。"（《法哲学》[*Philosophy of Right*]，前言，p. 13）

解释。催眠力解释得名于莫里哀的戏剧《无病呻吟》(Le Malade imaginaire)，剧中有一位愚蠢的医生被人问到某种药粉是如何引起睡眠的。他回答说药粉里有催眠力——一种引起睡眠的能力。反对催眠力解释的核心是，它根本什么都没解释。说某种药粉能催眠是因为它拥有带来睡眠的能力，只是重复了这种药粉能催眠。

毫无疑问，莫里哀笔下的那个医生是个蠢货，而他的"解释"是个骗局。我认为，他留给西方文化的遗产是一种关于充分解释的错误观念。人们普遍相信，如果一个解释具有催眠力解释的那种结构，它必然是循环论证，没有解释效力。因此，亚里士多德所谓的能力，不可避免地被看作是可疑的。我认为，这是一个错误。对于某些有着催眠力解释结构的解释，可能会存在一个有效的反驳，但是这个反驳并不是原理层面的。即使我们并不生活在亚里士多德的世界，想象我们的世界像他描述的那样，也并不荒谬。在这样的世界中，我们无法用质料的微观结构来解释有机体发展的能力。在这样的世界中，这种能力就是形式，而形式也是宇宙的根本组成部分：没有任何更基本的东西能够解释它。

在亚里士多德的世界中，形式作为一种潜能或能力确实有助于解释生长、发展，以及活的有机体的成熟机能。对于形式的存在，也有经验上的检验。假如不成熟的有机体里没有某种结构，或者发展的过程没有规律性，那么，在亚里士多德眼中，无论后果如何，我们都没有理由认为存在这样一种能力。莫里哀笔下的那个医生的荒谬之处，不仅表现在他的催眠力解释上，而是首先表现在，他没有注意到自己并不生活在亚里士多德的世界里（而在科学史上的那个时代，他本该注意到这一点）；其次，他只是援引了"能力",却完全没有理解催眠力作为一种解释是怎样发挥作用的;最后,他没有做任何事情去确定那种药粉是不是真的有这种能力。(他本可以设计一些测试来区分偶然的入睡和真正的诱因。)

亚里士多德说,每个具有自然的事物都是一个实体(ousia)。① 对亚里士多德来说,存在形成了一个带有依赖性的等级序列。比如,白色会存在,但是它只能作为某种东西的颜色而存在。② 实体位于这个等级序列的基础位置:它是其他存在所依赖的东西,而它并不依赖任何其他东西。实体的这种特性非常抽象。我们可以知道实体在存在论上是独立的,但是仍然不知道世界上有什么东西符合这种描述。《形而上学》第七卷代表了亚里士多德探讨实体问题的成熟思想,这也许是亚里士多德全部作品中最困难的文本。幸好我们不是一定要去钻研那个文本,才能理解亚里士多德为什么说每个具有自然的东西都是一个实体。因为,亚里士多德从我们称为实体(因为它们在存在论上有一定程度的独立性)的东西中区分出了首要意义上的实体。无论最终作为首要实体的是什么东西,我们都能明白,拥有自然的东西至少在存在论上享有一定程度的独立性。

自然有机体是存在和自我决定的核心要素。因为它们每一个都在自身之中拥有变化的原理,所以有一个客观基础,可以将它们和外部环境中的其余东西区别开来。这不仅意味着,我们这些观察者发现了一些显著的功能性组织,因此从相对同质化的存在中挑选出

---

① 《物理学》II.1.192b33。我们需要从一开始就注意,亚里士多德的实体观念会随着时间发展。

② 例如参见《形而上学》VII.1。

一些，作为我们关注的对象。自然形式在存在论上是基础性的，并且每个具有自然的东西都在自身之中拥有这样一个原理。此外，引导着有机体生长、发展和典型活动的原理，就存在于这个有机体自身之中。外界环境仅仅提供了一个背景，在这个背景中，有机体上演它的生命戏剧。环境可能会有助益或妨碍，但是除此之外，它在有机体的发展和生命中没有什么重要作用。① 这个内在原理并不像一个插在已经存在的电脑上的额外芯片。它恰恰最清楚地展现了这个有机体自身之所是。当一个有机体达到了成熟状态，我们就认为它最完满地成为了其所是。所以，当它的形式发展到完满状态，它就最完满地成为其所是。② 引导着变化、生长和典型活动的原理，就展现了这个有机体的自我决定。

所以，正是由于自然，每个自然有机体都是实体。③ 因为拥有自然，一个有机体就相对独立于外部环境，并且自我引导。它为性质的归属提供了一个主体，而它自己的存在并不依赖于另一个主体。④ 不过这里有一个难题。如果说自然有机体**因为**它的形式才是一个实体，这看来很奇怪。这似乎暗示了，它**依赖**它的形式才成为它所是的那个实体。这似乎威胁到了有机体存在论上的独立性。如果一个自然有机体依赖其形式，它怎么能是一个实体呢？有人会说，形式展现了有机体最真实的所是。形式不是有机体的性质，形式构成了有机体的存在本身。有人也许会指出，有机体依赖其形式，并不像性质依赖主体那样。但有机物还是形式和质

---

① 关于环境的重要性的现代观念不同于亚里士多德的讨论，可参见 Sarah Waterlow [Broadie], *Nature, Agency and Change in Aristotle's Physics*。

② 《物理学》II.1.193b6-7。

③ 参见《物理学》II.1.192b33-34。

④ 另参见《形而上学》V.8.1017b13-14。

料的复合物，而形式在存在论上先于这一复合物。① 这一推理最终会促使亚里士多德放弃将自然有机物当作**首要实体**（我们后面会看到这一点）。然而，我们可以继续称它们为实体，因为它们在自然世界中确实拥有某种存在论上的独立性。

二、理解与"为什么"②

亚里士多德认为，在把握了**为什么**之前，我们并不认为自己理解了某个事物。③ "为什么"这个表述看起来相当笨拙，虽然这是非常忠实的翻译，不过这正是笨拙体现价值的一个例子。因为人们通常认为，亚里士多德说任何回答"为什么"的都是原因。这是时代错乱的看法。用这种方式来理解的话，亚里士多德就将"原因"相对化了，从而满足了我们的兴趣和好奇。实际情况恰恰相反。"为什么"是这个世界的客观特征，它问的是，如果我们想要理解一个事物，**应当**对什么感到好奇。"为什么"这一表述指向了亚里士多德所看到的人与世界之间的紧密联系。人依据自然是世界的发问者：他想要理解这个世界为何以这样的方式存在。而这个世界做出回应：它"回答"人的问题。"为什么"非常有趣地扮演了双重角色，既作为疑问词也作为指示词，既是问题也是回答。而世界的"回答"不仅仅是回应人类的探究，还显示出这个世界最终的可理解性。因此"为什么"渗透于世界最基本的实在之中。

亚里士多德说，要把握一个事物的"为什么"，就是要把握首

---

① 参见《形而上学》VII.7-9，以及本书第六章第六节。
② 相关阅读：《物理学》II.3.7-8；III.1-3。
③ *to dia ti*:《物理学》II.3.194b18-19；参见《后分析篇》I.2.71b8-12。

要原因。① 从我们目前的了解看，我们或许会期望亚里士多德将"为什么"等同于一个事物的自然。因为形式是一个事物变化的原理，它让我们最清楚地理解这个东西最真实的所是，以及它为何是其所是。亚里士多德满足了我们的这个期望，他确实把"为什么"等同于对象的自然或形式。这似乎令人吃惊，除非你听说过亚里士多德区分了**四种**不同的原因：质料因、形式因、动力因和目的因。他实际上指的不是四种原因，而是表述原因的四种"**方式**"（fashions）。② 当然，亚里士多德因为确定了表述原因的四种方式而感到自豪。但是他同时认为，对自然有机体的生成和人造物的制造而言，最多有两种原因，即形式和质料。而质料终究要退居次席，因为它根本来讲是不可理解的：在每一个层次的组织上，我们能理解的都是原理或形式。质料仅仅给予一个对象单纯的个体性，它能被感觉，但不能被理解。③ 严格说来，不可理解的质料不能告诉我们任何事物的"为什么"。而所谓的形式因、动力因和目的因（至少在自然世界的很多事情上），是形式自身的三个不同方面。亚里士多德说，这三个原因"通常汇集在一个东西上"。④ 这个东西就是形式，它"通常"涵盖了自然物的生成和人造物的创造的**所有情况**。⑤ 因此，尽管亚里士多德可以谈论彼此重合的三种原因，他也可以谈论**首要的**原因。他并没有从这四个原因中挑

---

① *hê protê aitia*：《物理学》II.3.194b20。
② *tropoi*：《物理学》II.3.194b23-24, b26, b29, b32。
③ 例如参见《物理学》III.6.207a24-32。质料可以在弱化的意义上被认为是可理解的，参见本章第三节对目的因的讨论，以及第四节对质料和形式等级的讨论。
④ *eis hen pollakis*：《物理学》II.7.198a25。
⑤ 这并不包括不动的推动者的影响，也不包括数学对象，如几何对象和数字。参见《物理学》II.7.198a28-29。

出一个给予特殊的尊荣,他引述其中之一,也就是形式,它既可以被认为是形式本身,也可以被认为是动力因或目的因。形式的确就是一个东西的"为什么"。

三、四种方式

亚里士多德确实认为,我们有四种方式来表述一个东西的原因。第一种是**质料**:或者说"一个东西从它生成,而它持存"。①典型的例子是人造物的质料:例如,铜可以被做成一个碗,然后又被熔化,铸成一柄剑。铜就是质料,先是碗的质料,然后是剑的质料。我们陈述原因的其余三种方式,是具体说明同一个东西——形式——的三种不同方式。

第二种方式是形式——也就是**形式本身**。既然这种原因和后面的原因并非截然有别,在这里我们要了解的就是亚里士多德如何描述形式。他把形式称作"本质的 *logos*"。②"本质"是通行的翻译,原文的字面意思是"是其所是"(the what it is to be)。③有机体的自然,在它之中变化的原理,展示给我们的就是它的"是其所是"。事实上,有机体拥有自然这一事实提供了一个形而上学的基础,让我们可以在现代人认为的有机体的不同"性质"中做出区分。那些构成有机体本质的性质,就不应该被认为是有机体**的**性质。这些性质展现了这个有机体的**所是**。其他的性质——如白色、走动、6英尺高——是有机体**的**性质;它们的存在依赖有机

---

① *to ex hou gignetai ti enuparxontos*:《物理学》II.7.194b24。
② *ho logos, ho tou ti en einai*:《物理学》II.7.194b27。
③ *to ti ên einai*.

体，有机体就是它们从属的主体。①

牛津译本把"本质的 *logos*"翻译成"本质的**定义**"。②"定义"有时候是 *logos* 的恰当翻译，但在这个语境中肯定不是。亚里士多德在此试图把形式说成原因；原因不是定义，而是世界中一个真实的东西。*logos* 是一个多义词：它还可以表示量度、比例、秩序。本质的 *logos* 不必是一个语言对象；它可以是本质本身显示出来的秩序、安排、量度。"本质的 *logos*"清楚地表明，本质，也就是一个东西的是其所是，在质料中显示为一种秩序，或者量度。

恰恰因为本质显示为一种秩序，它才是可理解的。理智能够把握显现于本质之中的秩序，**因此**我们能够对它进行论述或定义。根据现在的译文，亚里士多德似乎是在说，潜在的肉，在获得"定义中被说明的形式"之前，③ 还不具有它自己的自然。更为忠实的翻译是：在获得"**依据 *logos* 的形式**"之前。这里的"定义"也是错误的翻译。因为亚里士多德的意思并不是潜在的肉要去符合语言上的东西；而是潜在的肉要去实现特定的秩序，这个秩序就是 *logos*。然而亚里士多德的确从形式的秩序走向了形式的可定义性。例如，他说依据 *logos* 的形式就是"在定义时，我们据以说明肉和骨之所是的东西"。④ 这不是模棱两可。亚里士多德认为，**同一个 *logos*** 既表现在形式中，也表现在定义中：因此定义才能成为定义。定义是一个道出 *logos* 的 *logos*：定义说出了本质。亚里士多德认为，秩序在根本上是可理解的：它就是自然有机体

---

① 我在本章第一节中开始讨论这一区别；在第六章第五—六节，我还会做进一步的具体探讨。

② 旧的牛津译本译为"对本质的陈述"（statement of the essence）。

③ 《物理学》II.1.193b1-2。

④ 《物理学》II.1.193b2。

一遍又一遍地实现的东西，它就是一个定义把握到的作为有机体本质的东西，它就是理智能够理解的东西。因为自然有机体或人造物的形式告诉我们这个东西之所是，所以"**为什么**"和"**是什么**"在这里合二为一。我们倾向于把哲学活动设想成至少同等地关注本质（真正存在的是什么）和解释（事物为什么是其所是）。对亚里士多德而言，同一个研究可以揭示出这两方面，因为一个事物的"**为什么**"就是它的本质。

我们说明原因的第三种方式，是将它看作变化或静止的首要来源。① 父亲是孩子的原因，正如工匠是他制作的东西的原因，并且一般来说，引起变化的东西就是发生变化的东西的原因。② 希腊语的"变化的首要来源"经常被翻译成"动力因"。因为首要来源或原理就是**引起**变化的东西。但这个翻译有误导性，有两个理由。首先，它以一种时代错乱的方式暗示，亚里士多德已经区分出了现代的原因观念；其次，它暗示这是一种不同于形式的原因，而非说明同一个原因的不同方式。让我们依次思考这些理由。

亚里士多德的"变化的首要原理"与现代的动力因观念大相径庭。最明显的不同在于，就现代的、休谟之后的观念而言，动力因是一个**事件**（event），它的结果有规律地跟随其后；而亚里士多德倾向于认为**事物**（things）——父亲、建筑师、医生——是首要原理的典范。这个区别非常大，要不是因为亚里士多德确实区分了**潜在的和现实的**原因，③ 这个区别足以摧毁动力因和首要原理之间的所有相似之处。建筑师是房子的**潜在**原因，而正在建房子

---

① 《物理学》II.3.194b29-30。
② 《物理学》II.3.194b30-32。
③ 《物理学》II.3.195b4-6。

的建筑师是房子的**现实**原因。想将亚里士多德的原因等同于现代观念的人坚持认为，现实的原因——比如正在建房子的建筑师，正在治病的医生，养育孩子的父亲——就是事件；确实，它是引起结果的事件，所以它应当被当作动力因。但我认为，亚里士多德坚持认为正在建房子的建筑师是现实的原因，这一点非常重要，而上述推论没能捕捉到这个重要性。

为了看清这一点，让我们稍稍考虑一下，为什么现代的原因观念会完全聚焦于事件。休谟认为，自然中的传递作用，不能在经验中观察到。人们能观察到的全部就是一个事件接着另一个事件。人们永远不可能观察到那个将两个事件粘合在一起的"**导致**"（causing）本身。当一类事件有规律地跟随在另一类事件之后，我们就倾向于将前一个事件看作后一个事件的原因。但是休谟认为，我们永远看不到"导致"，我们只是见证了事件。休谟并不认为我们应当抛弃关于因果性的说法，但休谟主义者们确实不得不重新解释"原因"的含义。把一个事件分离出来作为原因，这应当被解释成一种简略的表达，它意味着那个事件在更大的规律性中占据特定的位置。说某个事件 x 导致了事件 y，就是说：x 是一个 X 类的事件，y 是一个 Y 类的事件；一般来说，一个 X 类的事件发生了，就会有一个 Y 类的事件跟随它发生。我们甚至可以说 X 类事件带来了（bring about）Y 类事件，但这么说的意思只能是：假如 X 类事件**会**发生，那么 Y 类事件**就会**跟随发生。但是严格来讲，所有传递作用的含义都应该被清除掉。我们现代人只把事件当作原因的一个理由就是，我们想避免诉诸任何经验上不可观察的东西，而我们认为实际的"导致"就是不可观察的。

相反，亚里士多德认为，现实的"导致"是可以清楚地观察到的：建房子的建筑师是一个现实的"导致"，人们可以看到他的建造活动。对休谟而言，"导致"本身并不是一个事件：它发生于在先的事件和随后的事件之间——假如确实有什么发生了的话，但是什么都没有发生（至少，没有经验上可观察的事情发生）。我们现在探讨的分歧，不仅涉及原因，还涉及**什么构成了一个事件**。重要的是，我们要意识到，"事件"并不是毫无疑问地给定的。我们很容易忽视这一点，因为我们以为我们能确定任何一个时空点，并把那里正在发生的事情称为一个事件。但亚里士多德没有这样一个模型来分离和确定事件。他没有表去计量时间，当他具体指示一个对象的位置时，说的也不是对象在一个独特的、无所不包的场域中的位置。一个对象的位置被描述为包含着物体的边界。① 亚里士多德确定事件的方式，是通过潜能的实现：实体的潜能导致并经历变化。

有一种方式可以说明休谟和亚里士多德的区别：对休谟而言，因果性必须被理解为两个事件之间的关系；而对亚里士多德而言，只有一个事件——就是变化。亚里士多德能够挑出变化的单一事件，而因果性必须被理解为物（或者是做着自己事情的东西）和这一事件之间的关系。对亚里士多德来说，变化是潜能的实现。② 例如，一堆砖块是潜在的房子，而一位建筑师能够建造房子。潜能的实现就是建造房子这一事件。亚里士多德认为，变化可以被理解成潜在的施动者和受动者的实现。③ 因此，我们可以这样来设想一个变化：建筑师实现潜能的方式是成为一个正在建房

---

① 参见《物理学》IV.4。
② 《物理学》III.1.201a10-11；在本书第三章，我会更加详细地讨论这一点。
③ 《物理学》III.3.202b26。

子的建筑师；而砖块实现潜能的方式是成为一座被建造的房子。然而，这两种潜能的实现不是两个独立的事件。对亚里士多德而言，施动者的实现和受动者的实现就是同一个事件。

在《物理学》III.3 中，亚里士多德论证，在一个变化中只有一个活动，这个活动发生在受动者身上。亚里士多德想要表明，并不是每个变化的原因本身在作为原因起作用的时候，都必须经历变化，至少有可能存在不动的推动者。因此，如果面对这样的问题："我们在哪能看到施动者实现的作用？"亚里士多德会勉为其难地回答说："在受动者那里。"如果我们想象一位正在讲课的老师和一位正在学习的学生，按亚里士多德的意思，我们不应该认为这是两个彼此联系的活动："正在教学的老师"和"正在学习的学生"是描述同一事件的两种不同的方式。一个描述抓住了施动者的视角，而另一个抓住了受动者的视角。亚里士多德认为，尽管可以用各种方式来描述这个活动，这仍然只是一个活动，它发生在学生身上。认为教师的教学发生在学生身上，乍一听或许很奇怪，但对亚里士多德而言，如果它确实发生在什么地方的话，它就应该发生在那里。进一步思考的话，这个观点也不是特别奇怪：**教学**还能发生在别的什么地方呢？我们可以想象一位老师在空旷的教室里进行一些动作，或者对一群鹅发表演说，但亚里士多德不会认为他是在教学。除非有学生在学习，否则老师就不可能教学。

对建筑师也是同样，"正在建房子的建筑师"和"被建造的房子"是从两个不同的角度指示同一个件事。建房子的建筑师的活动就发生在正变成房子的砖头和砂浆中。同样，如果建筑师不是在恰当的质料上进行这个活动，他就不是一个建房子的建筑师，最多不过是一个干着别的什么事的建筑师。因此，将建房子的建筑师说成是一个在先的事件，并且当作现代意义上的动力因，是徒劳的。"建筑师建房子"所指的事件既是效果也是原因。事实上，因为对亚里士多德而言只有一个事件，所以有关原因的词汇是不能清除的。有关原因的言说要求人们注意到，一个变化涉及两个不同的"对象"——施动者和受动者，但这并不意味着有两个不同的事件——这是亚里士多德要否定的。（相反，休谟主义者总是可以不用"原因"这样的简略说法，而用［对他来说］更精确的方式描述一般性的规律，以及在这些模式中个别事件的位置。）

至此我们已经表明"变化的第一原理"不应当被理解为现代的动力因。但是我们有什么理由认为它应该等同于形式呢？亚里士多德真的确定了一个独特的原因吗？

我们已经看到，形式有两个特性是亚里士多德特别强调的：首先它们是自然物中固有的；其次它们是能动的。形式就体现在有机体中，它们是有机体变化的内在原理，它们也是有机体组织内部的力量，推动形式的实现（和再生）。①

在自然世界中，至少有三种方式可以把形式传递下去：有性生殖、人造物的创造，以及教学。人造物的创造是一个范式。工匠在他的灵魂中拥有技艺，也就是说，他随后要赋予外在质料的形式最初居于他的灵魂之中。我们已经看到，形式可以存在于潜能和现实的不同层次上。人造物的形式，当它居于工匠的灵魂中时，是一种潜能或能力。正是由于灵魂中的这个能力，我们才能说他是一位工匠。工匠技艺的圆满实现，就是他实际地制造出人

---

① 参见本章第一节。

造物。因此，建筑师建房子的时候就是房子的形式在发挥作用。我们已经看到了，这个活动发生在被建造的房子**之中**。简而言之，变化的第一原理就是发挥作用的形式。

亚里士多德说正在建房子的建筑师和正在教学的老师是变化的现实原因，不是因为他想要聚焦于在先的作为原因的事件，也就是作为我们所说的动力因的事件。而是因为他想要提出变化的**首要**原理，也就是处于最高实现层次的形式。亚里士多德认为施动者是确定形式的东西："**施加变化者总是会引入一个形式……此形式在推动时，是这个变化的原理和原因**。例如，现实的人使潜在的人成为人。"① 但他还说，如果我们要更确切一些，就必须认为这个原因就是形式本身："在研究每个事物的原因时，我们总是有必要去寻找什么是最确切的……因此一个人建房子因为他是一个建筑师，而一个建筑师建房子是**由于建造的技艺。这个最后的原因是在先的；普遍而言也是如此**。"② 亚里士多德无法将变化的第一原理仅仅看作是一个在先的事件。必须有某个东西在变化中持存并决定变化中的形式，这个东西就是形式。即便在技艺中，形式在某种意义上也是自身实现的原因。当我们把建筑师当作变化的首要来源时，我们并不仅仅是将他看作原因。我们想知道是什么最终构成了这个建筑师。（一个房子）作为潜能的形式，就是建筑师的技艺。这是建筑师作为建筑师的能力。建造技艺最高层次的实现就是建造者的建造活动。它在房子被建造时发生，并且与房子被建造的活动是同一个活

---

① 《物理学》III.2.202a9-11（强调是我加的）。我用"施加变化者"和"变化"两个词来对应牛津译本中的"推动者"和"运动"。在《物理学》中亚里士多德并没有从一而终地坚持这一观点，但这至少是一个范式。

② 《物理学》II.3.195b21-24（强调是我加的）。

动。正如亚里士多德说的:"建筑术在它制造的建筑**之中**。"① 因此在亚里士多德的世界中,没有先于实现活动的在先**事件**可以被单独作为动力因。如果我们想要分离出任何可能有助于解释这一活动的在先事件,我们就必然要确定一个事物,比如说建筑师,或者是作为潜能或能力存在于建筑师灵魂之中的形式。

教育与制造人造物非常类似,只不过老师赋予形式的"质料"是学生的灵魂。一个正在教学的老师能够将他的知识传授给学生,这是老师将他灵魂中的(相关)形式或本质传递给学生的灵魂。老师教学是形式的活动,这种形式构成了老师正在传递的知识。如果教学是成功的,那么学生的理智就会接受老师理智中的形式,就好像学生的理智是成功的老师的人造物一般。

有性生殖也是如此。设想一下人类这个物种。人类的成员能够繁衍后代是人类灵魂本质的一部分。成为一个父亲就是要拥有将人类的形式传递给其他成员的能力。这一能力帮助构成了人类的形式本身。做父亲正是这一能力的实现,即发挥作用的人类形式。

因此变化的第一原理是形式,现实的第一原理是正在发挥作用的形式。

我们提到原因的最后一种方式是目的(*telos*),或是"**所为之物**"(that for the sake of which)。② 例如,植物长出叶子是为了保护它们的果实并且将营养传递到根部,燕子造窝是为了保护,蜘蛛织网是为了捕食。③ 每个例子中,植物和动物的活动都是为了发

---

① 《论动物的生殖》I.22.730b7-8。
② 《物理学》II.3.194b32-33。相关阅读:《物理学》II.3-9。
③ 《物理学》II.8.199a20-30。

展、保存或保护其形式:"因为自然有两重含义,质料和形式,后者是目的,因为其他一切都是为了这个目的,**形式必然是在'所为之物'意义上的原因**。"① "目的因"并非不同的原因,它只是提及自然的不同方式。亚里士多德这样总结他关于目的因的讨论:"很显然,**自然是一个原因,是为了某个目的而发挥作用的原因**。"② 我们的任务就是要理解自然或形式如何作为目的因发挥作用。

在亚里士多德的世界中,形式不仅仅作为已经实现的状态存在,它还作为朝着这一状态的**努力**(striving)而存在。这种努力是基本的存在论意义上的实在,它是幼年有机体中引导它朝向某个目的的不可还原的力量。作为形式实现状态的目的,正是一个成功的努力。③ 因为一个努力并不仅仅是表达出一种实际的质料状态,如果我们还没有理解朝向什么努力,我们就还没有理解这种努力。我们需要将形式作为目的因,才能理解整个生长活动(在这种活动中,形式是潜能)。

在 20 世纪,很多哲学家的工作都表明了,目的论解释与机械论解释是相容的。④ 比如我们可以说蜘蛛织网是为了捕食,也可以用神经生理学构成和基因遗传来解释它们有序的活动。也就是

---

① 《物理学》II.8.199a30-32(强调是我加的)。
② 《物理学》II.8.199b32-23。
③ 我们可以将这个解释与作为成功的尝试的人类活动进行对比。根据这个分析,活动并不是尝试加上身体运动,一次成功的尝试就是一个活动。参见 Brian O'Shaughnessy, *The Will*, Cambridge University Press, 1980。
④ 比如参见 Charles Taylor, *The Explanation of Behavior*, Routledge & Kegan Paul, 1964; Taylor, "The Explanation of Purposive Behavior," R. Borger and F. Cioffi, eds., *Explanation in the Behavioral Science*, Cambridge University Press, 1970; Hilary Putnam, "Philosophy and Our Mental Life," in *Philosophical Papers: Volume 2: Mind, Language and Reality*, Cambridge University Press, 1975; Jonathan Bennett, *Linguistic Behaviour*, Cambridge University Press, 1976。

说，实际的自然结构是有目的行为的基础。但是亚里士多德并不相信这样的相容性，认识到这一点很重要。① 对亚里士多德而言，之所以要使用最终的、处于实现状态的形式，是因为只有诉诸它，我们才能理解目的论的行为。

这一点在亚里士多德关于偶然性（*tuchê*）与自发性（*to automaton*）的讨论中尤其清楚。② 偶然性与自发性非常重要，因为它们提供了**表面上的目的论的例子**。**一个自发性事件**是（1）有可能为了某事发生，（2）实际并非因此发生，（3）因为某些外在原因产生。③ 比如，一块石头自发地砸到了一个人，它本有可能成为这个人的敌人的武器，然而事实上它只是从岩石上滚落下来而已。④ 我们要注意，自发事件并没有破坏原因的序列。石头滚落是因为它自身的重量，或者用亚里士多德的话说，是因为它要寻找它的自然位置，并且没有受到阻碍。一个事件被看作是自发的，并不是因为它打断了因果链条，或者因为它真是从不知哪里冒出来的，而是因为它好像是为了某个目的而发生的，尽管实际上并不是为了这个目的。石头并非为了砸到那个人而掉落，尽管它看上去可能如此。

偶然性和自发性一样，看上去是有目的的，但它仅限于人的

---

① 参见 John Cooper, "Aristotle on Natural Teleology," in M. Schofield and M. Nussbaum eds., *Language and Logos: Studies in Ancient Greek Philosophy Presented to G. E. L. Owen*, Cambridge University Press, 1982。至于将亚里士多德解读成相容论的尝试，可参见 Wolfgang Wieland, "The Problem of Teleology," in *Articles on Aristotle*, vol. 1; Wieland, *Die aristotelische Physik*, Vandenhoeck & Ruprecht, 1970 以及 Martha Nussbaum, *Aristotle's De Motu Animalium*, Princeton University Press, 1978: Essay 1。

② 《物理学》II.4-8。

③ 参见《物理学》II.6，尤其是 197b18-20。

④ 参见《物理学》II.6.197b30-32；另外的例子可参见 b15-18。

活动。① 比如一个人去市场买只鸡，结果遇到了他的债主。② 假如他知道债主在市场，他就会去那里见他。假如有一个旁观者，不知道这个债务人对什么知情什么不知情，那么他很可能会得出这个人去市场是为了见债主的结论。但这个旁观者是错误的。这位债务人没有这样的打算，因为他不知道债主的行踪。因此这位旁观者的目的论解释，尽管很有吸引力，却是错误的。偶然性也没有扰乱自然秩序，它们只是一些在人的常规事务中发生的事件，看起来好像是为了某个目的，其实并不是。它们也可能是为了另外的目的发生的，比如债务人和债主都是为了买鸡来到了市场。

因此，如果看似有目的的状态是某个过程的必然结果，而这个过程仅仅依赖有机体的质料状态，亚里士多德就会称这种状态为自发性的。亚里士多德并非一个相容论者，他明确对比了因为必然性发生的过程和真正有目的的过程。③ 他甚至考虑了某种自然选择理论，不过是为了反驳它。他问道，

>……我们的牙齿不是**由必然性**产生的吗？门牙尖锐适于撕咬，白齿宽适合咀嚼，它们并非为了这个目的，而仅仅是个巧合；其他我们认为是有目的的部分是不是也是如此呢？不管这些部分从何而来，它们的形成就好像是为了某个目的，这个东西就能存活下来，以适合的方式**自发地形成**……④

---

① 比如可参见《物理学》II.5.197a5-8, II.6.197b1-6。
② 见《物理学》II.5.196b33-197a5, 197a15-18。
③ 比如参见《物理学》II.8。
④ 《物理学》II.8.198b23-31。

用现代的眼光去看亚里士多德将必然性与自发性联系在一起会很奇怪。因为我们倾向于认为，如果一个事件是一个不可避免的确定过程的结果，那恰恰表明了这个事件**不是**自发的。但是对亚里士多德而言，自发事件是那些看似有目的的事件。这就是他为什么能够将必然与自然联系在一起。如果有机体或是其功能性的部分是质料过程的必然结果，那就是自发地发生的。

因此，自发性对亚里士多德的世界观来说是严重的威胁。因为它破坏了形式作为首要原因的资格。如果形式是必然过程不可避免的结果，那么形式就仅仅是附加在这些必然性之上的。① 形式无法提供**为什么**；对必然的相互作用的论述却可以提供。亚里士多德这样回应关于必然过程和自然选择的假设：

> 这个观点不可能是对的。因为牙齿和所有其他自然物，要么总是，要么在大多数情况下以一种固定的方式生成；但是没有任何出于偶然性或自发性的事物是这样……如果我们同意，事物要么是偶然的结果，要么是为了某种目的，如果它们不可能是偶然性或自发性的结果，那么它们必然是为了某个目的……因此有目的的活动会出现在那些依据自然生成和存在的事物中。②

亚里士多德的论证结构看起来是这样的：

（1）自然物，如牙齿，总是至少通常以某种方式发生；

---

① 亚里士多德确实相信一些低级的物种是由自发的生成产生的，但是普遍而来，生物的生成依赖形式。

② 《物理学》II.8.198b34-199a8。

但是

（2）自发的或偶然的事件很少发生；

由于

（3）事物要么是为了某种目的，要么是自发的（偶然的）

并且

（4）自然物不会自发地产生（因为［1］和［2］）

那么

（5）自然物必然是为了某种目的（因为［3］和［4］）

这个论证的效力可能比乍看起来更强。对现代读者而言，牙齿总是以某种模式生成恰恰证明了这是一个必然过程，而不是没有必然过程。亚里士多德怎么能在论证中用不变性反驳必然性呢？他的论证难道不是明显错误的吗？乍看起来似乎是这样。亚里士多德似乎依赖自发性的两个不同标准：表面上的有目的性，以及发生的罕见性。必然的过程是自发的，因为它们只是看上去有目的性。但是，随后所谓的自发事件的罕见性被用来排除必然过程。我们难道不会反对说，如果产生表面上有目的结果的必然过程确实存在，那么假设自发事件非常罕见就完全是个错误吗？也就是说，我们难道不该拒绝前提（2）吗？如果必然的过程是普遍的，那么自发的事件也是。

这个论证其实没有那么糟糕。但是我们必须在亚里士多德的"秩序"概念的背景之下理解它。关于秩序，亚里士多德相信两个论题，并且为它们进行了相当有力的论证。如果我们接受这些论题，那么这个论证就是一个好的论证。第一个论题是：

（Ⅰ）秩序**自始至终**都是形式的表现。

我们已经看到，亚里士多德认为质料是一个相对的东西。尽管肉和骨头可以成为人四肢的质料，但是如果我们考虑肉本身，就会发现它也是形式和质料的复合物，它的形式是构成肉的质料的秩序和组织，以此类推。

第二个论题是：

（Ⅱ）在任何等级的质料中存在的秩序，都不足以生成下一个等级的组织所需要的秩序。

在此之外，我们还需要形式作为一种基本的、不可还原的力量，一种生长的能力。亚里士多德认为，静态的质料结构无法解释它。我们要记住，一个生长的有机体的形式不仅仅是其现有的结构，它是有机体之中的一种力量，能够使其达到更高等级的组织，直到有机体达到成熟的形式。亚里士多德认为从必然过程产生结构的观点不可思议，因为对他而言，必然过程不可能基于现实的结构。对亚里士多德而言，认为肉这个等级的秩序，足以生成人类生命的秩序是荒谬的，这就如同认为一堆木头中的秩序，足以让这堆木头自己变成床一样。如果我们接受这两个命题，那么自发性的事件就非常罕见。因为普遍而言，质料的必然性质并不能成为生长过程的基础。尽管产生秩序并非不可能——环境的力量可能会赋予某种秩序，但是这种情况非常罕见。

17世纪以来，目的论解释一直陷于污名之中。围绕"目的论"存在着大量错误的观点，因此有必要强调，亚里士多德所认同的，只不过是把形式看作存在论上基础的实在，加上自然的形式通常都能够从潜能发展为现实。亚里士多德并不认同（荒谬）的逆向原因：即完成了的目的在之前的事件上施加了某种逆向的原因。这个令人困惑的观点之所以出现，是因为采用了现代的动力因的概念，并且将动力因放在了生长过程的最后，认为是这个动力因导致了生长过程。（如果我们忘记了可能还存在其他不同于现代动力因的原因概念，就更容易将这一混乱不公正地归咎于亚里士多德。）无论如何，亚里士多德确实相信世界上存在**真实的**目的性。真实的目的性要求目的**以某种方式**支配整个实现的过程。当然，严格说来，并非**目的本身**从一开始就起作用，是**形式**指引着从潜能到现实的发展。作为潜能存在的形式是有机体中的一种力量，驱动有机体获得某种特征，即现实的形式。作为现实性的形式是目的或目的因。

当然，在生长过程的一开始，潜在的形式是由先前现实的形式决定的。在自然生成中，孩子潜在的形式是由父母（之一）现实的形式通过有性生殖传递的。在人造物的创造中，工匠灵魂中的形式被实现。说到底，现实的形式是现实的形式生成的原因。所以在这一引申的含义中，目的从一开始就在那里，它确立起一个朝向目的的过程，这个目的就是现实的形式。

亚里士多德也不认同在自然中存在有意识的设计这样的观念。确实，他明确反对自然是某种神圣目的或神圣工匠的表现。我们倾向于认为，如果在自然中**确实**存在某种目的，那么必然存在某个赋予其目的的行动者。这就是为什么我们经常听人说目的只不过是理智投射在（没有理智的）自然之上。亚里士多德不会同意这个观点。他相信形式是基本的实在，并且在各处都看到了被引向这一形式实现的自然过程。然而，如果要就此得出结论，认为目的性的首要观念是**没有理智的**却是错误的。一个有目的的生长过程是有理智的还是没有理智的，取决于"理智"的含义。如果理智仅仅等同于意识，那么自然有机体的变化当然是没有理智的。在实现成熟的形式的过程中，尽管没有一个理智引导或创造，自然过程仍在实现其目的。不过亚里士多德的世界在本质上是可理解的。这是一个有序的、有组织的世界，充满了目的性，它应当在这种意义上被理解，即人的自然就是探求世界的秩序，并理解它。假如这个世界不是与理智如此相似，人就不可能理解它。对亚里士多德而言，我们理解目的性，不是（人类）理智投射到自然之上的结果；这是一个有目的的、可理解的、"有理智的"自然投射到人类理智上的结果。

事实上，有理智的人进行的有目的的活动是对自然的模仿。① 亚里士多德说，假如一所房子是依据自然生成的，它就会像被建造那样生长。建造房子一步一步的过程——其目的是一个完成的居所——是对自然的模仿。仿佛是自然教会了人有目的的活动，也就是说，有意识的有目的活动是从充斥于自然之中的（无意识的）有目的活动中习得的。一个人可能会有意识地做有目的的活动，但是意识并不是目的性本身的本质特征。甚至人类也能够从事有目的的活动，而无需有意识地计划所有的步骤："因为没有观察到一个行动者在思虑就认为目的不存在，是荒谬的。技艺并不思虑。"② 学会了建筑技艺的工匠，就将房子的形式内化到他的灵魂之中。当他工作的时候，房子的形式就在发挥作用。他不需要

---

① 《物理学》II.8.199a8-10, b26-30。
② 《物理学》II.8.199b26-28。

思虑，或是花很多时间有意识地思考，他有目的的活动或多或少是自发的。这是形式的活动。

康德认为我们目的论的判断给予自然一种**概念上的因果关系**（conceptual causality）。① 他对这一事实印象深刻，即有机体的部分服务于整体，有机体的各种活动共同保存生命和种族繁衍。比如，当一只**蜘蛛**在织网，整个织网的活动似乎是为了保存这只蜘蛛，它的所有部分似乎都服从于这个目标。这个目标就是蜘蛛这个有机体的存在。看起来蜘蛛这个概念发挥了因果性的影响。对于康德来讲，问题就变成了"概念这种像理智一样的存在物如何在自然中产生因果影响？"

亚里士多德接受形式的实在性，因此按照某种解释，他也相信概念性的因果关系。也就是说，他相信蜘蛛的形式确实可以发挥因果性的影响。然而这并不意味他认为因果性依赖我们的理智，或者是我们的理智在自然中的投射。形式使世界可以理解，在这个意义上，我们也许会认为形式是概念性的，它们是当我们研究这个世界时投射到我们理智上的东西，并且只有形式才是当我们沉思时，理智所沉思到的东西。然而我们不要因此认为，概念仅仅存在于理智中。确实，正是因为概念真实地存在于（无意识但类似理智的）自然世界中，形式才能在自然物中实现，我们人类才能用概念进行思考。因为只有当我们在世界中遇到这些形式，才能从降生时的无知状态，进入一个可以随心所欲地沉思的状态。世界中的形式给予了人类概念去进行沉思。

---

① 康德：《判断力批判》。

四、动物的心脏①

如果形式是自然的基本力量，那么生长和生成就不可能是由质料中发生的必然过程决定的。生成的自然过程在这方面类似于人造物的制造。② 亚里士多德认为，用下面这种方式去解释一所房子的结构是很荒谬的：它的基础又重又厚，由石头制成，是因为重的质料自然位于底部；它的屋顶较轻，由木头制成，是因为轻的质料自然会位于顶部。假如是这样，那么质料将会主宰形式。而亚里士多德认为恰恰相反，是形式主导质料。我们已经看到，在灵魂中拥有房子形式的建筑师，目的是要将形式赋于适当的质料。他的计划是建造一个居所，他的行动可以被看作是，为了建造一个他能造出的最好的居所，将可用的质料组织起来。因此就像亚里士多德说的那样，尽管房子的产生**不能没有**质料，但它并不是**由于**质料才产生的。③ 房子的基础要由重的石头制成并非是因为石头自然地沉在下面，而是因为一个好的居所应当有一个坚固的基础。人造物的质料要服从形式。

亚里士多德认为，"有目的因的**所有其他事物**"情况与此类似。④ 自然有机体和人造物由质料构成，而质料确实拥有某种有限的必然属性，但是有机体和人造物的生成和构成不可能是质料必然性的体现。在自然生成和技艺创造中起作用的那种重要的必然性，亚里士多德称为"**假设的必然性**"（hypothetical necessity）。⑤ 假设

---

① 相关阅读：《物理学》II.9；《论动物的部分》I-IV；《论动物的生殖》I, II, IV。
② 《物理学》II.9。
③ 《物理学》II.9.200a5-6。
④ 《物理学》II.9.200a7-8。
⑤ to anankaion ex hupotheseôs；参见《物理学》II.9.200a13。

的必然性从完成的目的回溯到实现这一目的的过程，或是回溯到构成这一目的的部分的结构。**如果**锯是用来伐木的，那么它**必然**由能够砍伐木头的质料制成，[1] 而这种质料——铁——必然要按照某种形式被塑造。铁自身没有任何性质可以凭借单纯的必然性就让它成为一把锯。将假设的必然性看作一种神秘的反向作用的动力因是错误。不是做好的锯让它自己被制作出来。像锯这样的人造物是由能够制造工具的人制作的。是匠人的能力，也就是他灵魂中锯的形式，制造了一把锯，这是先在的动力因。假设的必然性表现在匠人对如何制造一把锯的思虑之中，也会表现在他**可能**进行的思虑之中，假如他进行思虑的话。[2] 因为我们已经看到，工匠制作产品时并不需要实际进行思虑。

因此假设的必然性最终是合理性（rationality）的必然性。**如果**锯要拥有这种功能，它就**必然**拥有这样的结构和组成。有时这种合理性是明确的，比如一个人思考如何制作一把锯的时候；但是这种合理性也经常是隐含的，比如一个训练有素的匠人在做一把锯的时候。但是**我们**弄清楚要有一把锯必然需要哪些东西的推理过程，就是将锯的合理性（它的结构和组成）呈现出来的过程。

当我们离开人造物，进入自然的领域，就不再有我们需要去呈现的明确推理过程了。因为并不存在一个思考如何才能最好地制造一个人或一只青蛙的创造者。如果形式是自然世界的基本力量，那么在这个世界中，基于假设的必然性的思虑应当是有效的。因为如果自然过程真的是为了某个目的，那么我们应该能够从要达到的目的出发，回溯达到这一目的的过程。我们也应该能

---

[1] 《物理学》II.9.200a10 以下。
[2] 对亚里士多德思虑的解释，参见第四章第五节。

够让目的中显现出来的结构变得可以理解。亚里士多德说，最好的研究过程是，从每一组动物表现出来的现象开始，去探究这些现象的原因。① 这种策略的道理在于，我们必须要理解目的因，即生物最终达到的形式。因为只有理解了这个形式，我们才能进行回溯的推理，确定它为什么必然用**这种**方式达到。

形式作为自然世界的基本力量，使得基于假设的必然性的推理获得了合法性。这又反过来确保了自然世界的合理性。例如，如果一个人的各个部分是为了他成为一个人，即获得他的形式、从事他的典型活动，那么只有根据什么是人，人的各个部分才变得可以理解。

> 最适当的理解是说，人具有如此这般的部分是**因为**人的本质就是如此这般，并且**因为**它们是他存在的必然条件；如果我们不能这样说，那么接近的说法是，要么对于人来说没有它们就几乎无法存在；至少我们还可以说，最好是有它们在。接下来我们就可以说：因为人是如此这般，他的发展过程就必然是如此这般，因此这个部分最先形成，然后是下一个；我们可以按照类似的方式解释所有其他自然物的生成。②

尽管自然世界在很大程度上是合乎理性的，但这绝不意味着我们能够省略掉对它的经验观察。只有通过仔细观察青蛙或人，我们才能了解到什么是青蛙或人的形式。我们必须观察它们的生长和典型活动；我们必须进行解剖，观察它们的部分。自然世界的合

---

① 《论动物的部分》I.1, 640a13-19。
② 《论动物的部分》I.1.640a33-b4（重点是我加的）。

理性不能在缺少经验观察的情况下显现出来,而是在我们对它进行了观察之后所做的理论思考中显现的。我们的理论思考建立在这样的假设之上,即动物各个部分的构成方式,必然(或多或少地)为了这个动物达到自己的形式。这一假设使研究者得以从两个方向思考:从现实性到合理性,再从合理性回到现实性。从对青蛙的观察中,我们理解了什么是青蛙;一旦我们理解了什么是青蛙,就能回溯地推论出青蛙各个部分必然发挥的功能。

亚里士多德的动物学著作《论动物的部分》和《论动物的生殖》就运用了这类推理,在假设的必然性支配的世界中,这类推理是必要的。提出了假设的必然性之后,亚里士多德在生物学研究中运用了这种推理。我认为,在研究他的生物学著作时,我们能够解决所有亚里士多德学者都会遇到的一个困惑。一方面,亚里士多德坚持自然哲学的真正主题是形式而不是质料。① 形式不仅不是由必然的质料过程产生的,而且质料本身是不可知的、不可理解的。另一方面,亚里士多德又花了很多时间和精力去研究各种生物的质料:动物的部分、肉、骨头以及内脏组织。我们或许会好奇,亚里士多德为什么不能避免这样的研究?如果不理解形式实现于其中的质料,我们就不能理解人的形式吗?想理解人是什么,一定要知道人的部分和构成吗?

要解决这个困惑,我们需要知道形式和质料有不同的等级。亚里士多德说,动物的质料是构成它的不同部分——头、手臂、心脏、肝、肺等等。② 这些部分并非简单的质料;它们是以某种方

---

① 比如参见《论动物的部分》II.I.5.645a31-b4;《论动物的生殖》I.1, II.1;《物理学》II.2。
② 《论动物的生殖》I.1.715a8-11。

式组织起来的肉、骨头和内脏组织。① 也就是说，它们自己也是形式与质料的复合物。比如，通过研究心脏的原理，我们能够理解如果心脏要发挥它的功能，为什么必须是如此这般的。如果用一种带有悖论意味的方式说，就是在研究形式的同时我们也要研究质料。亚里士多德说："没有一个动物的部分是纯粹质料的，或者纯粹非质料的。"② 我们真正了解的质料（心脏）其实是它的形式（或组织原理）。当然，我们可以进一步推进这个推理，比如说我们可以研究构成心脏的组织。但是，那些构成动物不同部分的同质的质料——肉、骨头和内脏组织——自身也是形式与质料的复合物，每一种都由土、气、火、水四元素按照一定的 logos 构成。③ 通过理解由内脏组织构成的心脏的功能，我们也能理解内脏组织的结构或形式。以这种方式，合理性可以从生物的形式一直传递下去。如果人要成为这样一种动物，就必须拥有一个器官来发挥这样的功能；要发挥这样的功能，它必须由拥有如此结构的组织构成……虽然我们的研究深入到质料之中，但是我们的理解触及的全都是形式。④

因为形式在存在等级秩序的每一个层次都会出现，亚里士多德可以用两种方式设想动物的形式。一种是从动物所有质料的方面尽可能做抽象。比如，人在本质上是理性的动物，亚里士多德可以在没有具体说明理性如何在动物中实现的情况下陈述这一

---

① 比如参见《论动物的部分》II.1。
② 《论动物的部分》I.3.643a24-6。
③ 《论动物的部分》I.1.642a18-24，II.1。
④ 确实，甚至当我们进入到四元素时，我们还可以继续前进。因为所谓的四元素自身也是由更基本的力量构成的：参见《动物的部分》II.I.646a15；《论生成与毁灭》II.2；《气象学》IV.10。土是由冷和固体，气是由热和液体，火是由热和固体，水是由冷和液体构成的。

本质。另一种是将形式看作由具体的实现方式体现。按照这种方法，当我们理解了理性在动物中如何以这样一些器官和部分实现出来，我们就能更充分地理解人是什么。亚里士多德在作品的很多地方都使用了这两种方法，但是很显然，在他的生物学作品中，第二种方式是主导性的。这就是他为什么能以那么大的热情投入对动物的细致研究之中：

> 在就我们的理解所及研究了天上的世界之后，我们要继续研究动物，尽可能不忽略这一领域的任何成员，无论多么卑微。尽管它们中的一些对感觉来讲缺乏吸引力，然而塑造它们的自然会给予所有能够追寻其因果联系，并有意于哲学的人以巨大的快乐。如果对自然的模仿具有吸引力，因为这展现出画家或雕刻家模仿的技艺，那么对于所有那些有辨识原因的眼睛的人来说，原初的实在却没那么有趣，就太奇怪了。因此我们不能带着孩子气的厌恶在考察低级动物时退缩。自然的每个领域都是令人赞叹的。就像赫拉克利特，有陌生人来拜访他，发现他在厨房的火炉前取暖，因此犹豫要不要进来，据说赫拉克利特吩咐他们不要害怕进来，因为即使是在厨房中也有神。我们应当鼓起勇气，不带任何反感地去研究每一种动物，因为它们全都会向我们展示出自然和美的东西。没有任意性，一切都为了某个目的，在自然的产品中达到了最高的水平，她的生成和结合的最终结果是某种美的形式。
>
> 如果有人认为研究其他动物是一项不值得做的事情，那么他必然也会轻视对人的研究。因为没有人能在观察人类

躯体的原料——血、肉、骨头、内脏,等等——时不感到恶心。此外,讨论任何部分或结构,我们关注的或讨论的不是质料的构成,而是整个形式。同理,建筑学的真正对象不是砖头、泥浆或木材,而是房子;因此自然哲学的主要对象不是质料性的要素,而是它们的构成,以及实体的整体,如果不依赖实体,质料不能自己存在。①

事实上,亚里士多德有很好的理由选择第二种方式。因为有理由将质料的形式方面(也就是动物各个部分的形式,以及构成各个部分的肉、骨头、内脏组织的形式)看作是表现了动物整体的形式。亚里士多德认为,在身体里没有任何骨头是作为一个分离的东西存在的,每个骨头成为其所是,部分原因在于它在其中发挥作用的整个有机体。②正如质料的东西,比如血管,它获得作为血管的存在是通过在有机体中发挥作用。亚里士多德说,"血管本身什么也不是。"③因此,即使在质料的层次,活的有机体的质料成其为质料,也因为它是形式的表现。而当我们从骨头和血管进入到动物有组织的部分时,同样的推理依然有效。

比如,人的形式是人的手以这种方式存在的原因。这也是我们为什么能够在假设的必然性的基础上,从人是某种类型的动物推论出他拥有手。④亚里士多德认为,假定人是通过双手获得出众的智力,因为他有使用双手的天赋,所以理智得以发展,从

---

① 《论动物的部分》1.5.645a4-37。
② 《论动物的部分》II.9.654a34-b6。
③ 《论动物的部分》II.9.654b2-3。
④ 《论动物的部分》IV.10.687a9-b4;另参见《论动物的生殖》II.6;《政治学》I.4.1253b33。

而让他能够以更丰富的方式使用它们，这种观点是错误的。正确的说法是，自然"像任何明智的人会做的那样"行动：人被赋予了手是因为他拥有实践理性，可以在各种用途中去运用它们。确实，手是显示实践理性最为卓越的器官。人可以通过它制造和使用工具，因此亚里士多德说它是为了更多工具的工具。亚里士多德说，自然仅仅给那些能够使用它们的动物分配特定的器官、肢体，等等。① 这就是我们为什么永远不会在非理智动物身上发现双手，也是我们为什么必然能在表现出杰出的理智和实践理性的这类存在者身上找到双手。

因此，从人类的实践理性能力出发，我们可以推论出手的存在。然而，尽管人的形式使手的存在和结构成为必然，手也是人的质料的一部分。因此人的形式决定了人的质料，人的形式决定了手之为手。因为手自身是形式和质料的复合物——以**这种特定的**方式构成的肉和骨头，那么人的形式必然也是手的形式的原因。亚里士多德关于死亡的讨论证实了这一点。亚里士多德说，一个死人的手，就不再是真正的手了：它只在名义上还是手。② 手之为手，不仅仅是按照某种方式被塑造，以及由某种质料构成，它还必须能够发挥手的功能。但是如果手是活人的质料的一部分，那么这个质料就会在死亡的同时也被毁灭。甚至肉、骨头和内脏组织也在死亡时开始分解为它们的质料。它们在死亡的同时就失去了将它们组织起来的原理，即使分解的过程相对缓慢。这再一次表明，肉、骨头以及内脏组织的原理本身就是人类形式的

---

① 《论动物的部分》III.1.661b23 以下（因此我们永远无法找到一个既有尖牙又有獠牙的动物，因为自然制作任何事物都不是徒劳的）。

② 《论动物的部分》I.1.640b34-641a21。

体现。

亚里士多德认为不存在任何严格的程序可以揭示自然世界的合理性，这一点在关于动物分类的讨论中尤其清楚。柏拉图提出了一种划分法（即二分法），我们可以用它来划分物种。但是亚里士多德认为，任何严格的划分都会导致不自然的分类。① 比如我们开始这样一种划分：

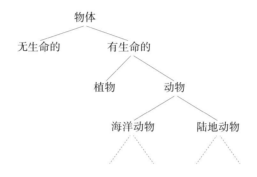

这种划分会不自然地将鸟这一类别分在两个类中（海生鸟类和陆生鸟类），而这两个类别并不是统一的鸟的子类。按照这样的划分，就没有统一的鸟这个类别了。

亚里士多德对任何严格的分类步骤都持怀疑态度。因此，较之于构建出一套精细的法则，亚里士多德仅仅劝告人们依靠本能。② 就是说，当人类研究自然世界时，很自然就会观察到现象间的相似性与区别。通过运用先天的对相似性的感觉，人们就可以将不同种类的鸟分入一个统一的属之中，对鱼和其他动物也是一样。因此严格的分类步骤是不可能的，也是不必要的。人们只需

---

① 《论动物的部分》I.3。
② 《论动物的部分》I.3.643b10-16。

要依靠对同和异的感觉（当然，这基于仔细的观察），就可以正确地划分这个世界。

亚里士多德给出的不仅仅是一个实用性的判断，认识到这一点很重要。他不是像实用主义者那样，说人只要按照他的兴趣和对相似性的感觉去划分世界就足够了。对亚里士多德而言，只有因为人在世界当中有一个特定的位置，人依靠自己的判断才会有根基。因为自然本身就是理性结构的表现，而人又是这样一种存在者，他依据自然就能领会和理解理性的结构，因此人类在揭示自然的合理性的探索中可以跟随自己的本能和判断。在这里我们又遇到了"来自哲学可能性的论证"（argument from the possibility of philosophy）。因为人类依据自然就是这个世界系统的理解者，当他探究自然的大千现象时，他就（或多或少）可以依靠自己做出的系统判断。当然，这些系统判断是在两个方向上推理的产物：一个是从在经验探索中遇到的现象向前推进到普遍原理；另一种是反向的推理，基于假设的必然性，从我们对种－形式（species-form）的理解，反向推理出在经验探索中预期会遇到的现象。

亚里士多德对动物心脏的讨论就是这种双向推理的很好例子。① 亚里士多德说，心脏必然是感觉的首要来源，这一点既可以是理性的推论，对感知而言也非常显然。② 首先，感觉的来源必然是一个统一的、单独的器官，因为感觉的功能是统一的。③ 也就是说，一个人并没有若干种不同的意识，一种对触觉有意识，另一种对视觉有意识，还有对声音和味道的意识。我们对视觉、声

---

① 比如参见《论动物的部分》III.3-5;《论动物的生殖》II.4, II.6。
② 《论动物的部分》III.4.666a18-20; 另参见 666a3-8。
③ 《论动物的部分》III.4.666a13-15; 另参见《论灵魂》III.2。

音和味道的感觉，构成了对世界统一的感觉意识。因此我们会期待找到一个统一的器官作为这个意识的载体。我们还期望这个器官位于靠近动物中心的位置，因为这样一来它离身体的每个部分都是（几乎）等距离的。因为人感觉的能力涵盖了身体的所有部位。在经验探索中，我们确实找到了这样的器官，那就是心脏。当然，心脏并不完全居于中心，但这也是可以预料的。因为自然拥有这样一种倾向，将最高贵的器官置于最高贵的位置：而上面和前面是比下面和后面更高贵的。① 此外，感觉和运动是向前引导的，因此有理由认为感觉和运动的首要来源是位于上面和前面的。② 因为感觉需要热，我们会期望这个感觉的首要来源也是热的来源。③ 它还应当是血液的来源，因为血液正是从热的源头获得了温度和流动性。

动物胚胎的发育也为心脏首要的重要性提供了证据。④ 经验探究表明，心脏显然是胚胎中第一个发育的器官（至少亚里士多德这样认为）。然而，亚里士多德并不满足于停留在经验观察上。他说，很显然，不仅对感觉而言，**甚至在理论上**，心脏也是生长的第一原理。⑤ 这是因为，就像脱离父母的小动物必须能够照顾自己，胚胎（当它作为一个独立的胚胎脱离父母时）必然也拥有其自身生长的第一原理。理性告诉我们，首先发育的器官应当是引导胚胎进一步生长的原理。因此心脏必然是这一器官。而这一推

---

① 《论动物的部分》III.3.665a21-26，III.4.665b18-21。

② 《论动物的部分》III.3.665a11-15。确实，我们能进一步理解肺和气管的位置与结构，因为空气必须从肺被导入心脏：参见《论动物的部分》III.3；《动物志》I.16-17。

③ 《论动物的部分》III.5.667b22-31。

④ 参见《论动物的部分》III.4.666a20a34-b1；《论动物的生殖》II.4，II.6。

⑤ 《论动物的生殖》II.4.740a1-23（强调是我加的）。

理从下面的想法中获得了进一步的佐证。动物通过感觉能力和自我运动的能力，将自己与自然中的其他事物区分开。因此我们会认为感觉和运动的原理会在动物的生长中首先出现：这个原理就是心脏。①

这是双向推理的一个范例，亚里士多德认为世界的自然和人在世界中的位置给这种推理提供了证明。因为这个世界是合理的，我们就能够从自己在感觉经验中遇到的现象推论出使这些现象可理解的普遍原理。相反，我们也可以从理性的普遍原理推论出应当显现这些原理的感觉现象。人能够在两个方向进行推理，并且最终，他的所有推理应当能构成一个和谐、可理解的整体。当然，不可否认，亚里士多德也用这个方法得出了错误的结论。比如，其实是大脑而非心脏，控制着感觉，而亚里士多德认为这是不可能的。他认为，大脑是用来冷却血液的器官（这就是它为什么位于身体的尽头），而感觉的来源必须位于热的源头。②尽管亚里士多德得出了关于大脑和心脏的错误结论，并不是他的理论本身驱使他得出了这些错误的结论，他的错误是由于这个基于假设的必然性的具体推理过程，由此他推断出心脏的首要作用。这个方法本身只是促使我们将动物的各个部分理解为以特定的方式对整个动物的功能发挥有所贡献。参照某种动物的典型活动，我们就可以理解它的各个部分。因此亚里士多德认为动物的组织和生长体现了某种合理性，并不是错误的（当然他还并不理解这种合理性的基础）。

正是这种可理解性，在生成变化中得以保存下来。亚里士多

---

① 《论动物的生殖》II.6.742b33；《论动物的部分》III.4。
② 《论动物的部分》II.7。

54　德说，动物生成的原因是，没有任何动物个体可以永存不朽。[①] 因此动物要努力用唯一可能的方式去实现不朽，那就是产生与它同类的后代。用这种方式，它们的物种就能永远存在。父母将家族的相似性传递给子孙后代，[②] 然而在持续的生成变化中保存下来的首要的东西是每个物种形式的、可以理解的结构。真正不朽的是每个物种的可理解性。

[①] 参见《论动物的生殖》II.1.731b24ff；另参见《论灵魂》II.4.415a26-b7。
[②] 亚里士多德关于家族相似性遗传的论述，参见《论动物的生殖》IV.3。

第三章　变化

一、巴门尼德的挑战[1]

亚里士多德认为，自然是变化的内在原理。如果我们要充分理解对人而言拥有自然意味着什么，就必须理解亚里士多德的"变化"概念。这并非无关紧要的问题。因为在亚里士多德成长的思想环境中，"变化是可能的"这一点绝非显而易见。正如亚里士多德所说，

> 最早研究哲学的人，在追寻真理和事物自然的过程中，因为缺乏经验而被误导，可以说，正是缺乏经验将他们推向歧途。因此他们说没有任何东西生成或毁灭，因为生成的东西必然要么从存在中生成，要么从非存在中生成，而这两者都是不可能的。存在的东西不可能生成存在（因为它已经存在了），也不可能有东西从非存在中生成。[2]

这很明显是指苏格拉底之前的巴门尼德及其追随者，他们认为变化是不可能的。巴门尼德论证，要有变化，就意味着有某物从非存在的状态变成了存在。但是从非存在中不能生成任何东西。而存在的

---

[1] 本章第一至第三节的相关阅读：《物理学》I.7-8，III.1-8。
[2] 《物理学》I.8.191a24-31。

某物也不能生成什么东西，因为它已经存在了，所以就不会生成。

　　亚里士多德对巴门尼德的回应给我们提供了他的哲学方法的范例。一方面，亚里士多德确信，没有好的理论会导致明显错误的结论。正如他所说，

> 认为所有的东西都是静止的，**并且为了表明这一理论是合理的而不顾感觉，这是理智贫乏的表现**，这会导致对整个体系的质疑，而不仅是某个细节。此外，这不仅是对物理学家，也是对几乎所有科学和所有公认意见的攻击，因为变化和所有这些都有关系。①

自然是**变化**的内在原理，而亚里士多德认为我们应当直接承认它的存在：

> 要试图证明自然存在是荒谬的，因为显然有很多这种东西存在着，而且要用不明显的东西去证明明显的东西，就是一个人无法区分自明的和不自明的东西的标志。②

巴门尼德显然不会对亚里士多德的这种进路感到满意。我们相信感觉会引领我们走向实在的自然，而巴门尼德论证的目的，就是要破坏我们对感觉的信任。所以，指出我们在周围见到的变化的明显例子，是没有用的。一旦我们沿着他的论证前进，就会认为

---

① 《物理学》VIII.3.253a32-b2（强调是我加的）。(我用"变化"[change]来翻译 kinêsis，而不采用牛津译本的"运动"[motion]。)

② 《物理学》II.1.193a3-6。

感觉的证据本质上是虚幻的,并将它们抛弃。在巴门尼德看来,从虚幻的井中汲水来救济我们对实在的饥渴,是荒谬的。然而这正是亚里士多德所做的,至少在巴门尼德看来是这样。

至于亚里士多德,他对怀疑论没有什么耐心。① 他确信,真理必定与我们在周围明显所见的一切**和谐一致**。哲学的要义不是要破坏我们前理论的信念,而是帮助我们理解它们。哲学让我们更深刻地认识我们平常的信念**为什么**是真的。所以,我们平常对这个世界的信念就成为哲学活动的起点,这些信念可能被修正,但决不能被完全抛弃。因此,亚里士多德哲学方法的一个公理就是:如果一个论证的结论与我们平常对这个世界的信念极不一致,那么,无论这个论证看起来多么强有力,其中必定蕴含缺陷。

虽然亚里士多德很快就否定了那些极端论证有可能正确,但他仍然非常严肃地对待它们。因为,如果真理确实与我们平常的信念和谐一致,那么一个强有力却与信念不一致的论证必定会成为我们理解真理的阻碍:"因为结论不能满足思想,思想就不会停止,这时它被紧紧束缚住,并且因为不能驳倒这个论证而无法前进。"② 真理不仅与平常的信念和谐一致,还构成了一个和谐的整体。只要理论论证和明显的感觉证据从相反的方向拉扯我们,我们就依然处在被放逐的境地,远离真理。此外,我们还会觉得如此的放逐令人懊恼。当思想打了结,我们就感到很不自在,寻求理解的自然欲求遭受了挫折。③ 亚里士多德认为,正是通过解开思想的结,我们寻求

---

① 比如可参见 G.E.L.Owen, "Tithenai ta phainomena," in S. Mansion ed., *Aristote et lesproblemes de methode*, Louvain, 1961.
② 《尼各马可伦理学》VII.2.1146a24-27。
③ 《形而上学》III.1 以及本书第一章。

理解的欲求才获得了真正的满足。如果我们理解了，一个**表面上强有力**的论证为什么仅仅是表面上强有力，我们就既从**疑难**的束缚中解放了思想，又更深刻地理解了我们平常的信念**为什么**是真的。通过解决令人困惑的难题，比如巴门尼德的挑战，我们就从一般的知识上升到了理解，从平常的信念上升到了哲学的智慧。因此，尽管亚里士多德从不认为巴门尼德有丝毫正确的可能，他还是以最大的尊重对待巴门尼德的论证。

亚里士多德哲学方法的另一个标志性特点是，他从自己反对的观点中寻找某些真理。我们已经看到，他说真理"看起来是一扇众所周知的门，任何人都不会错过"。① 一定有某些理由使一个强有力的论证显得有说服力。只有我们理解了隐藏在（根本上是错的，但乍看起来有说服力的）论证之中真正的真理，才能理解这种表象——真理的表象。亚里士多德赞同巴门尼德的原理，即非存在不能产生任何东西。② 他赞同这一点是因为他们共同信奉一条更为基本的原理：充足理由律。如果某物**从非存在**中生成，那么就没有理由解释为何它现在生成而不是早些或晚些生成，也没有理由解释它为何在这里而不是别的地方生成。巴门尼德和亚里士多德都会同意下面这个条件句：

> 如果有变化这么一回事，我们必然能够理解它。

巴门尼德和亚里士多德都相信，在思想和存在之间有着深厚而紧密的联系。因为巴门尼德认为变化不可理解，所以否认变化的实

---

① 《形而上学》II.1.993b4-5。
② 比如参见《物理学》I.8.191b13-15。

在性。他相信他可以从变化的**不可思想性**(unthinkability)得出其**非实在性**(unreality)。亚里士多德基本上同意这一推断。他的任务是表明变化的概念是融贯的、可理解的。亚里士多德认为变化的存在是显而易见的,需要做的是对变化进行分析,这个分析可以说是将世界以可理解的形式归还给我们。在某个意义上,这确保了变化的实在性,因为世界的实在性必然是可理解的。

亚里士多德相信,变化需要一种实在与非实在的混合。如果完全没有任何东西存在,那么什么都不会产生。但这不是变化之前存在的情况。对亚里士多德来说,变化总是一个主体的变化,这个主体在变化之前、变化之中和变化之后一直存在。① 例如,一个学习乐器的人从不懂音乐变成了懂音乐的。我们可以用很多方式来描述这个事实。② 比如,考虑下面这两句话:

(1)这个人变得懂音乐了。
(2)不懂音乐的变成了懂音乐的。

尽管这两个描述都是真的,第二句可能在形而上学上有误导性。因为(2)并没表明在变化的过程中有某个东西是持存的。人们或许会错误地将其解释成:存在可以直接从非存在中产生——不需要任何进一步的限定。相反,(1)使我们认识到存在一个在变化中持存的主体。"懂音乐"是主体(一个人)的性质,而这个人在获得了音乐的才能之前已然存在,在那之后也继续存在。所以亚里士多德赞同一个懂音乐的人不能从非存在中产生,但是他并不认为这里发

---

① 《物理学》I.7.190a14-16,a33-b5。
② 参见《物理学》I.7.189b32-190a13。

生了从非存在中产生存在。一个懂音乐的人是从某种东西中产生的：源自一个人（这个人在学习之前，没有演奏乐器的能力）。亚里士多德也赞同如果一个人**已经**懂音乐了，他就不能再变成懂音乐的人了。尽管必然有某种东西是变化的主体，然而还必须有某种它所不是东西：也就是说，变化要导向的东西。

然而这一分析似乎并没有解决问题。就算有某个人存在，如果他不懂音乐，那么从变得懂音乐这一点来看，他似乎还是另一种非存在。问题似乎再度产生：存在（懂音乐）如何从非存在（尽管是个人，却不懂音乐）之中产生？亚里士多德意识到了这个问题，他用潜能与现实的理论来解决它。① 对于那个不懂音乐的人，除了不懂音乐之外，我们还能说点别的。一个不懂音乐的人实际上拥有学习音乐的**能力**。那么，在一种意义上，存在从非存在中产生——一个曾经不懂音乐的人变得懂音乐了，这确实是一种变化。然而，在另一种意义上，也是存在从存在中产生——那个**潜在地**懂音乐的人变得（现实地）懂音乐了。如果想要掌握变化的实在性和可能性，我们就需要将这两种意义都牢记在心。

一旦我们认识到潜能与现实在亚里士多德关于变化的解释中起到关键作用，另一个乍看起来令人困惑的问题也就迎刃而解了。亚里士多德说，即便是自然有机体（也就是一种实体）的生成也需要一个作为基础的"基底"（substratum）。② 实体的生成提出了一个难题，因为生成的实体不能被理解为一个性质在一个持存的主体中产生。实体不是任何东西的性质。然而亚里士多德说，在动植物的生成中，有某种东西是变化的基础，它就是有机

---

① 他在《物理学》I.8.191b27-9 中提到了这一理论，在 III.1-3 中发展了它。
② 《物理学》I.7.190b1-3。

体从中生成的种子。这似乎很奇怪。当然,种子在实体生成之后就不存在了。种子并不是实体,(生成的)实体也不是种子。那么,在变化过程中持存、作为基础的基底去哪里了呢?为了回答这个问题,我们必须认识到种子自身是形式与质料的复合。比如说,一个人的形式来自父亲,由于拥有这一形式,我们可以说这个种子(潜在地)是一个人。我们这样说的意思是,如果这个种子被植入女性的子宫,在一般情况下它会成长为一个人。形式先于自然实体的生成而存在,并且持续存在,变成了那个实体的形式。尽管在这个过程中,它从潜在存在的实体形式变成现实存在的形式。质料在这一变化过程中也是持存的,然而它本身不能被认为是变化的主体。如果在生成之前就存在于种子中的质料没有被人的自然(作为一种能力或潜能)赋予形式,它就不能变成一个人。

二、对变化的分析

变化若要可能,必须有某种东西在变化之前就已经存在,它还要有成为变化中生成之物的潜能。这种潜能不应该被理解为一种纯粹的可能性。潜能是真实的:它存在于世界中。例如,种子的形式是存在于种子之中真实的能力,能使种子成长为一个自然实体。正如我们看到的,这种能力不是种子的质料状态:只有形式才是它之所是。

亚里士多德定义变化的时候,他关注的是这个先于变化存在的潜能。他说,**变化就是潜在的存在本身的实现过程。**[①] 这个定义可能令人困惑。我们很可能会认为,潜能的实现就是一个完成了的产

[①] 《物理学》III.1.210a10-11(*hê tou dunamei ontos entelecheia, hêi toiouton, kinêsis estin*),另参见 201a16-18 和 III.2.202a5-6。

物，比如，潜在的人的实现就是一个人。但是，说到**作为潜能**的潜能的实现过程，就是要把潜能转变为现实的这个过程区分出来。亚里士多德仍然喜欢使用人造物作为例子。他说，当**可被建造的东西**（*to oikodomêton*）实现时，它就**被建造**（*oikodomeitai*），并且这就是**建造的过程**（*oikodomêsis*）。① 一旦房子建好了，就会有一个现实的房子，而在这个意义上潜能发展成了现实。但是潜能的实现过程本身却不再存在了，因为有待实现的潜能不再存在了。

从亚里士多德的变化定义出发进行推论，就可以很直接产生一系列结果。第一，对亚里士多德而言，变化在根本上是有方向的。因为变化是潜能的实现，而整个变化会朝着它的完成进行，并且会在潜能完全发展为现实时停止。正如亚里士多德说的，变化是从某物出发并且到达某物。② 第二，如果我们不知道一个变化是朝向何物，我们就不理解这个变化到底是什么。因为潜能是世界中的基本状况，它们不能被还原为对象实际的质料状态，除非根据潜能朝向的目标，否则就无法充分理解变化。因为变化是潜能的实现过程，因此除非根据变化的终点，否则就无法充分理解变化。第三，我们会很自然地认为，任何变化的东西都是由一个独特的原因导致其变化的，即一个施加变化者（changer）。因为如果变化是潜能的实现过程，必然存在某些原因使潜能在此刻实现，而非之前或之后。毕竟，潜能已经在物体之中存在了一段时间，所以我们不能在潜能本身之中找到对变化开端的解释。如果我们设想，变化可以在潜能存在的任何时刻发生，但没有理由解释它为何此刻开始而不是在别的时候，这就会违反充足理由律，

---

① 《物理学》III.1.201a16-18，另参见 201b5-15。

② 例如《物理学》V.I.224b35-225a1（*pasa metabolê estin ek tinos eis ti*）。

使变化不可理解。相反，如果变化在物体与施加变化者接触时开始，我们就能够解释为什么变化在那个时候发生。① 要完成这一解释，我们需要更多地认识那个施加变化者：是什么使它成为一个施加变化者。亚里士多德的回答是，施加变化者，总是要带来一个形式。② 理解这一点的范例还是人造物的创造。建筑师是变化的独特原因。木头可能潜在地是一所房子，但是如果没有一个建筑师开始将房子的形式赋予木头，我们就无法解释这一潜能的实现。而这个建筑师之为建筑师（一个给质料赋予形式的人），是因为他的灵魂中拥有形式。作为建筑师，一个拥有建造能力的人，这一形式在他的灵魂中是潜在的；但是当出现了合适的质料，他就能运用他的能力，并且成为一个造房子的建筑师，而形式就从潜在的状态变成了现实的状态。因此，是那个体现在独特原因（建筑师）之中的形式，引起了质料中的变化。

对于自然有机体，情况要更复杂一些，因为有机体拥有变化的内在原理。因此我们在某种意义上可以说那些有机体是自己变化的，亚里士多德的确称它们为"自我推动者"或"自我施加变化者"。然而，问题仍然是，应该有某种让潜能实现的基础，而这个基础不能在潜能本身中找到。亚里士多德在很多地方都论证过，尽管有机体应当被看作是有组织的统一体，但它们不应被看作是同质的。在一个自我推动者之中，我们能够区分出被推动的部分和引起运动的部分。③ 我们很容易对亚里士多德的观点感到困惑，部分原因是他的讨论高度抽象。例如，我们可能想知道，如

---

① 参见《物理学》III.2.202a5-12，另参见 VIII.4.255a34-b1。
② 《物理学》III.2.202a9-11，另参见 VIII.5.257b10。
③ 参见《物理学》VIII.1，VIII.4-5，特别是 258a1-27。

果生长中的有机体的形式是潜能，它是否需要有机体内的一个独特的原因来使它运动？如果需要，这不就破坏了形式作为变化的内在原理吗？但是，如果形式不需要一个独特的原因（由此保住了"变化的内在原理"这个头衔），这不就破坏了任何潜能的实现都需要一个独特的原因这个原理吗？

形式能够保住"变化的内在原理"这个头衔。因为自然有机物是形式和质料的复合物。与解释变化（也就是有机体的生长）有关的潜能，是存在于质料之中的潜能。质料的潜能就是承载形式。有机体的形式才是变化（也就是质料潜能的实现）的独特原因。当然，我们也可以把形式描述成使有机体获得完全发展的形式的潜能或能力，但这么说并不是反对形式有能力作为变化的独特原因发挥作用。此外，在生长的有机体之中作为潜能或能力存在的形式，其存在确实依赖一个独特的、在先的现实性：在父亲身上实现了的形式，这位父亲又将这个形式传到了他的种子之中。①

某些阐释者反对亚里士多德的这一原理，即所有经历变化的东西都需要一个独特的变化原因，认为这个原理只是他物理学体系的临时补充。他们认为，亚里士多德提出这个原理只是为了获得想要的结论，即必然存在一个推动整个物理世界的不动的推动者。②亚里士多德正是出于神学上的考虑——物理世界应当有一个神圣的原因——才假定了"变化需要独特的原因"这个原理。我认为这种反驳没有什么说服力。因为亚里士多德决定用潜能的实现来分析变化，正是这个决定主导着"需要独特的原因"这个原理。一旦做出了这个决定，他就只需要认识到潜能在没有实现的

---

① 比如参见《物理学》III.2.202a9-12。
② 参见《物理学》VIII。

时候就已经存在了很久，并且相信对于变化何时发生应当有一个解释，这样他就会假定有一个独特的原因引起了变化。

亚里士多德变化定义的最后一个结果就是，变化原因的实现和变化主体的实现是同一的。① 亚里士多德在这里试图区分出一个事件（变化）的原因，而不是一个完成的产品（如房子）的原因。因为他把变化定义为潜能的实现，他就不能说变化的原因是先前一个潜能的实现；如果这样说，就会陷入无穷倒退：任何已经发生的变化都需要一个先前的变化来使其发生。所以，尽管变化的原因必然区别于变化的主体，然而它们二者的实现就是同一个活动。"建筑师建造房子"和"房子被建造"指的是同一个活动，尽管它们是以不同的方式描述同一个活动。因此如果我们需要指出一个变化的独特原因，就像亚里士多德那样，我们必须指出一个东西，即一个实体，而不是一个事件。在亚里士多德的世界里，没有什么先前的事件可能成为变化的原因。唯一可能在变化之前存在并作为原因的，就是一个有能力引起变化的**东西**。这种能力的运用就是变化本身。

尽管"单一实现"（single actualization）这个论题深埋在亚里士多德物理学体系之中，但是它对西方哲学却有着深远的影响。在黑格尔著名的主奴辩证法中，两个行动者之间有着生与死的斗争，每一方都想要获得对方的承认。为了避免死亡，被征服的一方向他的新主人臣服为奴。讽刺的是，奴隶通过努力工作获得了胜利，尽管他的辛劳可能是服务他的主人，因此是异化的和被迫的，但实际上在工作中他使自己的灵魂客观化。因为建筑师的建造活动与房子的建造是同一个活动，奴隶在他的辛劳中发现了内在灵魂的外在表达。

---

① 参见《物理学》III.3；这一点在前面的第二节中也讨论过。

黑格尔想用主奴辩证法含蓄地批评亚里士多德对奴隶制和奴隶主阶级的辩护。根据亚里士多德的理论，只有当人拥有闲暇，为了探索本身而进行探索时，哲学才会产生。① 只有这时，理解的欲求才能完全表达出来，因为只有这时，人们才不会囿于探索实现某些必需目的的手段。不再需要去确保生活必需品，人们才能为了理解本身而寻求理解。所以亚里士多德把理论理解放在实践能力（某种技艺的知识）之上。对亚里士多德来说，理论理解完全是神圣的，而且只有奴隶主阶层才有资格获得。相反，黑格尔将主人描绘为懒惰和堕落的。正是因为他从奴隶诚实的劳作中"解放"了出来，他被剥夺了在世界中实现自己灵魂的机会。但是黑格尔在批评亚里士多德政治理论时，使用了一个亚里士多德物理学的基本原理。与亚里士多德相对，黑格尔认为，奴隶的劳动反映出一个自我异化的必然阶段。在他能够获得真正的自我认识之前，他必须在劳作中先将自己客体化，从而为之后在劳作中找到自我，从而为达到主客体的和解扫清障碍。而在亚里士多德看来，恰恰相反，在创造的过程中根本没有异化。工匠在制造的过程中从未变成别的什么，因为工匠作为工匠展现自己，以及工匠在自身之外创造某种东西，这二者是同一个活动。

众所周知，马克思批判了黑格尔的主奴辩证法。在资本家雇主之下，产业工人并没有获得黑格尔神话中的奴隶所获得的相同成功。在马克思的世界里，是劳动给予了事物价值。因此如果资本家雇主想要获利，劳动者的生命和能量中必然有相当一部分要被异化。如果资本主义要运转，劳动者通过他的劳动投入创造物

---

① 比如参见《形而上学》I.I.981b13-982a3。

的价值必然成为资本家的财产。因为建筑师建造房子与房子被建造是同一件事情，资本主义的劳动者被异化了。被建造的房子不仅仅是他创造的东西，还是他劳动的客体化。资本主义社会的劳动者因为在本质上与其劳动相分离，因此从他在最根本的意义上所是的东西中异化了。关于工匠的灵魂与人造物之间关系的亚里士多德主义原理又一次出现了。

三、变化的媒介（一）：无限

对于亚里士多德而言，所有的变化都是一个持存的主体的变化。自然对象是典型的变化主体，它可以在尺寸上变大变小，可以获得或失去某个性质，可以变化空间位置。所有这些变化都发生在时间和空间之中，要理解变化，我们必须理解变化发生的媒介——空间、时间以及物理意义上的大小。但是亚里士多德认为，如果我们要理解空间、时间和质料，我们就必须理解无限。亚里士多德说："无限首先在连续体中显现出来，"[①] 也就是空间、时间和质料的连续结构。所有的变化都发生在时间中，而时间是无限可分的；这些物理变化发生在无限可分的质料上；物理对象位置上的变化，是这个对象穿过了一个无限可分的空间。除非亚里士多德让无限可分的概念成为可以理解的，否则就不能保证变化是可以充分理解的，也不能保证变化的实在性。[②] 因为"自然的知识是关于大小、变化和时间的……每个探索自然的人都必须要讨论无限问题"[③]。

---

① 《物理学》III.1.200b17-18。
② 亚里士多德在《物理学》VI.1-2 中论证它们的无限可分性。
③ 《物理学》III.4.202b30-35。

但是我们并不清楚，亚里士多德说变化的媒介无限可分到底意味着什么。我们可能会希望他将无限可分性当作一种潜能，说某个大小无限可分，就是说这个大小能够以某种方式被划分。然而当亚里士多德说某个东西潜在地是 P 时，他通常的意思是指它有可能变成现实的 P。但是这里与之对应的现实性是什么呢？因为无限地切割一个有大小的物理对象不可能是一个现实的过程，因为显然，我们所要进行的任何物理切割会落在一个拥有有限大小的东西上，这个东西只需要有限次的切割就会被完全毁坏。这也不可能是理论上的划分：也就是说用头脑中的操作来划分有大小的东西，① 因为有朽的人类只能进行有限次的理论划分。即使我们像亚里士多德那样相信物种的永久性和世界的永恒性，也没有什么方式能将理论划分传递给下一代人。② 这样看来，我们还是没有把握到某个大小具有无限可分的潜能是什么意思。因为不仅是这个潜能永远不可能被完全实现，而且也没有任何划分的过程可以展示这种潜能。

亚里士多德认识到了这里存在问题。他说，我们不需要认为所有的潜能都必须按照铜被雕刻成铜像的方式来理解。③ 因为"存在"有很多含义。说无限存在更类似于说"现在是白天"或是"奥林匹克比赛正在进行"，在一个事情总是接着另一个的意义上。④ 没有一个时刻奥林匹克比赛是作为一个完成了的实在存在的。而是

---

① 参见 David Furley's 关于理论划分的解释：*Two Studies in the Greek Atomists,* Study I, "Indivisible Magnitudes," Princeton University Press, 1967。

② 我有意略去了那些能够完成超级任务（supertasks）的人；参见 Paul Benacerraf, "Tasks, Supertasks and the Modern Eleatics," *Journal of Philosophy*, 1962。

③ 《物理学》III.6.206a18-25。

④ *aei allo kai allo gignesthai*；《物理学》III.6.206a22。

一个比赛接着另一个比赛。我们甚至可以区分出潜在的和实际存在的比赛：当它们发生的时候，一个接着一个，比赛确实存在，因为这就是它们存在的全部含义。这意味着，当我们说大小是无限可分的，我们所说的是它能够经历某种划分的过程，而当它被划分的时候，这个能力才被实现出来。

然而在奥林匹克比赛和无限的划分之间存在一个重要的不对称。尽管并没有一个时刻，比赛和划分会产生一个完成的实在，但是至少会有一个比赛结束的时刻。与此相对的是，任何划分过程都只能在有限次的划分之后结束。亚里士多德意识到了这个不对称，因为他并没有将对无限的分析与奥林匹克比赛进行类比。他继续说道："普遍来讲，无限拥有这种存在的模式：一个事物总是接着另一个，每个事物都是有限的，但总是不同的。"① 普遍而言，无限**存在**于这种意义上，即**总是**会发生另一件事情。亚里士多德对无限本质的阐释是说，总会存在一些尚未实现的潜能。某个大小是无限可分的，这是由于我们可以现实地开始对它进行划分。当然，任何这样的现实过程都会在有限次划分之后终止。但是这并不意味着这一过程不能证明某个大小无限可分。是否是这样，并不取决于划分的过程，而是取决于在某个划分结束之后，还可能进行更进一步的划分。无论出于什么原因划分终止（它必然会终止），这个原因都不会穷尽所有可能的划分。重要的是，体现在变化中的无限可分性，是我们这些进行哲学思考的人可以理解的。我们不是一定要看到无限的划分，这也是不可能的，我们只需要认识到（总是存在的）没有实现的划分的可能性。我们认

---

① 《物理学》III.6.206a27-29。

识到质料实际上不可能被无限划分，这并不是一个关于质料的事实，而是一个关于我们自己的事实：我们是进行划分的人，我们既不能进行也不能见证现实中的无限划分。

　　因此亚里士多德必须要区分两个过程，一个是潜在的无限，另一个是现实的无限。没有任何划分能够保证一个长度通过划分成为现实意义上的无限。然而，一个实际的划分过程在有限次划分之后终止，但是在做出所有可能的划分之前，就是潜在的无限可能发生的时候。当这个划分过程一个接一个地发生时，我们就可以说无限**现实地产生了**。与之相对的是一个可能发生但没有发生的过程。① 即便这样说，亚里士多德依然可以坚持通过划分达到无限是潜在的，而不是现实的，因为这个划分过程只能揭示这个长度潜在地是无限的。②

　　人们很容易认为一个大小潜在地是无限的，因为可能会有一个持续进行没有终点的划分过程。③ 事实上，恰恰相反。更准确的

---

① 《物理学》III.6.206a23-25, 206b13-14。

② 《物理学》III.6.206a16-18, 206b12-16；另参见《形而上学》VIII.6.1048b14-17。我在论文 "Aristotelian Infinity," *Proceedings of the Aristotelian Society*, 1979-1980, pp. 192-193 讨论了这几行的翻译和阐释问题。

③ 20世纪一个著名的数学学派被称为"直觉主义"，它反对"现实的无限性"这个概念。他们试图用潜在的无限彻底重新解释数学中关于无限的一切讨论，也就是进行没有终点的过程的能力。我们需要注意，在亚里士多德的潜在的无限与直觉主义的观念之间差别其实很大。亚里士多德和直觉主义者都会同意，一个大小是无限可分的，他们也都会将此阐释为不管对这个大小进行了多少次划分，总还是可以再做进一步的划分。但是他们两方主张的可能性大不相同。亚里士多德的意思是，**假如有**一个划分者**可以**继续划分这个长度，那么不管进行了多少次划分，他总**可能**再做下一次。对于亚里士多德来讲，只有最后一个"可能"至关重要，因为这关乎这个大小的结构，而不是一个过程存在与否。与此相反，直觉主义者的首要关注是有创造力的数学家的能力，他要努力重构数学，从而揭示它是一种人类的创造。人类无法实际进行无限次的划分，正是促使直觉主义者否认存在现实的无限的原因。与亚里士多德不同，直觉主义者将潜在的无限建立在这样一个过程的基础上，不管一个数学家进行了多少次划分，**原则上讲**他依然可以进行下一个。

说法是，对亚里士多德来讲，恰恰**因为**大小潜在上无限，才可能有这样一个过程。一个物理意义上的大小潜在上无限，并不是因为存在任何一个过程，而是因为这个大小的属性。这个大小的结构决定了，任何划分都只是部分地实现了它无限的可分性，总还是有尚未实现的可能的划分。这样看来，亚里士多德似乎必然要将无限作为质料永恒的潜在性。因为如果变化依赖空间、时间、质料的连续结构，那么这个世界中，必然有什么东西向我们显示它的连续性。① 否则我们就无法理解变化了。因为我们人类不可能执行或见证无限的划分，这个世界就必然要保证划分过程不会终止。我们必然能够理解关于世界的这个事实：我们必然能够认识到存在尚未实现的可能性。这样我们就保证了变化既是真实的，又是可理解的。

对亚里士多德而言，正是因为一个大小通过划分而成为无限的，某些过程才是可能的。我们可能会认为，在亚里士多德回应芝诺（Zeno）关于划分的悖论时，这个理论会产生问题。② 芝诺是巴门尼德的学生，他提出了一系列悖论，用来表明变化是不可能的。在其中一个悖论中，他说阿基里斯（Achilles）不可能从运动场的 A 点跑到 B 点，因为要跑到 B，他首先要到达 AB 的一半，而要达到 AB 的一半，他又要先到达四分之一，以至无穷。这样看来，阿基里斯甚至都不可能开始运动，因为要到达任何一点，他都要首先跨过无穷多的点，而芝诺认为，这是不可能的。为了回应芝诺，亚里士多德区分了潜在的和现实的点。③ 在一条线上的

---

① 关于亚里士多德对连续的定义，参见《物理学》V.3；另参见《物理学》III.6.206a14-16。
② 《物理学》VIII.8.263a4-b9。
③ 《物理学》VIII.8.262a12-263a3。

点有几种可能的实现方式，一种是人在它那里停下，一种是人在它那里掉头，还有一种是在它那里对这条线做出划分。在亚里士多德看来，假如阿基里斯要在这个过程中走过现实存在的无限个点，那么他确实没有可能走过有限的长度 AB，但是沿着一个长度的持续运动，并没有将这个长度上的任何一个点实现出来。亚里士多德会认为，如果阿基里斯持续地跑，可以在一分钟之内跑过 AB 这个距离；但是假如他用前 30 秒跑过这个距离的一半，然后休息 30 秒，再用 15 秒跑到整个距离四分之三的位置，然后休息 15 秒，等等，那么他就不可能跑完全程。因为这种断断续续的跑法，会让他实现 AB 这个距离中间的无限多个点，而那是不可能的。

对目前的讨论来讲重要的问题是，亚里士多德似乎使一条线上无限多的点的存在依赖一个过程的存在。亚里士多德否认一条线上实际存在无限多的点，他之所以否认这一点，是因为他认为某些种类的过程（比如断断续续地跑）是不可能的。但是他并不否认无限多的点在潜能的意义上存在，他也不认为这种潜能的存在依赖任何类型的过程。尽管亚里士多德否认一条线上存在无限多的点，这并不像乍看上去那么奇怪。因为他否认一条线是由点组成的。线是一个连续体，而没有连续体是由点组成的。① 因为我们不需要也不应该认为，一个长度是由点组成的，这样我们就不需要也不应该认为点实际上是存在的。

对亚里士多德而言，点实际上并不独立于我们对它们的"探寻"存在，但它们也不是我们创造出来的。② 点只在衍生的意义上存在，它是进行划分的永恒可能性。但是这些可能性不会全都实

---

① 《物理学》VI.I.231a20-b6; V.3.227a10-12。

② 参见 Michael Dummett, *Truth and Other Enigmas*, Duckworth, 1978, p. 18。

现出来。在《论生成与毁灭》中，亚里士多德考虑了，如果假设一个无限可分的大小在现实的意义上被"彻底"划分，会产生哪些难题。① 亚里士多德设想的是，一个大小之中所有的划分都被实现出来，会发生什么。剩下的是什么呢？剩下的不可能是一个大小，因为任何大小都是可以划分的，这样就和"彻底"进行划分的假设矛盾了。② 但是剩下的也不可能是没有大小的点。划分就是将一个整体划分成组成它的部分，但是我们不能设想没有大小的点组成了一个长度，这显然是荒谬的。

亚里士多德解决这个悖论的方式是，区分一条线被"彻底"划分的两个意义。③ 一条线可以在一个意义上被彻底划分，即它可以在这个长度的**任何地方**被划分开来。但是它不可能在第二个意义上被彻底划分（即便在潜能的意义上也不行），即在这个长度的**每一个地方**被划分开来。这样看来，我们可以实现**任何一个**点，但是不能实现**每一个**点，因为对于任何划分过程而言，总是有可以做出但实际并没有做出的划分。

亚里士多德在这里尝试做出一个哲学视角上的革命：他想要将无限从一个极富权威的位置上赶下来。传统上，无限获得它的尊位，是因为它被认为是包含一切的整全。④ 但是在亚里士多德看来，认为无限包含一切，是概念上的混淆：

> 无限实际上和人们说的相反。并不是在无限之外什么

---

① 《论生成与毁灭》I.2.316a15-317a18。

② 关于原子论者对亚里士多德论证的批判，参见 David Furley, *Two Studies in the Greek Atomists,* Study I。

③ 《论生成与毁灭》I.1.317a3 以下。

④ 《物理学》III.6.207a15-21。

都**没有**，而是**总有**一些东西在它之外……没有东西外在于它的是完全和整全。我们就是这样定义整全的——不缺乏任何东西，比如一个整全的人，一个木盒子……另一方面，缺乏某些东西或者外在于它还有某些东西的，不管缺乏或拥有的东西有多小，都不是"全部"。**整全**和**完全**或者是一回事，或者非常接近。任何没有目的（telos）的东西都不是**完全的**（teleion），而目的就是一种限定（peras）。①

要理解这个论证有多么天才，我们必须要认识到，"无限"的希腊文是 apeiron，它的第一个字母 a 是表示否定的前缀，就像英语里的 un。在希腊语里"无限"字面的意思是"**没有**限定"。亚里士多德的论证表明，无限是不完美和不完全的。这个论证的结构如下：

假设：

（1）无限就是在它之外什么都没有；

但是

（2）在它之外什么都没有的东西被说成是完全的和整全的。

亚里士多德提出的例子是有限的范例——独立的对象，他们是个体的实在，自然实体或者人造物。

（3）整全 = 完全；

但是

（4）每一个完全的东西都有目的；

---

① 《物理学》III.6.206b33-207a15。

并且

（5）目的是一个限定。

读者可以从（3）-（5）得出结论：

（6）整全是有限定的（peras）。

但是

（7）无限是没有限定的。

因此，最初的假设是错误的：

（8）无限**总是**可能有某些东西外在于它。

"无限实际上和人们说的相反"，因为将无限和整全等同起来是荒谬的。因为那等于说，**无限**有一个**限定**。无限必然没有限定，这一点对亚里士多德来讲，是一个分析性的真理，也就是它的真完全取决于这些词的含义。

在废黜了"无限"的至尊地位之后，亚里士多德就可以论证："无限并不包含，就它是无限而言反而被包含。因此，**作为无限**，它是不可知的，因为质料没有形式。"[1] 亚里士多德经常在无限与质料之间进行类比。[2] 将无限与质料同等看待，正是亚里士多德要实现的概念革命的核心主张。对于某些前苏格拉底思想家，特别是阿那克西曼德（Anaximander），无限是宏伟和神秘的东西。它是一个包罗万象的永恒原理，主宰着整个世界的变化和流转。相反，对亚里士多德而言，世界是有限的、永恒和非生成的。然而，亚里士多德确实需要一种作为基底的质料，从它之中可以形成各种事物，因此，我们可以大体上公正地说，无限被当成了质

---

[1] 《物理学》III.6.207a24-26。

[2] 比如参见《物理学》II.6.206b14-15, 207a21-6, a35-b1, 207b34-208a3。

料性的原理。

对亚里士多德来讲，无限是内在于自然之中的，而不是一个超越的原理。因此他可以说，我们首先在连续体中遇到无限。① 就像质料一样，无限并不包含这个世界，而是被包含的。包含它的就是形式。② 最重要的是，质料本身仅仅是潜能，它能够存在的唯一方式就是被作为**有形式的**质料。③ 无限仅仅潜在地存在，就像质料那样。④ 至少部分源于它的潜在性，无限像质料一样不可知。⑤ 质料之为质料，是不可知的，因为它缺少形式，而形式是可知的。无限不可知，既因为不确定的东西不可知，也因为理智无法穿过的东西不可知。

在这里，我们遇到了一条重要线索，一直通达亚里士多德哲学的核心。假如一个事物的原因链条是无限的，那么我们就不能认识到对它的解释，因为理智不能穿过无限的序列，也就是没有限定（peras）的序列。但是我们可以认识事物的原因，因此这些原因在数量上必然是有限的。⑥ 假如一个实体是其所是的特征是无限的，那么实体就是不可知的。但是我们可以知道一个实体是什么，因此在这个实体的本质或定义中，必然只有数量有限的特征。⑦ 贯穿亚里士多德的著作，这个主题反复出现，哲学的可能性，也就是满足人理解的欲求的可能性，取决于这个世界对人类

---

① 《物理学》III.1.200b17。

② 《物理学》III.7.207a35-b1。

③ 参见《形而上学》V.1050a15，1049b13；《论灵魂》430a10；另参见《形而上学》XIII.107a30 以下。

④ 《物理学》III.6.206b14 以下。

⑤ 参见《物理学》III.6, 207a24-6, a30-2。

⑥ 比如参见《形而上学》I.2。

⑦ 比如参见《后分析篇》I.22。

热爱探寻的理智而言是可以理解、可以通达的。因此这个世界必然是一个有限的地点，包含着有限的对象。这就是"来自哲学可能性的论证"。亚里士多德从**如果**我们要理解这个世界，那么这个世界就必然是某个样子，论证出这个世界实际上就是那个样子。如果我们想要理解这个论证，就必须要理解，对亚里士多德来说是什么使哲学成为可能。并不是我们按照自己的形象创造了这个世界，也不是将世界的各种可能性还原成我们的可能性。世界**就是**这样，它可以被认识，我们的理解能力本身就是这个世界的一个真实组成部分。至少，我们是世界的一部分，我们的认识能力是我们之所是的根本。因此，理解并不是我们投射到世界上的东西，为的是让世界也对我们显示为可理解的。理解本身就是这个世界最基本的构成要素。

四、变化的媒介（二）：时间的无限性①

亚里士多德为了解释三个明显不同的现象发展出了关于无限的理论：大小的无限可分性、数字的无限性、时间的无限性。② 但是，说时间潜在地无限，比说一段时间可以无限划分意味着更多的东西。虽然一段时间也是一个连续体，但是亚里士多德还想强调一个过程的概念：时间是不停飞逝的。他认为时间是没有起点和终点的。③ 但是亚里士多德如何解释时间的无限延续呢？他的解释需要诉诸人类理智的作用，而且不仅仅是在量度中的作用，还有在时间的存在本身中的作用。亚里士多德对时间的论述有两个

---

① 相关阅读：《物理学》IV.10-14。
② 《物理学》III.4，III.6.206a9-12。
③ 另参见《物理学》VII.1-2。

层面。首先,他给出了对时间本质的理论理解。其次,他还想解释我们对时间的经验。这两个层面是彼此相关的,因为亚里士多德认为,时间部分地由我们对它的经验构成。因此,亚里士多德的计划是,通过我们对时间的经验达到对时间的理解。我们又一次看到了基于经验的可能性去论证存在。

某些早期思想家把时间等同于变化。① 亚里士多德认为,这肯定是错的。首先,变化发生在特定的地点,在一个变化的物体之中,然而在所有地方都有同样的时间;其次,变化可以有不同的速度,更快和更慢,但是时间不能。变化的速度是参照时间界定的,比如,快的变化就是发生在很短时间里的变化。

尽管时间不是变化,亚里士多德也在这个通常的信念中发现了一个重要的真理:

> 没有变化就不存在时间,当我们理智的状态完全不变的时候,或者没有注意到它变化的时候,我们不认为时间流逝了,就像那些神话中说到的和英雄们一起睡在撒丁岛的人醒来时那样,因为他们将更早的"现在"与之后的联系在了一起,并且将它们变成一个,去掉了中间的间隔,因而没有注意到它。因此,假如现在没有任何区别,就是同一的,那么就不会有时间,同样,当我们没有注意到差别,那么这个间隔似乎就不是时间。如果我们没有区分出任何变化,就没有意识到时间的存在,理智就好像处于同一的状态,而当我们感觉和做出区分时,我们就说时间流逝了,很显然,时间并

---

① 《物理学》IV.10.218b9-20。

不独立于运动和变化。那么很显然，时间就既不是运动，也不独立于运动。①

在这里，亚里士多德从我们对时间的经验的本质出发，论证时间的本质。当我们没有变化时，就不觉得时间在流逝，因此时间依赖变化。亚里士多德并不是说时间是主观的，那些和英雄们一起睡在撒丁岛的人们将两个不同的"现在"连在一起，一个是之前的"现在"，另一个随后的"现在"。虽然对他们而言，好像没有时间流逝，但他们是错误的。并不是任何关于时间流逝的主观判断都是正确的。然而，亚里士多德确实认为，如果不能对**可以经历变化而持存**的灵魂做出解释，就不能解释时间的客观实在性。这里的挑战就是去理解，亚里士多德如何通过我们对时间的把握达到对时间客观性的理解。

理智经由亚里士多德对"现在"的讨论进入了他的时间理论：

> 只有在标记了变化之后，也就是标记了之前和之后，我们才能理解时间；只有当感觉到变化中的之前和之后，我们才能说时间流逝了。我们标记时间的方式是，判断一个事物不同于另一个，而第三个事物在它们之间。当我们认为两端的事物不同于中间的事物，灵魂**就宣称有两个现在**，一个在之前，另一个在之后，只有这时，我们才说存在时间，我们说的这个东西就是时间。我们认为，被现在限定的东西就是时间，我们可以把这一点确定下来。

---

① 《物理学》IV.11.218b21-219a2。

> 因此当我们将现在感觉为单一的……就不认为有时间流逝了，因为没有发生变化。另一方面，当我们感觉到了之前和之后，就可以说存在时间。因为时间就是这个，就之前和之后而言的运动的数量。①

只有当我们感觉到变化中的之前和之后，才会说时间流逝了。正是这样的感觉使我们赋予时间以数量。但是变化或运动的数量恰恰就是时间之所是。② 但是那个数量本身是客观的吗？通常当亚里士多德谈到计数，他关心的是列举某种离散的东西。一堆离散的东西才是可以计数的。③ 这就意味着，亚里士多德想的是，一个人挑选出一个特定的时间单位，比如说由天体运行标记的一天，然后"宣称一个现在"。有多少天，是通过宣称有多少个现在来量度的。④ 变化以及我们对它的认识，才是我们认识之前、之后，以及不同的"现在"标记的时间间隔的基础。这个认识本身，也就是标记出不同的现在，确认了时间的实在性，同时也是时间

---

① 《物理学》IV.11.219a22-b2；另参见 IV.11.220a24-26，IV.12.221a13-14, b2, b7, b11, b22, b25-6。

② 《物理学》IV.11.219.b1-2；参见 220a24-26, 221b2, b11。

③ 《形而上学》V.13.1020a7-12；另参见《范畴篇》6。

④ 亚里士多德也说过时间是运动的**量度**（《物理学》IV.11.220b32-221a1, 221b7, b22-23, b25-26），他还经常谈到量度时间（比如参见《物理学》IV.12.220b14-222a9，根据我的统计，仅仅在这段话里就出现了 20 次"量度时间"）。我们很自然地会困惑，亚里士多德是不是区分了两种时间，一种是运动的量度，另一种是运动的数量。比如说，我们可以量度不可通约的时间段，但是却不能给它们赋予数量。我并不认为亚里士多德考虑了这个差别。他用动词 *anametreô* 和 *katametreô*（精确地量度）来描述量度（220b32-221a4），他通常用这些词汇来表示一个整体被划分为不同的部分（*katametreô*：参见《物理学》VI.7.237b27, VI.10.241a13；*anametreô*：参见《物理学》VI.7.238a22；《形而上学》V.25.1023b15）。亚里士多德似乎将计数和量度放在一起的段落，参见《物理学》IV.11.220a24-26, a32-b3, 220b14-24, 221b7-23, 223b12-20。

本身的**实现**。时间只不过就是变化的数量或量度。

当灵魂"宣称有两个现在"时，我们就意识到了时间的流逝，但这是怎样的一个宣称呢？一个在时间中持存的灵魂存在于现在：它可以通过自己的存在指明过去和未来。灵魂宣称"现在"，就是意识到当下这个时刻。这个宣称有某种无可否认的性质，它不可能是错误的。因为灵魂可以宣称现在的唯一时间就是当下，它有可能在过去宣称某个现在，也可能在未来宣称某个现在，但是当它实际宣称一个现在时，它必然是处在（那个时候的）当下。说灵魂宣称两个现在，要么是它意识到在两个不同的时间它都宣称了现在，要么是它在过去的某个时间宣称现在，而那个时间不同于它现在宣称的。灵魂不需要依赖外在的变化才能认识到时间的流逝。它可以在自己的状态中记录变化。比如，我们可以躺在一间黑暗的屋子里，意识到时间的流逝。只有"当我们自己不改变自己的思想，或者没有注意到正在发生的变化"，"时间对我们来讲才似乎没有流逝"。①有人可能会说，宣称现在就像启动和停止一个内在的思想秒表。但类比秒表可能有误导性：因为这意味着一只表有自己的量度单位。但是在亚里士多德看来，我们所宣称的那些现在就是最基本的单位，它们将某个间隔标记为时间的间隔。（当然，我们可以选择按照某些自然标记来宣称现在，我们认为它们意味着时间的统一流逝，比如太阳在天上的位置。）与精神秒表进行类比有一定的诱惑力，因为我们很自然地希望这个量度有一个比我们宣称现在更客观的基础：我们可能会认为，在宣称那些现在的时候，我们只是将时间限定在一个之前存在的客观量度之中。在精神秒表的比喻中，

---

① 《物理学》IV.11.218b21-23。

我们已经预设了时间的全部。但是对亚里士多德而言，时间是我们自己与自然的其他部分之间一种相互作用的结果。在自然中存在变化，它们中的很多表现出规律性。我们认识到这种规律性（这种认识体现在灵魂对现在的宣称上），就既是对时间的认识也是时间的实现。时间就存在于灵魂所宣称的现在之间。①

亚里士多德明确承认时间依赖灵魂：

> 同样值得探究的是时间如何可以与灵魂联系起来，为什么时间被认为存在于大地、海洋、天空的一切之中……我们可以问，假如灵魂不存在，时间是否还存在；因为如果不可能有人计数，也就不可能有任何能够被计数的东西，因此很显然不可能有数字；因为数字是已经被或者是可以被计数的东西。但是如果只有灵魂，或者只有灵魂中的理智，才能进行计算，那么除非存在灵魂，否则就不可能存在时间，那么时间就不过是灵魂的性质，如果没有灵魂也可以存在变化。②

时间是某种量度，因此，假如没有灵魂或者灵魂中的理智去进行量度，时间也不可能存在。但是这并不意味着量度是主观的，或者灵魂做出的任何量度都是正确的。它仅仅意味着，如果我们不论述量度变化的灵魂，就不可能充分地论述时间。正是从灵魂这个在时间中持存的东西，这个活在当下，记得过去，预见未来的东西的视角，变化得到了量度。然而，尽管时间的实现在某种意义上既依赖量度变化的灵魂，又依赖变化本身的实在性，但是时

---

① 参见《物理学》VI.6.237a5-6, a9-11。
② 《物理学》IV.14.223a16-28。

间给出了理解变化的可能性。作为变化发生在其中的媒介，时间给灵魂提供了机会，让变化可以理解。

但是，如果我们想让**时间**变得可以理解，就一定要去理解在时间的客观序列中，我们扮演的构成性角色。我们不能完全独立于我们对时间的把握或经验，去理解时间"自身"是什么。因为时间的实在性部分地来源于灵魂的量度活动。时间依然可以是变化的量度，但是这需要我们在时间之中去进行量度。理解这个深刻观念的一种方式，是去考虑一个事件在**某个时间**发生到底意味着什么。要让一个事件在某个时间发生，那个事件就必然与现在处于某种确定的关系之中，也就是说，与灵魂当下宣称的现在这个时刻处于确定的关系之中。① 比如说，从特洛伊陷落到现在，天体旋转了有限的圈数。灵魂可以依据天体的旋转量度流逝的时间。

但是如果要考虑世界的整个历史怎么办呢？亚里士多德的世界不是被造的，而是永恒的。因此，假如我们可以量度包含了世界历史中全部事件的时间，它必然是无限延伸的一段时间。但是怎么可能有无限延伸的时间段呢？当我们试图将亚里士多德关于时间的有限性与任何大小都必然有限的讨论结合起来，他的自然哲学似乎就陷入了前后不一致的境地。首先，时间被认为是变化的量度，我们挑出某种统一的运动，让这种运动成为标准，依据这个标准去量度某个变化的时间。对亚里士多德来讲，量度的范本是天体有规律的圆周运动，他认为那是永恒的。② 但是，其次，运动着的物体要穿过一定大小的空间。③ 因此如果时间是无限的，

---

① 《物理学》IV.13.222a24-29。
② 《物理学》IV.14.223b12-21；参见《物理学》VIII.8-9。
③ 比如参见《物理学》VI.1.231b18-232a22。

而且时间通过运动被量度,那么为什么时间的无限性不能证明无限延伸的大小也存在呢?

对于这个问题明显的回答是,亚里士多德认为,只有圆周运动才是有规律的、连续的和永恒的。① 而圆周运动并不是真正无限的。② 尽管在经过圆周的时候,运动总是在继续,但是我们不能在严格的意义上说这个圆是无限的。因为如果圆是无限的,那么经过的每一个部分都必然和之前经过的部分不同,并且不能被再次经过。圆周运动并没有满足这个必要条件。因此,尽管天体总是在进行规律的圆周运动,并且因此给出了一个量度,可以据此量度其他变化的时间,它们却并没有经过无限延伸的大小。

但是这个回答并不完全令人满意。虽然天球可能是有限的,但是天体在全部时间经过的**路径**必然是无限的。亚里士多德承认,如果时间是无限延伸的,那么长度也必然是无限延伸的。③ 他绕过了这个难题,将时间的量度限定在具体事件上。**每个**事件都**在时间之中**,但**所有**事件并不**在时间之中**。④ 事件在时间之中是说它被时间包围,也就是说有之前和之后发生的事件。所以尽管在世界历史中的每个事件都在时间之中,因此我们可以量度从那个时间到现在有多少时间流逝了,但是我们不能将之前世界历史中的全部事件当作处在时间之中,我们**不能量度**在之前的世界历史中有多少时间流逝掉了。

那么,亚里士多德怎么能说世界是永恒的呢?说世界是永恒

---

① 《物理学》VIII.8-9。
② 《物理学》III.6.206b33-207a8。
③ 《物理学》VI.2.233a17-20。
④ 《物理学》IV.12.221a1-222a9。

的，它就必然在一切时间都存在。对亚里士多德来讲，这么说是什么意思呢？说世界必然总是存在，就是说没有任何时间点上这个世界不存在。但是由于时间是变化的量度，天体的运行给出了标准的量度，那么假如没有这个世界，也就是没有变化，也就没有任何时间。这样看来就面临着一个危险，说世界是永恒的，本来看起来是一个关于这个世界本质的很高深的形而上学论断，但是如果按照这样的理解，这个说法很可能就会变成一个很显然的分析真理——仅仅分析这几个概念的含义就能够得到。当然没有一个时间是世界不存在其中的，因为假如世界都不存在，就根本没有时间可言，更不用说世界不存在于其中的时间了。说"过去总是有变化，在所有的时间也总将会有变化"也毫无帮助。① 因为说过去**总是**有变化，不过是说没有一个过去的时间，在其中不存在变化，这么说并没有什么大不了的。因为假如没有变化，也就没有时间，因为时间是变化的量度。与此类似，说将来也总是会有变化，看起来也不再是一个关于未来的形而上学发现，而是一个分析的真理。说时间不仅是变化的量度，也是静止的量度，同样没有什么帮助。因为所有的静止也都在时间之中，因此时间必然超越任何静止，在两个方向上延伸。② 比如，我们可以说，一个动物暂时停止了运动，但是在这段时间里，就像在这个动物的整个生命之中，它的变化和静止是可以被量度的。我们不可能设想一个完全静止的处于时间之中的天体。说这个世界不是被生成的，也没有帮助。③ 因为说世界不是被生成的，就是说没有一个它

---

① 《物理学》VIII.9.266a6 以下。
② 《物理学》IV.12.221b7-14。
③ 参见《论天》I.10-12。

生成的时间，这么说也没什么大不了的。

亚里士多德确实给出了一个论证，让我们可以打破这个循环。在《物理学》VIII.1，他论证说，假设存在第一个变化会导致荒谬的结论：

> 我们说变化是可变的事物就它是可变的事物而言的实现。因此每一种变化都必然涉及能够进行那种变化的事物的存在……此外，这些事物必然要么有一个开始，在那之前它们尚未存在，要么是永恒的。假如每个可变的事物都有生成，那么在这个变化之前，就必然已经有了另一个变化，在其中那个能够变化或者能够导致变化的东西得以生成。另一方面，假设这些事物在之前全部的时间里都存在，没有任何变化，哪怕稍加思考就知道是不合理的，如果进一步思考我们就会认为更不合理。因为如果我们说，一方面存在可变的事物，另一方面存在导致变化的事物，有一个时间存在第一个导致变化的事物和第一个承受变化的事物，而在另一个时间没有这样的东西，而只有静止的事物，那么这个静止的事物之前必然处于变化的过程之中，因为必然有原因导致它的静止，静止是运动的缺乏。因此，在这第一个变化之前，就有之前的变化。①

亚里士多德在这里论证是说，假如我们设定第一个变化，那么在它之前必然还有变化。(同理，他还论证假如设定最后的变化，也会有

---

① 《物理学》VIII.1.251a9-28。

在它之后的变化。)① 如果他说存在第一个变化是荒谬的，那么我们可以理解他说总是存在变化就不仅仅是一个分析真理。同样，亚里士多德说世界是永恒的，这句话也不应该被理解成无限延伸的时间长度，而只是没有一个时刻是世界存在的第一个（或最后一个）时刻。

亚里士多德论证的不过是时间**潜在**的无限性，也就是说，对于时间中的任何一个时刻，都可以找到更早和更晚的时刻。事实上，这个论证还带来了一个更严重的问题：它是不是甚至连时间的潜在无限性都没有证明？比如，假设我青春的第一次和最后一次心跳都是荒谬的，这只是表明我青春期的心跳构成了一个**模糊的**带有确定性的全体（vaguely determined totality）。② 亚里士多德从未考虑过时间中的不同时刻构成了一个模糊的全体，那么让我们也就简单地假设它们并非如此。③ 时间的无限性仅仅是一种潜能，这一点与理智扮演的角色密切相关。在亚里士多德看来，时间在现实意义上的无限延伸，对我们来讲毫无意义，因为我们不可能把握到现实的无限延伸。但是时间的本质是我们可以理解的。因为时间的实在性就体现在灵魂的量度之中，那么时间的无限性就完全建立在如下事实之上：给定任何变化，总是可以量度出更早和更晚的变化。对此我们无需做更多说明，因为在亚里士多德的世界里面，也没有更多东西可以说了。因为我们对时间的经验部分构成了它的实在性，亚里士多德可以从我们对时间的经验来推论出时间存在的本质。

这样看来，亚里士多德的时间理论就陷入了康德第一个二律

---

① 《物理学》VIII.1.251b28-252a5。

② 参见 Michael Dummett, "Wang's Paradox," in *Truth and Other Enigmas*, Duckworth, 1978; Crispin Wright, "Language Mastery and the Sorites Paradox," in G. Evans and J. McDowell eds., *Truth and Meaning*, Clarendon Press, 1976。

③ 参见 David Sanford, "Infinity and Vagueness," *Philosophical Review*, 1975。

背反的罗网之中。康德认为，他建立了两个同样有效的论证，一个结论是世界没有开端，另一个结论是世界在时间上有一个开端。世界没有开端的论证，在结构上和亚里士多德的论证非常相似。为了证明世界有一个开端，康德假设世界没有开端，由此推论出，在当下之前，必然已经有（现实的）无限延伸的时间流逝过去，而在他看来，这是不可能的。亚里士多德会既承认世界没有开端，又接受现实的无限时间是无法理解的，因此不可能有现实的无限时间已经流逝，但是他不会认为康德的这个论证是有效的。在亚里士多德看来，从世界没有开端这个前提，只能得出第一个变化是无法量度的结论。考虑到理智对任何变化做出的量度，理智总是可以对更早的事件做出量度。正是为了让我们关注这种对于时间性的说法的重要性，亚里士多德说时间**在潜能的意义上**是无限的。

五、变化的悖论：芝诺的飞矢①

我们看到，亚里士多德关于变化的观念，是为了回应巴门尼德对于变化实在性的攻击。我们可以来看看，亚里士多德的这个理论如何应对芝诺关于飞矢的悖论，这个悖论是否认变化可能性最大的挑战之一。我们可以从《物理学》两段高度浓缩的段落中重构这个悖论。《物理学》VI.9 这样开头：

> 然而，芝诺的推理是错误的，他说如果只占据和本身大小一样空间的事物是静止的，并且如果在位移中的事物总是处于现在之中，那么飞矢就是不动的。这是错误的，因为时

---

① 相关阅读：《物理学》VI。

间并不是由不可分割的现在构成的，就像其他的大小也不是由不可分割的东西构成的。①

他随后说：

> [芝诺的飞矢悖论]已经在上面给出了，他说飞矢是静止的，之所以产生这个结果，是因为他假设时间是由现在构成的：如果不认可这个假设，就不会产生这个结论。②

在我看来，这个悖论的结构如下：

（1）只占据和本身大小一样空间的事物是静止的。
（2）一支飞矢在运动时是在当下运动的。
（3）在当下，这支箭只占据和它自身大小一样的空间。
（4）因此，在当下这支箭是静止的。
（5）因此，一支运动的箭，在运动的时候是静止的。

在这个论证的重构中，有一个方面值得提及。"在当下"（in the now）是亚里士多德常用的一个表达方式，它把握到了一个对芝诺的论证至关重要的概念，但是芝诺的这个概念却被很多研究古代物理学的学者忽视了，这个概念就是"**当下的瞬间**"（the present

---

① 《物理学》VI.9.239b5-9。我解释这句话里的"根据相等的东西"（kata to ison）的意思是"占据和自己相同的空间"（牛津译本里用的是"占据相等的空间"）。这里的希腊文很难说是指空间概念，这个阐释保留了希腊语的含义，同时也提示了这种不太自然的表达。

② 《物理学》VI.9.239b30-33（我用了比较字面的翻译"时间由现在构成"，牛津译本里用的是"时间由时刻构成"，我们会看到，这个差别非常重要）。

instant）。① 注疏者们倾向于认为芝诺的意思是，在某个时刻，这支箭只是占据和它大小一样的空间。② 但是这个悖论的力量，以及亚里士多德的回应，都依赖下面这一点：芝诺关注的箭飞行中的那个时刻，就是当下的这个时刻。

亚里士多德从两个方面反驳这个悖论。首先，我们可以从引文中看到，他否认时间是由很多"现在"构成的。现在不过是过去和将来的分界，它本身是没有长度的。当他说到"很多现在"（ta nun）时，说的是一些没有延续长度的瞬间，它们每一个现在、过去或将来都可能出现。因为每一个现在都没有时间上的长度，很多现在加在一起也不可能构成一个有一定长度的时间。③ 因此，即便芝诺正确地说每一个现在飞矢都是静止的，这也并不能得出结论，认为这支箭在整个飞行过程中都是静止的。因为这个飞行过程不应该被认为是由现在构成的。因此，即便所有的前提都是正确的，也并没有出现悖论，因为这个论证是无效的。这个论证的基本假设是，如果一个对象在给定时间范围内的每一个当下的瞬间都具有性质 P，那么它在整个时间范围内都具有性质 P。在亚里士多德看来，这个假设本身就是无效的，它之所以显得有效，是由于误解了时间的本质。

其次，亚里士多德也否认这个论证的前提为真。在他看来，

---

① 一些注疏者试图以此作为证据，认为"现在"这样的说法并不在芝诺的论证之中。比如参见 Gregory Vlastos, "A Note on Zeno's Arrow," in R. E. Allen and D. Furley eds., *Presocratic Philosophy*, vol. 2, Routledge & Kegan Paul, 1975, pp. 187, 192；G. E. L. Owen, "Zeno and the Mathematicians," *Proceedings of the Aristotelian Society*, 1957-1958, p. 165 注释 38。我认为这些论证没有什么说服力。比如 Parmenides, Diels-Kranz 28B8:5 就提到了"现在"（nun）。

② 比如参见 Owen, "Zeno and the Mathematicians," p. 157; Vlastos, "A Note on Zeno's Arrow," p. 192; Jonathan Barnes, *The Presocratic Philosophers,* Routledge & Kegan Paul, 1979, vol. 1, pp. 276-285。

③ 参见《物理学》IV.10-14。

认为这支箭在某个现在是运动的还是静止的都是错误的。因为运动一定有速度，而决定速度的是在给定的时间穿过的距离。因此一个对象以某个速度运动，它必然在某个时间段穿过了某个距离。① 因此，说一个对象在某个现在中运动是没有意义的：

> 我们要表明，没有什么东西可以在某个现在中运动。因为如果这是可能的，那么就可能有更快和更慢的运动。假设在这个现在中，更快的运动穿过了距离 AB。如果是这样，那么更慢的运动在同样的现在就会穿过比 AB 短的距离，比如说 AC。但是由于更慢的运动要穿过 AC 必然要用掉整个现在，那么更快的运动要穿过同样的距离就要用掉比现在更少的时间。这样我们就有了对现在的划分，但是我们又说现在是不可分的。因此，任何事物都不可能在现在处于运动之中。②

这段话的意思是，运动的对象以不同的速度运动，因此如果对象可以在现在运动，那么我们就可以用不同的速度对不可分割的现在进行划分。因为就像上面的例子表明的，我们可以问运动速度更快的物体穿过 AC 需要多少时间（AC 就是运动速度更慢的物体在现在穿过的时间），而答案必然是某个比现在更短的时间。③

---

① 《物理学》IV.14.222b30-223a15。
② 《物理学》VI.3.234a24-31；另参见 VI.5.237a14, VI.8.239b1, VI.10.241a24-26。
③ 原子论者无需受困于这个论证，因为这个论证假设了占据现在的运动是连续的运动，而原子论者可以否认这一点。原子论者将现在当作时间性的原子，他可以允许两个对象用不同的速度运动，这么说的意思是，在下一个现在，这个物体距离前一个现在有两个空间原子的距离，而另一个对象则只有一个空间原子的距离。我们不能问这个更快的物体什么时候只有一个空间原子的距离，用这种方式来划分现在，因为根据原子论者的理论，根本就没有这样的时间。当然，对亚里士多德来说，这种不连续的运动根本就不是运动。参见《物理学》VI.1.231b18-232a22；D. J. Furley, *Two Studies in the Greek Atomists*。

但是亚里士多德继续说，我们也不能说一个物体在现在是静止的：

> 也没有什么可以是静止的，因为我们说，能够处于静止之中的东西，只能是那些依据自然可以运动但是此时此地并没有运动的东西，因此，既然没有什么东西可以在现在运动，显然也就没有什么可以静止。
>
> 此外，对于两个时间来讲，现在都是一样的，一个东西有可能在一个时间运动，在另一个时间静止，在整个时间中运动或静止的东西，在这段时间的任何部分都是运动或静止的，那么就会得出，同一个东西同时既是静止又是运动的，因为这两个时间有相同的端点，即现在。
>
> 此外，我们说一个事物静止，就是说它的整体和部分在现在和过去都是同一的；但是现在不包括过去，因此就不可能在现在中包含静止。这样看来，运动物体的运动和静止物体的静止，都必然要占据时间。①

静止，如运动一样，必然发生在一段时间内。运动要求一个对象不同的时间在不同的地方，静止则要求对象不同的时间在同一个

---

① 《物理学》VI.3.234a31-b9。在这个立场和亚里士多德所说的存在某个变化发生的第一个瞬间（《物理学》VI.5.235b6-236a7）之间似乎存在某种张力。假设正在发生的变化是一个运动的物体停了下来（参见《物理学》VI.8），我们或许会认为，必然存在这个物体处于静止状态的第一个瞬间。迫于这个论证，亚里士多德确实讨论了一个物体在某个瞬间停止（《物理学》VI.5.236a17-20），但是我认为，更加完整的回答是，在这段时间中存在这个物体停下来的第一个瞬间，我们也可以说这是"这个物体处于静止的第一个瞬间"，只要我们没有误认为这个对象在某个瞬间处于静止状态。亚里士多德明确反对存在静止的第一个瞬间，而理由就是，不管是运动还是静止，都不可能在某个瞬间发生（《物理学》VI.8.239a10-14）。

地方。

因此亚里士多德在这方面攻击芝诺论证的前提。前提（1）是错误的，因为在"现在"，一个对象只占据和它本身大小相等的空间，因此既不运动也不静止。① 事实上，亚里士多德认为我们不可能精确地给一个运动的对象定位。② 我们只能精确地给一个静止的物体定位，说它占据一个和自身大小相等的空间，或者说它现在的位置是什么。③

如果芝诺说的"当下"指的是（按照亚里士多德对他的理解），当下这个**瞬间**，那么前提（2）也是错误的。因为箭并不是在当下这个瞬间运动的。如果我们把"当下"理解为一个时间段，那么前提（2）就变成了显然正确的，那么前提（3）就是错误的了：在现在这个时间段中，飞矢并不仅仅占据和它自身长度相等的长度。

亚里士多德的论证看起来很有说服力。但是具有讽刺意味的是，这个论证或许比亚里士多德的任何其他论证都受到了更严厉的批评。最常见的批评（或许受到了微积分发展的刺激），针对亚里士多德认为一个对象不可能在某个瞬间运动。我们可以说一个对象在某个瞬间运动，如果那个瞬间在这个对象运动的时间段中。④ 这个批评认为，我们应该区分一个对象**在某个瞬间之中**（in an instant）运动和一个对象**在某个瞬间上**（at an instant）运动。⑤

---

① 参见《物理学》VI.8.239a23-b26。
② *kata to ison*：《物理学》VI.8.239a23-b26。
③ 《物理学》VI.8.239a26-b1。
④ G. E. L. Owen, "Zeno and the Mathematicians," pp. 157-162 给出了这个反驳的经典表述。他反对亚里士多德，认为时间是否由现在构成与这个问题完全无关。
⑤ Owen, "Zeno and the Mathematicians" 和 Vlastos, "A Note on Zeno's Arrow" 提出了这一点。

说这个对象在某个瞬间之中运动，就是说它在这个瞬间之中实际上穿过了某个距离；也就是说将这个瞬间理解为一个很短的时间段。亚里士多德认为说一个对象在某个瞬间**之中**运动是荒谬的，从而否定了这种可能性，这无疑是正确的。但是这么说并没有表明，一个对象不可能**在某个瞬间上**运动。这么说的理由无非就是，那个瞬间包括在一段时间之中，在这段时间中，这个物体是运动的。

然而，这个反驳既没有公正地对待芝诺，也没有公正地对待亚里士多德。根据这个反驳，箭在某个瞬间上运动，当且仅当它在包含这个瞬间的一段时间里运动。但是芝诺不会满意我们将前提修改为，存在一段时间，在这段时间里，箭是运动的。他会说："当然，如果箭在运动，那么它就不可能**在当下之外的**时间运动。但是你已经承认了，箭并不是**在当下之中**运动，意思是，在当下它实际上没有穿过任何距离。你想要说，箭**在当下之上**运动，意思是当下是一段时间中的一部分，而在这段时间里，箭确实移动了一段距离。但是，你已经承认了，除了在当下之上，箭不可能在其他时间运动。因此，说箭因为在某个其他的时间运动所以它在当下之上运动，是荒谬的！"①

---

① 关于芝诺追随巴门尼德的证据，参见柏拉图的《巴门尼德》127a-128e。关于巴门尼德仅仅关注现在，而否认过去和未来，参见 Diels-Kranz 28B11，尤其是第 5-6 行。弗拉斯托斯否认芝诺的箭与现在有任何关系。他认为，"现在"是亚里士多德偏爱的术语，亚里士多德以一种年代错置的方式用它来描述芝诺的悖论。这个论证缺乏说服力。因为重要的并不是"现在"这个词汇是否出现在亚里士多德的时代之前。按照我的理解，芝诺的悖论并不依赖任何关于"现在"的技术性用法，而是一个非常普遍的关于当下的概念，或许正是由于这种普遍性本身，我们很难看清应该如何反驳这个悖论。一个普遍性的当下概念显然在芝诺的时代就有了。芝诺的老师巴门尼德就说过："它不是过去也不是将来，因为它完全就是**现在**。"（Diels-Kranz 28B11: 5）正是巴门尼德的看法，即某个事物可以仅仅存在于当下，让芝诺的飞矢具有力量。

现代阐释者把箭不可能"在现在之中"运动，理解为箭不可能"在某个瞬间上"运动，这样的理解在不经意间钝化了芝诺的论证。因为这样一来，从微积分的概念出发，说箭可以在某个瞬间之上运动就意味着在包括这个瞬间的一段时间中运动，就太容易了。但是因为芝诺关心的是当下这个特殊的情况，我们不能仅仅用在某个瞬间上运动来回应他。这样的概念要么不能用在这里，要么就是多余的。如果我们不假设有**一段**时间（这段时间可以被划分为过去和将来两部分），在其中箭**是运动的**，就不能应用在某个瞬间之上运动的概念。因为这样的话我们只能说，箭在某个瞬间之上运动，如果它在包含这个瞬间的一段时间中运动。但是如果我们跟随亚里士多德，假设存在一段时间，在其中箭是运动的，那么"现在"仅仅是这段时间的瞬间划分，这样一来，诉诸在某个瞬间之上运动的概念就是多余的，因为我们已经假设了箭运动所需要的一切。

另一种反驳芝诺的现代进路就是否认前提（1），也就是否认如果对象只占据和它自身大小相等的空间，那么它就是静止的。[①]任何对象在任何瞬间都只占据和它自身大小相等的空间，即便它在持续运动之中。比如我们可以想象自己在一架从纽约到伦敦的飞机上，在旅程的任何瞬间，我们都只占据和我们自身相等的空间，毕竟每个人只买一张机票，但是在整个旅程中我们都是运动的。如果我们这样思考，就很难理解前提（1）怎么可能是正确的。但是这样一来，这个悖论看起来就太没意思了，我们甚至怀疑，这样战胜芝诺是不是太容易了？

---

① 参见 Jonathan Barnes, *The Presocratic Philosophers*, vol. I, p. 283。

这种怀疑是有道理的。如果我们不能毫无疑问地假设存在一段时间，在其中某个对象在运动，我们就不能继续说，这个对象在这段时间的任何瞬间运动。芝诺对于"当下"的使用，目的就是要让我们的这个假设（存在一段时间，既包括了当下的瞬间，这个对象又在其中**运动**）成为可疑的。因为，正如亚里士多德在讨论关于时间的第一个难题时指出的，对于任何一段包括了当下的时间而言，有些是过去，其余的是未来。① 芝诺可能会问，"我们怎么能说，箭在**已经发生**或者**将要发生**在它上面的某些事情的意义上**在运动**呢？"

当然，**如果**我们可以说我们在从纽约到伦敦的飞机上，那么我们也可以说我们在整个旅程的任何瞬间都在运动；虽然在那个瞬间，我们只占据和我们自身大小相等的空间。但是，芝诺想要问的是，我们怎么能说有任何时间，在其中飞机是运动的？是不是当我们看到某个对象运动的时候，就自己加上了"一段时间"这个概念？但是我们已经接受了下面两个命题，第一个是一个对象可以运动的唯一时间就是当下（前提［2］）；第二个是在当下它并没有实际穿过任何距离（前提［3］）。看起来并没有任何时间，我们可以说这架飞机（或者箭）在其中运动，就像我们可以说它在某个瞬间上运动那样。前提（1）看起来显然是错误的，除非我们用乞题的方式假设存在一段时间，对象在其中运动。

一种不必落入乞题陷阱的回应是否认前提（2），也就是否认一个对象需要在当下之中运动。我们可以说，一个对象在某段时间内运动，仅仅是因为它在这段时间的不同点处在不同的位置。这样我们就可以说，一个对象在当下的瞬间运动，如果那个瞬间

---

① 参见《物理学》IV.10。

包括在一段对象运动的时间之内。对于芝诺充满怀疑的问题，"你难道认为一个对象在运动，仅仅是因为它在过去和将来占据的不同位置吗？"我们可以坦然地回答"是的"。① 这就是不想在关于时间的科学理论中加上当下的时间延续的人会给出的答案。那些不想给当下特殊位置的理论家，可能会喜欢这个解决方案，胜过亚里士多德的。

然而，值得注意的是，这个策略就把胜利拱手让给了芝诺。因为我们用现在进行时"X 正在运动"来谈论需要进行一段时间的事件，这段时间的全部都被认为是当下。我们也可能会谈论一个对象在某个瞬间运动，但是这种用法是从前面那个首要的用法里面衍生出来的。但是我们正在考虑的这些理论家认为，严格说来，任何时间段都不能被称为当下。因此这些理论家应当同意芝诺的看法：**根据我们的日常语言，箭在它飞行的过程中是不动的。**我们可以既承认这一点，同时又坚持箭在不同的时刻处于不同的位置。

在这个分析之中，芝诺的胜利不只是字面上的。任何接受了这个分析的人，就会认为他之前关于运动的一些信念是片面的，也就是依赖人类的视角。从这个人类的视角看，箭似乎是运动的，因为在一定的时间范围内发生了变化，而这个时间段可以被合法地认为是当下。而支持这个分析的人会说，如果根据一种非人类的科学观念，那就根本没有一段时间可以被称为"当下"。所谓的"飞"矢，不过是因为它在不同的时间处于不同位置而已。

---

① 这是想要通过塞拉斯所谓的"科学意象"（scientific image）对付芝诺悖论的人所持的立场。参见 Wilfred Sellars, *Science, Perception and Reality,* Routledge & Kegan Paul, 1963；另参见 Bertrand Russell, *The Principles of Mathematics,* Allen and Unwin, 1972, pp. 347, 350。

在亚里士多德看来，对于芝诺之箭的这种理解是荒谬的。完全不涉及当下，完全不涉及灵魂量度变化的时间概念，必然是前后不一致的。如果我们不想让芝诺获胜，那么首先攻击的就应该是前提（3）：在当下飞矢只占据和它自身相同长度的空间。我们不能指出明显的错误来反驳这一点；而是要发展出一种关于时间的理论，根据这种理论，当下可以被理解为一段时间。这是亚里士多德策略的一部分，这一点可以从他认为时间并不是由现在构成的看到。任何时间段都只能被认为是由更小的时间段构成的。如果有了这个理论，即任何当下都是由一段时间构成的，我们就可以用不同于亚里士多德的方式，理解一个对象在某个瞬间或当下的瞬间运动是什么意思了。也只有这样，我们才能说一个对象虽然只占据和它自身相同的空间，但是在某个瞬间运动。这远不是一个无关紧要的真理，仅仅依赖将当下理解为一段时间的那种时间理论。

人们常说，芝诺悖论让希腊人感到困惑，只是因为他们缺乏现代微积分的概念，特别是在某个瞬间运动的概念。到现在，我们应该清楚了，这样的说法没有根据。人们还经常说，亚里士多德关于在某个瞬间不可能有运动的论证，极大地妨碍了运动力学的发展。一个好的论证确实可能产生让其他事物停滞下来的效果，这或许确实是亚里士多德的遗产。但是人们通常认为，亚里士多德给出了一个错误的论证，这个论证极其恶劣地影响了所有相信它的人。这个看法是没有道理的，亚里士多德的论证是有效的，我们并没有内在的理由认为它对运动力学的发展产生了负面的影响。

我们已经看到，亚里士多德的论证是，一个运动的物体必然以某个速度运动,而速度是在一定的时间里穿过一定距离。因此问一个物体在某个瞬间的速度是荒谬的,因为瞬间并不是一个时间段,也就更不可能有在它之中穿过的距离了。由于在某个瞬间运动的物体不能以某个速度运动,因此它在这个瞬间就是不运动的。

微积分和运动力学的发现都没有表明这个论证存在错误。相反,在运动力学中,人们发现这个论证是有用的,那就是一个物体在越来越短的时间之中运动,直到这个时间趋向于瞬间,求速度的极限。每一个通过求极限得出的速度,都是在某段时间里通过的距离除以这段时间的长度。传统上,这个极限叫作运动物体的"瞬间速度",或者说是一个物体在某个瞬间的运动速度。这个理论并没有表明亚里士多德的论证存在错误,只是亚里士多德没有预见到"瞬间速度"或者"在某个瞬间运动"这样的表达方式,它们代表着速度的极限。当然,现代运动力学超越了亚里士多德的运动力学,部分原因在于我们对于极限的理解比亚里士多德好很多。但是承认这一点非常不同于认为亚里士多德关于在某个瞬间不可能存在运动的论证是错误的。①

由于微积分并不会自动让芝诺的飞矢变得无效,我们就有理由回过头去重新考察亚里士多德的解决方案。这样做会同时告诉

---

① 有人可能会反对说,我们不能认为运动只能发生在某时间段之中。因为如果我们考虑一个一直在加速的事物,那么描述这一现象最自然的方式就是说在任何时刻,这个物体都以不同的速度运动。如果是这样,就意味着在这个加速过程中,没有任何时间段,它以固定的速度运动。但是如果我们详细考察,这个反驳并不成立。因为一个物体在时间 T 的瞬间速度,就是计算这个物体在趋向于 T 的时间间隔中的速度。因此为了确定瞬间速度,我们就要能够确定这个物体在特定时间段中的速度。在持续加速的过程中,会发生下面的现象:如果我们挑出那段时间中的任意两个瞬间(不管它们距离有多近),并且分别计算趋向于那两个瞬间的速度的极限,结果会是不一样的。如果我们想要说"在任何瞬间,这个物体的速度都是不同的",这样并无不可,只要我们不认为在某个瞬间发生了某种特别的事情,因为如果那么说,我们就被我们的词汇误导了。

我们，什么构成了对一个怀疑论的论证的反驳，以及芝诺的悖论为什么依然令人着迷。我们在前面看到，亚里士多德既反对这个论证的有效性，又反对它的前提。他认为这个论证无效，因为即便我们同意箭在每一个当下的瞬间都是静止的，也并不意味着它在飞行的整个时间中静止。理由在于一段时间并不是由当下的瞬间或者现在构成的。

但是亚里士多德并没有**证明**时间不是由现在构成的。相反，在《物理学》IV.10-14 中，他发展了这样一种时间理论，根据这种理论，一段时间可以被说成是由更小的时间段（而不是瞬间）构成。他确实论证了芝诺的前提是错误的，但是这个论证依赖他关于时间结构的理论，这一点并没有被充分证明，而只是强有力地呈现出来。当然，每个证明必然最终依赖某些本身不能被证明的前提，因此亚里士多德并没有想要证明每一个假设。事实上他反复强调，我们要区分需要证明的东西和不需要证明的东西，用后者来证明前者。①

我认为，亚里士多德的起点是，在飞行过程中箭显然是在运动的，这个信念建立在感觉经验的基础上。亚里士多德和芝诺同意感觉提供的证据，但是对于这些证据的理解大不相同。芝诺是巴门尼德的忠实信徒，他认为我们的经验必然对现实的本质给出歪曲的呈现；而亚里士多德与他相反，他认为感觉经验表明，那个导致了巨大矛盾的论证必然存在错误。在《物理学》III-VI 中，他构建了一套关于空间、时间以及变化的理论，用这种理论，他想要用抽象的方式描述他清楚地看到的运动确实发生着。问题在

---

① 比如参见《物理学》VIII.3.253a32-b6。

于，物理学中的论证需要依赖一些假设，这些假设即便用很成熟的方式思考，看起来也不是自明的或者免于批评的。比如，亚里士多德认为时间是运动的量度。时间的存在和本性被认为来自变化的存在和本质。此外，正如我们看到的，亚里士多德的推理是，既然时间是变化的量度，那么时间的存在就依赖进行量度的灵魂或者理智。

像亚里士多德一样，我们也倾向于相信，物体确实运动，也一定有某种理论可以解释这样的运动如何可能。时间不是由现在组成的，这个看法在亚里士多德的整体理论框架之内看起来是完全合理的，如果我们接受了那个理论，就能知道如何回应芝诺。但重要的是意识到，是我们而不是芝诺被芝诺的谬误说服。① 芝诺会认为，亚里士多德的理论犯了乞题的错误，因为它假设存在这样一段时间，这段时间要么以当下作为没有长度的瞬间划分出过去和未来，要么就完全是当下的一段时间。

然而这并没有说明亚里士多德的回应存在根本上的错误。认为这个回应错误，就是因为假设了，我们只有用不做任何预设，或者用完全自明、毫无争议的预设，才能回应怀疑论者。但是对于大多数有趣的怀疑论论证而言，比如芝诺的这个，这样的反驳方式并不存在。最好的方式就是按照亚里士多德的策略，用我们真诚相信的前提构建论证来回应芝诺。鉴于这些前提是我们真诚相信的，那么对我们自己而言，这个怀疑论的悖论也就不再成问题了：它不再是一个真正的难题。这就是应对芝诺这样的极其天才的论证最好、也是唯一的方式。怀疑论的难题不能基于绝对毫

---

① 我在 *Aristotle and Logical Theory*, Cambridge University Press, 1980, ch.6 更详细地讨论了用这种方式回应怀疑论。

无争议的假设简单打发掉，它只会消失。但是即便是真诚的相信，不管有多么真诚，并不能保证对于个人或共同体而言，一直都是稳定的。假如用来回应怀疑论悖论的预设遭到质疑，那么之前我们认为已经被埋葬了的悖论就会重新困扰我们。我们或许可以构建另外一个理论去回应这个悖论，但是没有哪种理论可以保证一个精彩的悖论一旦被打倒就永世不得翻身。因此我们可以既认为时间不是由现在构成的，又认为这个信念可以被颠覆。因为这个基本的怀疑，我们必须承认，芝诺的飞矢可能还会成为那些相信变化的人（亚里士多德和我们）需要面对的严峻挑战。

第四章　人的自然

一、灵魂①

传统上灵魂被认为是生物的一种原理。在亚里士多德看来，我们诉诸灵魂首先是为了解释动物生命的两个显著特点：运动能力和认知能力，后者包括感觉和思考。②先前的思想家将灵魂看作一个独立的对象，他们将灵魂与肉体结合，但是并未解释这两者是如何联系在一起的。③亚里士多德认为他可以依靠形式与质料的区分，充分说明灵魂，及其与肉体的关系。他将灵魂定义为"自然的潜在具有生命的肉体的形式"④。因为生物体的形式是它的自然，那么灵魂就是生物的自然，即生物变化与静止的内在原理。

形式是肉体的实现，而质料是潜能，因此灵魂就是活的有机体的实现。⑤在这里亚里士多德引入了一个区分，一个是学习了一门知识（epistêmê），另一个是实际运用知识。我们可以将一个人的知识看作实现，因为他已经超越了仅仅是有可能学习知识的阶段，他确实已经拥有了知识，可以随心所欲地运用它。但是，比

---

① 本章第一和第二节相关阅读：《论灵魂》I.1-2, II.1-12。
② 《论灵魂》1.1.403b25-27, III.3.426a17-19。
③ 《论灵魂》I.3.407b13-26。
④ 《论灵魂》II.1.412a20-21。
⑤ 《论灵魂》II.1.412a10, a22；另参见 II.5。

起实际运用知识,这种状态的实现等级还不够高。当他进行沉思的时候,他的知识处于活跃状态,而当他没有进行沉思的时候,他的知识就还是一种可以激活的能力——如果愿意的话可以进行沉思。与此类比,有机体可以在不同的实现等级上活着。生物醒着的时候,它们处于生命的活跃状态,在睡着的时候,它们依然活着,但只是在最低的意义上运用生命的能力。亚里士多德认为,灵魂是活着的生物的**第一实现**。①

因为灵魂是形式,亚里士多德认为他就此解决了灵魂与身体如何结合到一起的问题。形式与质料并不是两个彼此不同的部分,混到一起就能构成一个活着的有机体。有机体本身就是一个统一体,只是在哲学分析之下,可以被认为拥有形式与质料两个方面:

> 这就是为什么我们可以认为灵魂与肉体是不是"一"的问题毫无必要,这就像是问一块蜡和它的形状是不是"一",或者普遍而言,一个事物的质料与它是什么的质料是不是"一"。"一"有很多含义,但是在严格的意义上是实现。②

灵魂不是一个特殊的成分,可以把生命吹入一个无生命的肉体。它是活物的某个方面,而活物就是一个功能发挥良好的统一体的典范。

这是有机体被认为是实体的一个原因。事实上,当亚里士多德写作早期作品《范畴篇》时,个别的有机体正是实体的典范,

---

① 《论灵魂》II.1.412a27-28, b5。

② 《论灵魂》I.1.412b6-9;另参见 II.1.413a3-7, II.2.414a19-28。

它们"是最严格意义上的、首要的、最是实体的"①。因为一个有机体本身就是一个主体，性质都是谓述它的，因此在存在上依赖它，有机物是实在的基础。"所有的实体似乎都意味着'这个某物'（this something）。"② 亚里士多德用"这个某物"表示某个确定的、存在论上独立的实在。个体有机物的组织赋予它确定性；它是各种性质依附的主体，而非某个作为基础的主体的性质，这一点赋予它存在论上的首要地位。但是，亚里士多德撰写《范畴篇》的时候，他还没有区分形式与质料。③ 有了这个区分之后，亚里士多德也就很自然地要去重新思考什么是首要实体的问题了。因为如果个体的有机体是质料与形式的复合物，那么它似乎就依赖它的形式或灵魂，才成为它所是的那个有机体。让我们暂时不去讨论什么是首要实体的问题。在他撰写《论灵魂》的时候，亚里士多德认识到，至少**在某种意义上**，灵魂才是实体。④ 因为他说，由于形式或本质，个体的有机体是"这个某物"。没有形式的质料，缺少一切定义，因此不能依靠自身存在，也就不能被算作"这个某物"。正是形式、本质或灵魂，使得一个有机体获得了不管哪个层次上的确定性和独立性。

但也正是因为灵魂与肉体必然要在活的有机体那里形成一

---

① 《范畴篇》5.2a11。

② 《范畴篇》3.b10。我将 tode ti 字面地翻译为"这个某物"，而牛津的译本翻译的是"这个"（this）。我更喜欢字面化的翻译，尽管看起来有点怪，因为我们很快会明白对亚里士多德而言，这个词是一个形而上学术语。参见第六章第六节。

③ 参见 Alan Code, "Aristotle: Essence and Accident," in R. Grandy and R. Warner eds., *Philosophical Grounds of Rationality: Intentions, Categories and Ends*, Clarendon Press, 1985 和 "On the Origins of some Aristotelian Theses about Predication," in J. Bogen and J. McGuire eds., *How Things Are: Studies in Predication and the History of Science*, D. Reidel, 1985。

④ 《论灵魂》I.1.412a8, b10-11。

个统一体，我们很难区分它们。①人造物提供了形式与质料区分的原初模型，在这里匠人显然将形式加到独特的质料之上。但是与之相对，在活着的有机体之中，质料与形式总是密切地结合在一起，并没有独立存在和持存的质料，可以时不时将灵魂加入其中。事实上，一个活的有机体的质料恰恰要依赖灵魂，才是它所是的质料。某种特定的灵魂，比如说人的灵魂，也需要特定种类的质料。②活的有机体确实是一个统一体，因此对于亚里士多德来讲，真正的挑战并不是表明灵魂与肉体可以形成一个统一体，而是表明这个统一体怎么可以合理地被认为有两个方面，灵魂与肉体。

亚里士多德也意识到了这个难题。他并没有简单地将一个领域里的区分转移到另一个领域，而对这种转换是否可行毫无意识。他有很强的理由认为，形式与质料的区分可以被用在活物的领域之中。灵魂是实体，因为它是肉体的本质，也就是肉体的"是其所是"。③这就是依据 logos 的实体。一个事物的本质或 logos 是某种可以理解的秩序。我们很快就会看到，理智把握一个事物的方式就是把握它的 logos。这样就有一条从理智到世界的反向道路，可以给活着的有机体的形式或灵魂的观念赋予内容。研究一个活着的、运转良好的有机物，理智最终把握到了在有机物中实现了的形式。用哲学的方式反思对有机体的认识，我们就能了解这个有机体的形式。

---

① 参见 J. L. Ackrill, "Aristotle's Definitions of *Psuchê*," in *Articles on Aristotle*, vol. 4 以及第二章第一节。
② 《论灵魂》II.2.413b25-27。
③ 《论灵魂》II.1.412b10-11。

亚里士多德认为,我们至少可以从技艺与自然的类比入手。他让我们设想一个人造物,比如说一把斧子,是一个自然有机体。① 它的本质就是砍的能力。假如它永远丧失了这个能力,那么它就不再是一把斧子,除非是在名义上。与此类似,我们可以考虑一个器官,比如说眼睛,它的本质是看的能力。眼睛是一个很好的例子,因为我们可以设想,在眼睛失去了看的能力之后,它的质料大体上还保持完好。(比如设想一位盲人的眼睛,或者一只泡在福尔马林中的眼睛。)眼睛是某种物质性的器官,拥有看的能力,一旦失去了这个能力,它就不再是眼睛了。问题在于,亚里士多德是否可以将这个类比扩展,从而包括整个活着的有机体。他说,灵魂是一种实现,就像视觉或工具的能力一样,② 因此,如果我们可以了解某个有机体整体的独特活动,灵魂就是从事那项活动的能力。

但是我们怎么研究某种**能力**呢?亚里士多德认为,我们只能去尽可能细致地研究它发挥作用的活动,看它们是如何发生的。在亚里士多德看来,我们对灵魂的各种描述都太抽象了。我们可以说,灵魂是一个活着的肉体的形式,但是这么说我们依然不理解如何清楚地区分一个活的有机体的形式与质料,这个说法没有多大帮助。但是亚里士多德并没有依赖这个描述。他的策略恰恰相反,他详细地研究灵魂,也就是活物得以活着的能力,从而帮助我们理解什么构成了一个活物的形式。他说,对灵魂给出一个绝对普遍的定义是荒谬的。③ 相反,我们必须要考察各种不同的活

---

① 《论灵魂》II.1.412b12-413a7。
② 《论灵魂》II.1.413a1。
③ 《论灵魂》II.3.414b25;另参见 I.1.402a10-22, 402b21-403a2。

物（植物、动物和人）实际的生活，由此我们发现，构成灵魂的那些能力形成了一个等级序列，营养、生长、繁殖的能力是所有活物都拥有的；动物区别于植物的特征在于还有感觉；一些动物区别于其他动物的特征是可以移动；而人区别于其他动物的特征在于人可以进行实践和理论的推理。通过研究所有这些能力的运用，亚里士多德认为他可以洞悉人的本质。

让我们将注意力集中在灵魂较高的能力上：感觉、运动和认知。但是我们要注意，即便在最基本的生命功能（即营养和繁殖）之中，亚里士多德也看到了某种神圣的迹象：

> ……对于任何达到了通常发展状况的活物而言……**最自然的行动**就是生产出某个像它一样的活物，动物生产出动物，植物生产出植物，从而就其自然所及，可以分有永恒和神圣。那就是**一切事物追求的目标，为了这个目标，它们做它们的自然能做的一切**……由于没有任何活物能够以不间断的持存分有永恒和神圣（因为没有任何可朽的事物能够永远保持同一），它努力用可能的唯一方式去实现那个目的，成功也有不同的程度；它并不是保持完全同一的那个个体，而是在某个和它**相似**的东西里面继续存在，它们在数量上不是"一"，而**在形式上是"一"**。①

亚里士多德在活物的形式中赋予了某种力量，这种力量可以保存形式。虽然有机体个体是有朽的，但是它们在深层有巨大的动力

---

① 《论灵魂》II.4.415a26-b7（强调是我加的）。（我将 *eidei d'hen* 译为"形式上是一"，而牛津版的翻译里面将它译为"具体的一"。）

要通过"最自然的行动",也就是通过这个种族的繁衍保持其形式的存在。那么神圣性何在呢?对于亚里士多德来讲,永恒性虽然是神圣性的一个标志,但并非神圣性的充分条件。质料在某个意义上是永恒的,因为它既不是被造的也不会毁灭,但亚里士多德并不认为质料是神圣的。我们需要更深层的理由去理解,为什么保存形式是神圣的。但是我不会在这里给出这个理由。我提到这个问题,只是想挑战我们对亚里士多德的理解:除非我们理解了,为什么在繁殖这种最基本的生命活动中,一个有机体就它的自然所及分有了神圣,否则就依然没有真正进入亚里士多德的世界。

二、感觉

亚里士多德的策略是,通过研究有机体的典型活动,尤其是感觉和运动,来阐明有机体的形式。在总结感觉活动时,他提到了形式:

> 感觉能力接收事物没有质料的可感形式,就像一块蜡可以接收指环图章的印记,而不会接收铁或金。制造印记的是铜或金的指环图章,但并不是作为铜或金,与此类似,感觉受到有颜色、气味、声音的东西影响,但并不是作为这些东西本身,而是作为某种类型的东西,并且依据 *logos*。[①]

亚里士多德似乎要通过形式来解释形式。一个活物的形式(至少是它感觉经验的能力)是用它有能力接收形式来描述的。这是亚

[①] 《论灵魂》II.12.424a17-24(我将 *aisthêsis* 翻译为"感觉能力",而不是牛津版的"感觉";我没有翻译 *logos*,而牛津版将它翻译成"形式")。

里士多德第二次运用蜡板和印记的类比。第一次是为了表明形式与质料复合体的统一性。在这里，这个类比指出了感觉能力与它所接收的可感形式之间的统一性。但是如果我们还没有理解感觉能力接收事物的可感形式是什么意思，我们就还没有真正理解灵魂这种形式。

我们不要混淆一个事物的**可感**形式与它的形式，这一点非常重要。比如说，一棵树的可感形式首先表现在这棵树看上去是一棵树；其次表现在这棵树有能力引起处于恰当位置的感觉者感觉到它是一棵树。而一棵树的形式是它的自然或本质。当然，可感形式本身是形式的一种表现，树之为树的部分特征就是它显得像一棵树。但是树的实在并不仅仅是它的表象。除了满足眼睛的标准之外，一棵树还需要更多特征。但是既然感觉能够对这个世界给出准确的意识，那么在自然对象和这个对象的感觉者的意识状态中，必然有结构上的相似性。假如树与看这棵树的人的感觉状态之间没有结构上的相似性，那么我们就没有理由称那个人的灵魂状态为**感觉到**一棵树。亚里士多德所说的"可感形式"正是要把握由"感觉"这个概念保证的这种结构上的相似性。

亚里士多德必然要用整体的变化理论来解释感觉。原因有两个。首先，当我们在感觉上意识到这个世界的某些部分时，我们在认知状态上会经历某种变化，比如，当我们看到一棵树，我们会意识到我们正在看这棵树。其次，当我们试图解释这种状态上的变化时，必然要找到某种外在的原因，也就是我们感觉的对象。根据亚里士多德的变化理论，某个**潜在地**具有某种形式的东西，受到某个已经拥有那个形式的外在对象的影响，经历某种变化，从而接收那个形式。亚里士多德认为感觉是对存在于这个世界上的特征的准确意识，那么他就会很自然地认为，可感对象拥有某种形式，而这个形式是感觉能力可以接收的。我们看到的树拥有树的可感形式，它导致我们的视觉接收它的可视形式。

但是，在亚里士多德关于变化的普遍理论中，他认为，在施动者和受动者之间只有一个活动，这个活动发生在受动者那里。建筑师在自己的灵魂中有房子的形式，但是这个形式仅仅是实际从事建造活动的潜能。建筑师进行的建造活动是发生在房子被建造之中的，而不是发生在建筑师之中的。建筑师的建造活动本身就是房子的形式处于最高等级的实现之中。与此相对，就感觉而言，这个因果关系的方向是反过来的：这个世界在接收者的感觉能力上造成某种因果性的影响。但是如果我们将感觉理解成某种变化，那么世界对感觉者造成的因果性影响，就是发生在感觉者感觉能力中的单一活动。

当感觉者看到一棵树的时候，在感觉者那里发生的活动就是**他在感觉上意识到**一棵树。这棵树导致感觉者在感觉上意识到一棵树。如果感觉是感觉能力接收事物的可感形式，那么感觉的意识就应该是处于最高实现等级的可感形式。**存在于一棵树里面的**树的可感形式，就是导致处于恰当位置的感觉者产生树的感觉意识的能力。① 对于树的感觉意识与存在于树之中的可感形式是同一的，只是实现的等级更高。因为虽然树拥有一棵树的可感形式，但是它并不能感觉到它自身。树完全没有感觉意识，因为它根本没有感觉能力。感觉意识的发生是两个事物之间因果联系的产物，一方面是物理对象，另一方面是感觉能力。可感对象和相应的感觉能力彼此之

---

① 注意建筑师的类比：存在于建筑师灵魂中房子的形式，是建筑师导致房子被建造的能力。而这个"导致"发生在被建造的房子之中的。

间的关系是拥有**同一个**实现的两个潜能。可感对象拥有可以被感觉到的能力，而感觉能力拥有去感觉的能力。这里面唯一的实现就是感觉活动，而这个活动是发生在感觉者那里的。

但是亚里士多德怎样将对象的可感形式理解成某种潜能呢？形式不是某种实现吗？亚里士多德的回答是，我们必须要区分潜能和实现的**不同等级**。一个对象的可感形式是它的表象，这个表象是它**实际上**拥有的。我们来考虑一下**第一等级的实现**中一棵树的可感形式。但是，当我们考虑树拥有这个表象是什么意思时，我们就会意识到，它的可感形式是在感觉者之中导致某种感觉意识的能力。树的可感形式，虽然是**树的某种实现**，但是**对于被感觉而言只是某种潜能**。实际上感觉到这棵树才是这棵树的可感形式在最高等级上的实现。这个可感形式更高等级的实现，只能发生在感觉能力之中。因此，可感形式最高等级的实现，并不是发生在可感对象之中，而是发生在感觉到那个形式的存在者的感觉能力之中。

与此相似，动物的感觉能力也是动物灵魂或者动物形式的一部分，当然，灵魂也是动物的某种实现。但也是**第一等级**的实现。如果我们考虑什么是感觉能力，我们会认识到那是一种接收可感形式的**潜能**。亚里士多德认识到那是一种非常特殊的潜能。因为他虽然用接收可感形式的方式来描述感觉，但是对世界的感觉意识非凡而特殊，我们不能仅仅用被动的感觉能力来描述。在这里，亚里士多德再次区分了不同等级的潜能和现实。① 他使用的类比是获得和运用知识或理解。我们甚至可以说一个无知的年轻人是一个"知道者"，因为他属于一个能够获得知识的物种。②

---

① 参见《论灵魂》II.5。
② 《论灵魂》II.5.417a21-24。

但是他仅仅在**第一等级的潜能**上是一个知道者,因为他是由特定的材料构成的,只要有了与这个世界的适当互动,他就能获得知识。① 而一旦他获得了某种知识,比如几何学,我们就可以说他在更进一步的意义上是一个知道者。他的灵魂已经处于某种稳定的状态了:② 他可以随意构造和理解几何证明。但即便是这种更高级的状态,也依然是某种潜能。因为他的几何学知识在于实际进行几何学活动的能力之中。这时他的知识就可以被理解为**第二等级的潜能**——这是强调一个知道者可以进行实际思考的能力,也可以被理解为**第一等级的实现**——这是强调灵魂更高级的状态。③ 因为拥有这种知识,这个人可以被称为**实际上的知道者**,但是这种现实性仅限于他可以随意进行沉思的**能力**。④ 因此,灵魂的这种状态代表第一等级的实现。与这种状态形成对照的是,一个人实际沉思一个几何证明,也就是实际运用他的知识。

亚里士多德认为,从拥有知识到实际运用知识的过渡,是一种非常特殊的变化。⑤ 当一个人进行学习的时候,他的灵魂经历一种直接的状态变化,无知的状态被知识的状态代替。但是当一个人拥有了知识,实际运用这种知识就不再是灵魂状态的变化了。事实上,亚里士多德说,实际运用知识可以帮助**保存**一个人已经获得的知识。如果这可以被看作是某种变化,那么必然是非常特殊的一种。它的特殊之处在于,它的结果——实际的沉思本

---

① 《论灵魂》II.5.417a27。
② "状态"是 hexis。
③ 关于潜能,参见《论灵魂》II.5.417a24-b19;关于实现,参见 III.4.429b5-9。
④ ho eptstêmôn, ho kat' energeian;《论灵魂》III.4.429b6-7。
⑤ 《论灵魂》II.5.417b2-7, b14-16。

身——是一种活动。① 活动（energeia）与变化（kinêsis）的不同之处在于，活动并非指向某个外在的目的，因此本身就可以是目的。一般的变化，比如建造房子或者学习，是指向某个目的的（一幢建好的房子或者知识），而当目的实现的时候，这个变化就停止了。② 与此相反，沉思不需要指向某个尚未实现的目标，我们可以仅仅因为它自身之故去做它，在任何点上都不需要停止。

感觉也是一种非常特殊的变化。一方面，可感形式从对象传递到感觉者那里是一种变化。树导致我看到一棵树。感觉依赖某个外在原因，这个外在原因以某种方式触动了对象与感觉之间的中介物，而这个过程的最终状态就是感觉意识。另一方面，这个变化的产品——感觉意识——本身也是一个活动。亚里士多德认为，观看在任何瞬间都是完成的，我们因为它自身之故从事这个活动，而不是因为它是有用的。我们在前面已经看到，亚里士多德认为，我们在运用感觉能力过程中感受到的单纯快乐本身，已经表明了在我们的灵魂中有一种渴望认识的欲求。③

我们能够从事这样一种特殊的变化，也就是拥有对这个世界的感觉意识，是因为我们从父母那里继承了一种**经过发展的**感觉能力。④ 我们似乎从一出生就拥有第二等级的感觉潜能，也就是我

---

① 尤其参见《形而上学》IX.6。

② 亚里士多德给出了这样一个测试来区分活动和变化：如果在某事物正在做某事（Φ-ing）过程中的任何一个时间点，我们都可以说它已经做了这件事（Φ-ed），那么正在做的这件事就是一个活动。比如，在一个人观看的任何一个时间点，我们都可以说他已经观看了；但是在一个人正在建房子过程中的任何一个点，我们就不能说他已经建造完了。因为一个人只有正在建造某个东西的时候，我们才能说他正在建造；而当他已经建成，建造过程停止之后，我们才能说他已经建造了。

③ 《形而上学》I.1 980a21-27。

④ 亚里士多德认为尤其是从父辈那里。

们的感觉能力。第一等级的潜能,也就是成为感觉者的能力,存在于种子(精子)之中,由父辈传递下去。因此从拥有感觉的能力到感觉的过渡,就像从拥有知识到运用知识的过渡,也是一种非常特殊的变化。① 但是,既然知识已经被内在化了,我们就可以随意运用它了。而与此不同,感觉依赖某个外在对象,这个对象导致感觉能力活跃起来。因此感觉保持着与通常变化的相似性。在通常的变化中,现实地拥有形式的一方(比如说一个正在建造的建筑师)导致形式被某个有能力接收它的东西接收(比如木头)。作为原因的形式所进行的活动发生在承受变化的一方之中。比如正在建造的建筑师的活动发生在被建造的房子之中,而不是在建筑师之中。感觉与此类似,存在于可感对象之中的可感形式,只是一种被认知的潜能。而感觉能力是一种可以接收可感形式的(经过发展的)潜能。但是亚里士多德认为,对象中可感形式的活动与感觉能力的活动,是同一个活动,虽然我们对二者的描述不同。② 这种活动发生在感觉能力之中。因此,可感形式最高等级的实现并不发生在可感对象之中,而是发生在感觉到那个形式的存在者的感觉能力之中。

因此,感觉就是一个单一的活动,但是有主观和客观的两个方面。感觉器官是一种"主观的"潜能,也就是认识到存在于世界之中的可感形式的潜能。而自然对象中的可感形式是"客观的"潜能,也就是使得感觉者意识到这个形式的潜能。这个可感形式显然是实现出来的感觉活动所感觉的对象。可感对象可能现实地存在,即便当它没有被感觉到的时候,但是如果我们要理解**可感**

---

① 《论灵魂》II.5.417b16-19。

② 《论灵魂》III.2.425b26。

对象之为可感对象到底意味着什么，我们就必须要认识到它拥有某种潜能，这种潜能的实现可以发生在实际感觉到它的感觉者的感觉能力之中。那种潜能是质料中的可感形式。这乍看起来可能显得有些悖谬，因为我们认为形式是某种实现，但是感觉的物理学要求感觉能力"接收"的形式代表某种比对象之中的可感形式更高水平的实现。如果我们认为质料之中的可感形式是第一等级的实现，而第二等级的实现才是活动（也就是实际感觉到不带质料的可感形式），那么这种奇怪的感觉就会减弱很多。

在感觉者感觉能力中出现的可感形式，比可感对象之中的形式要高一个实现等级。在某些情况下我们有恰当的语言可以把这个区分标识出来。比如，希腊语中的"声音"是 *psofos*，这个词既可以指感觉者之外的潜能，也可以指感觉者之内的活动。也就是说，我们既可以用 *psofos* 指外在世界中的声音，比如一棵树倒下的声音；也可以指在听到那个声音的人之中发生的活动。但是如果我们想要毫无歧义地指称听者那里发生的活动，我们可以用"发声"（*psofêsis*, sounding）。① 根据亚里士多德的看法，"发声"**只能**发生在听者那里。但是，那些认为如果没有听见就不可能有声音的人是错误的，因为虽然这个说法对于**作为活动**的声音，以及**作为活动**的听见，是成立的；但是如果我们说的是这个世界中的声音，也就是作为一种可以被听到的潜能的声音，就是错误的。② 要正确地看待这个情况，我们必须要区分不同等级的潜能与实现。比如，我们要区分这样三种状态：

---

① 《论灵魂》III.2. 426a7-13。

② 《论灵魂》III.2.426a20-26。

（1）一棵树立在树林中。

（2）一棵树在树林中倒下，它发出的声音没有被听到。

（3）一棵树在树林中倒下，它发出的声音恰好被一个听者听到。

根据亚里士多德的看法，在（2）中我们可以说，这棵树产生了某种声音，也就是它在这个世界之中制造出某种声音。这是第二等级的潜能，也就是被听到的潜能。但是我们不能说这是"发声"。只有在（3）中，才有声音真正的活动——"发声"。这个活动出现在听者的感觉能力之中。对于现代人而言，这么说或许很奇怪，但是对于亚里士多德而言，没有被听到的声音必须要被理解成实际感觉的潜能。①

至此，我们描述了从世界影响感觉者的角度看发生了什么。"声音"和"发声"这样的词汇说的是这个世界对感觉者的影响。但是我们也可以从听者的角度描述感觉活动。就像"发声"一样，希腊语中的"听"（akoê, hearing）也有歧义。它可以指听的能力，也就是听觉（比如，"在听了那么多声音很大的演唱会之后，我的听觉都跟以前不一样了"）。它也可以指实际听到某个声音（比如"我听到了声音"）。但是如果我们想要毫无歧义地指实际听到一个声音，可以用"实际听到"（akousis, active hearing）。② 这样，同一个活动就既可以被称为"发声"，也可以被称为"实际听到"。这没有什么神秘的，就像我们可以称同一个活动为"一个建筑师

---

① 事实上，根据亚里士多德的看法，我们甚至可以说一个没有发出声音的固体"拥有声音"，因为在敲击的时候它有能力发出声音。参见《论灵魂》II.8.419b4-9。

② 《论灵魂》III.2.426a12。

在建造"，或者"房子正在被建造"。一个是从行动者的角度描述，另一个是从受动者的角度描述，但是它们描述的是同一个活动。

这样看来，我们就可以从主观和客观的角度描述同一个听的活动：我们可以说它是"实际听到"——这是从感觉者的角度描述；我们也可以说它是"发声"——这是从作为潜能的外在声音的角度描述。但是在这两种情况下，我们都是在描述同一个状态。我们可以说实际听到的**就是**某种声音，也可以说它**关乎**某种声音。说它**就是**某种声音的意思是，它是声音的某种主动形式——"发声"；说它**关乎**某种声音，是因为亚里士多德很明显要给出感觉的物理学。在感觉之中，最高等级的实现，也就是可感形式最高等级的实现，是发生在感觉者那里的，但是这个活动是对外在现象的感觉。

在亚里士多德的世界里，如果作为潜能的形式是一种力量，这种力量指向形式最高等级的实现，那么**我们就应该将可感形式理解为自然对象之中的力量，这种力量指向对形式的意识**。因为只有在感觉者的意识之中，可感形式才达到了最高等级的实现。一棵树的可感形式是真正的力量，它指向这棵树被感觉为一棵树。感觉到这棵树必然发生在感觉者的感觉能力之中，但是感觉本身是可感形式最高等级的实现。

然而，这里有一个非常严重的问题：可感形式如何从自然对象之中过渡到感觉者的感觉能力之中。因为正是这个过渡，让可感形式变成了意识的一部分。一棵树有树的可感形式，但是它并没有意识到它作为树的表象；但是对于感觉者而言，在他的感觉能力中拥有可感形式就是实际感觉到这棵树。可感形式怎么能够把这个裂隙弥合上呢？这个任务就是要表明，这个世界的一部分

（我们自己和其他动物）如何能够意识到这个世界的另一部分？这个任务的危险之处在于，要防止过分物质化或者过分精神化地解释从世界到理智的过渡。一方面，如果我们给出一个纯粹物质化的论述，比如视觉影像（一棵树）在感觉者的眼睛里造成物理变化，那么我们似乎就漏掉了意识。我们不清楚，这样一个物质性的变化，如何能够让我们脱离这个毫无意识的物理世界。另一方面，如果我们给出一个完全精神化的论述，那么就不清楚我们是否真的给出了一个关于**过渡**的论述，因为不清楚我们是不是从完全无意识的世界开始论述的。

事实上，亚里士多德"可感形式"的概念完美地契合这样一个连接世界的无意识与有意识部分的任务。当我们考虑亚里士多德关于形式的普遍论述时，已经看到形式既不是纯粹物质性的，也不是纯粹非物质性的。形式不能被完全理解为质料的功能性或结构性状态，但是结构性的组织是形式的**部分**表现。这是我在前面给出的关于形式的论述：一个年轻的有机体的形式**既**表现在它已经达到的组织之中，**也**存在于有机体未来成长和实现更高级结构的能力之中。这种能力本身不能被理解成最终实现的组织的表现，而只能被接受为基本的实在。当我们考虑感觉的时候，可能会期待某种类似的情况：可感形式是可感对象质料的组织，而感觉包括将被感觉到的对象中的这个形式传递到感觉器官之中。这个形式的传递似乎是物质性的，因此我们或许会期待《论灵魂》论述组织的物理传递过程。然而，如果形式并不仅仅是质料的组织，我们就会期待，接受可感形式这个活动的某些方面，不能用质料的性质来理解。我认为，这个方面就是感觉中包括的意识。

把握这一点的一个方法,就是理解关于可感形式的纯粹物质性或者纯粹精神性论述在哪里犯了错误。根据**物质性的论述**,可感形式可以被理解成感觉器官获得的性质。根据最生动的一种论述,感觉到红色的玫瑰就是眼睛实际变成了红色。① 眼睛并没有吸收任何玫瑰的质料,但是玫瑰的红色导致眼睛变成同样的颜色。当然还有不那么戏剧性的阐释,只要认为可感形式仅仅是质料的某种有组织的状态,就都是物质性的论述。当眼睛感觉到红色玫瑰时,它并不需要实际变成红色,而只需要获得某种组织,这种组织在结构上类似于红色玫瑰之中的组织。与之相对,**精神性**的论述主张,感觉能力接收可感形式不过是感觉者意识到可感性质。② 意识到我看到红色的玫瑰,就是视觉能力接收了可感形式。我认为,我们可以非常有把握地说,眼睛接收红色玫瑰的可感形式不可能是说眼睛变成红色。多少有些讽刺意味的是,我们有可能抓住希腊语的不足之处使用这样的表述。因为希腊语在把握感觉上不够丰富。希腊语表示颜色的词 *chrôma* 毫无歧义地指可感对象的可感状态。也就是说 *chrôma* 毫无歧义地指称存在于红色玫瑰之中的可以被感觉到的潜能。如果我们想要把握颜色的活动,也就是发生在感觉者那里的感觉,我们就必须要放弃表达颜色的"客观"词汇。因为在希腊语里没有一个词可以表示颜色的活动。也就是说,希腊语里没有"上色"这个词(*chrômêsis*, coloring)。我们可以把握感觉颜色的活动,但是只能依赖表达视

---

① 比如参见 Richard Sorabji, "Body and Soul in Aristotle," in *Articles on Aristotle*, vol. 4。
② 这一观点最近的捍卫者是 M. F. Burnyeat, "Is Aristotle's Philosophy of Mind Still Credible?"(未发表)。过去的捍卫者包括约翰·菲洛波努斯(John Philoponus)、托马斯·阿奎那(Thomas Aquinas)、弗朗茨·布伦塔诺(Franz Brentano)。

觉的"主观"词汇。希腊语里表示"视觉"的词是 opsis，这个词既可以指感觉能力（"他拥有视觉"），也可以指看的活动。我们也可以用希腊文中表示"看见"的词 horasis 毫无歧义地指称看的活动。当然，"看见"命名了颜色的活动，但是它并没有把握到这个活动的"客观"方面。它只是从感觉者这个"主观"的方面把握到了颜色的活动。因此"颜色"是一个表示潜能的词：我们可以说对象实际上有颜色（actively colored），但是这么说的意思是它们可以（在恰当的条件下）对更高等级的实现（也就是看到）有所贡献。① 对象的颜色是可感形式，这种形式最高等级的活动并不是某种颜色，而是看到颜色的活动。

但是如果"颜色"必须要用一种毫无歧义的方式来指称对象中的可感形式，那么感觉能力接收可感形式就不可能意味着眼睛变成了有颜色的。假如亚里士多德确实认为看到红色的眼睛变成了红色，那么他本可以说"颜色"可以有歧义地指对象中的可感形式，也可以指更高等级的实现——感觉能力中的形式。此外，假如红色的玫瑰导致眼睛变成了红色，那么感觉就成了一种通常意义上的变化，但是我们看到，亚里士多德努力强调，如果我们要将感觉看作某种变化，那么这种变化必然非常特殊。② 事实上，我认为感觉包括某种特殊种类的变化，就已经足以排除对可感形式的纯物质性论述了。因为假如一棵树的可感形式仅仅导致眼睛之中单纯物质性的或结构性的变化，我们就没有理由认为这种变

---

① 《论灵魂》III.5.430a16-17. 当亚里士多德说"光使得潜在有颜色的事物实际上有了颜色"，他的意思并不是光将颜色提升到看到的水平上。他的意思是，光是透明的中介物的一种状态，使得有颜色的物体可以用恰当的方式去影响处于恰当位置上的感觉者。

② 对物质主义者的其他批评，参见 M. F. Burnyeat, "Is Aristotle's Philosophy of Mind Still Credible?"

化相比通常的变化有什么特别之处了。这个变化的特别之处就在于，变化的结果是**看到**，也就是意识到这是一个活动。

不管怎样，当感觉能力接收了可感形式，感觉者确实经历了某种物理变化。因此，对可感形式纯粹精神性的论述也是错误的。普遍而言，自然对象的形式确实给这个拥有它的身体造成了一些不同。形式不可能完全用物质结构的方式来理解，但是形式的存在确实给那个结构造成了某些不同。亚里士多德说，感觉能力和感觉器官是统一的，但是它们的所是（being）不同。① 这个差别在于，对感觉能力的论述是完全形式化的，而对感觉器官的论述，必然要说到那个形式在某种特定类型的质料中实现出来。比如，视觉能力单纯就是可以看的能力，而眼睛就是看的能力在其中实现出来的物质对象。因为眼睛和视觉是相同的，当视觉能力接收了没有质料的可感形式，眼睛就更是如此了。

亚里士多德相信存在某种透明的中介物（在气、水以及某些固体中，也存在于宇宙的外层空间中），它本身可以处于实现或潜能的状态之中。② 亚里士多德认为，光就是透明的中介物的实现状态；而颜色就是这样一种能力，它可以推动现实中的透明物——也就是光——发生运动。③ 亚里士多德显然对于从对象到感觉者的物理传递很有兴趣：颜色在光之中导致某些运动，这些运动给透明的中介物本身造成了物理性上的差别。亚里士多德强调，只有基于这样一种物理上的传递，我们才能看到颜色。如果一个人将一个有颜色的物体直接放到另一个人的眼睛上，那个人是看不

---

① 《论灵魂》II.12.424a24-28。
② 《论灵魂》II.7。
③ 《论灵魂》II.7.418a31-b2, 419a9-10。

到颜色的。在眼睛和被推动的光之间必然要发生物理接触才行。假如亚里士多德不认为这个变化给眼睛造成了任何物理变化，他不大可能对这个传递给出这样一个物理性的论述。而且他显然注意到眼睛经历了某种物理变化："气以某种方式改变了瞳孔，而瞳孔将这个改变传递给第三个东西，这与听觉相似……"① 亚里士多德显然注意到，我们很难忽视瞳孔的直径根据光线的强弱发生变化。

在听觉的问题上，亚里士多德很清楚地描述了在听觉器官中发生的物理变化。② 在树林中倒掉的树推动了一些气，这些气从树持续扩展到听觉器官。③ 听觉能力，或者更确切地说听觉器官，有气在里面，耳朵外面气的运动推动了里面的气运动。④ 这是一种物质性的描述，描述了听觉能力如何接收没有质料的可感形式。但是这个物理描述并没有穷尽感觉活动的全部内容，因为我们并不仅仅是由于气的运动才听到的，而是由于某个声音，声音就是一种可感形式，一种不可还原的实在。但是很显然，声音的传播确实包括了环境中的物理变化，而听觉——也就是实际听到——确实包含了感觉器官中的物理变化。亚里士多德强调，严格说来声音只能影响有听觉能力的东西。⑤ 并不是雷声劈到了树，让它在森林中倒下，而是雷声在其中存在的气。虽然声音并不是气，也不是气的运动，但是如果没有周围环境中气的运动导致听觉器官中气的运动，声音就不可能传播。

---

① 《论灵魂》III.7.431a17-19。
② 《论灵魂》II.8。
③ 《论灵魂》II.8.420a3-4；另参见 419b20, b25, b35, 420a8, a23-26, b14-16。
④ 《论灵魂》II.8.420a4-5。
⑤ 《论灵魂》II.12.424b9-12。

亚里士多德坚持认为，感觉器官必然是潜在的，而感觉对象是现实的。① 这并不意味着眼睛实际上可以变成红色。而只是暗示，眼睛接收了与红色玫瑰中相同的可感形式，在更高的实现等级上，同一个可感形式可能会表现为对红色的**意识**。在这个更高的实现等级上，可感形式并不需要是现实的红色。但是假如亚里士多德认为实际进行的感觉没有给感觉器官带来任何物理变化，那么他就应该说，是感觉**能力**，而非感觉器官，是潜在的，而感觉对象是现实的。感觉器官的潜在性确实有某种物理表现，虽然这种物理状态并不等于潜在性。比如，触觉器官既不是热的也不是冷的，如果它想要感觉到这两个极端的话；视觉器官是没有颜色的，听觉器官是没有声音的。亚里士多德说感觉能力是两个极端之间的中道，这两个极端确定了某种感觉的范围。② 他说，视觉可以看到黑和白，是因为它在现实的意义上两者都不是，而潜在地可以是任何一方。但是假如亚里士多德真的认为感觉器官没有经历物理变化，他又为什么要将感觉能力的中道（也就是接收深色和浅色可感形式的能力）描述为感觉器官的实际性质（即没有颜色）呢？在亚里士多德看来，感觉能力是一种中道，部分表现在感觉器官实际的物理状态上。这个中道状态会受到极端状况的破坏，非常亮的光或者非常大的声音可能会破坏视觉或听觉。③ 考虑到中道状态至少部分表现在器官的某种实际的物理状态之中，我们可能会期待，对于中道状态的破坏意味着器官中的某种物理

---

① 比如参见《论灵魂》II.11.423a30-424a15, II.12.424a24-32, III.4.429a25-b3；参见 II.10.422a34-b2。
② 《论灵魂》II.11.424a4-6。
③ 《论灵魂》II.12.424a28-32, III.4.429a31-b3, III.2.426a30-b7。

变化。这就是为什么当亚里士多德讨论理智（nous）时，否认它有任何物理器官。①看到强光可能会破坏视觉能力，但是思考最强有力的思想却只会促进理智的敏锐度。但是假如他不认为在认知意识中有**某种**物理表现，就不需要否认理智也有某种物理器官了。他的推理过程似乎是这样的：假如理智确实拥有某个物理器官，那么思考强有力的思想就会破坏思考能力。这个推理能够成立，只能是因为亚里士多德同时认为，破坏可能体现在器官物理状态的变化之中。亚里士多德给出了一个类比来说明感觉能力受到破坏是什么意思，如果非常暴力地拨动琴弦就会毁掉一只里拉琴的声音。②显然，里拉琴经历了某种物理变化，同时经历了产生和谐声音能力上的变化。感觉能力本身不是一个大小，而是某种物理大小（感觉器官）的 logos。③这个 logos——秩序、组织或比例——以及 logos 的破坏，确实有某种物理表现。④

那么感觉能力接收没有质料的可感形式到底是什么意思呢？

---

① 《论灵魂》III.4.429a29-b5。
② 《论灵魂》II.12.424a30-32。
③ 《论灵魂》II.12.424a26-28。
④ 在讨论感觉的部分临近结束时，亚里士多德问，那些没有感觉能力的事物是否可能被可感形式影响（《论灵魂》II.12.424b3-18）。他的第一个答案是"不可能"：如果气味只是一种可以被闻到的潜能，如果颜色只是一种可以被看到的潜能，它们就不可能影响到无法感觉到它们的事物。但是之后，他改变了想法：因为带有臭味的东西确实将周围的环境都变得很臭。虽然气受到了臭味的影响，但是气并没有感觉到它。因此亚里士多德随后又问：感觉到气味除了是某种受动之外，**还能是什么呢**？他的回答在那些对可感形式做精神性阐释的人和做物质性阐释的人之间引发了一场争论。物质主义者依赖"牛津古典文本"中的文本 ...ê to men osmasthai kai aisthanesthai...（II.12.424b17），这句话可以翻译成"……或者这里有闻到**和意识**"（参见 Sorabji, "Body and Soul in Aristotle," pp. 69-70）。根据物质主义者的看法，亚里士多德的意思是感觉到气味既包括了一个生理上的受动，**又**包括了对气味的意识。虽然亚里士多德有可能这样认为，但是他在这里的意思不可能是这样的。因为第一个动词 osmasthai（闻）本身的意思就是**感觉到**气味。因此亚里士多德不大可能用它来表示某种生理性的影响，从而与意识对立。闻（osmasthai）本身就是一种感觉或意识的方式（aisthanesthai）。（转下页）

这个说法不能仅仅被理解为意识，那要怎么理解它呢？我认为我们应该按照字面意思理解它。一个感觉器官接收可感形式，就是这个感觉器官在这个可感形式的意义上变得与可感对象相似。这一点部分表现在感觉意识上，部分表现在感觉器官接收某种 *logos* 或秩序上。因为感觉能力中的可感形式比可感对象中的可感形式有更高等级的现实性，我们不需要假设器官实际上接收了相同的可感性质。形式上的相似性并不存在于此。对任何使玫瑰看起来是红色的 *logos* 而言，当一个人看到了这个玫瑰的红色，那个 *logos* 就表现在了眼睛之中。感觉器官没有接收质料的意思是，在看到玫瑰时，眼睛没有吸收任何玫瑰的质料。这个阐释在《论灵魂》的后面得到了确认，亚里士多德说，感觉能力潜在地是感觉对象。他继续说："［感觉能力］必然或者是事物本身，或者是它们的形式。前者当然是不可能的，出现在灵魂之中的不是**石头**，而是它的形式。"① 这里被否定的可能性就是可感形式和质料一起进入灵魂。正是因为这非常荒谬，亚里士多德认为，感觉仅仅是接收可感形式，而没有质料。

（接上页）另一方的精神性阐释者则强调，这里的希腊文本有缺损，这里的"和"（*kai*）应该去掉（Burnyeat, "Is Aristotle's Philosophy of Mind Still Credible?"; A. Kosman, "Perceiving that We Perceive," *Philosophical Review*, 1975）。在大多数抄本中，这句话都是 ...*osmasthai aisthanesthai*...，但是在一个抄本传统中，一个抄写员写了三遍 *ai*，19 世纪的一位编辑认为中间的那个 *ai* 是 *kai* 的遗存，意思是"和"或者"也"。精神性阐释者认为根本就不应该有中间那个 *ai*。这样一来，这句话应该译作"……或者闻到是不是就是意识……?"但是，即便精神性的阐释者在这句话的读法上是正确的，即便闻确实是对于气味的意识，这种意识依然可能对嗅觉器官带来某种物理性的变化。接受精神性阐释者的读法并不一定产生有利于他们的结果。而且即便就在这几行里面，我们也有理由反对他们的理解。因为我们应该记得，亚里士多德问除了某种受动之外，感觉之中**还有什么**？我们有理由认为，即便某种受动也产生了意识，这种受动本身也会产生生理上的后果。

① 《论灵魂》III.8.431b27-432a1。

三、理智①

人不仅有感觉世界的能力，还因为理解世界的能力而与其他动物不同。世界也并不仅仅是呈现在感觉面前的那个样子。在感觉表象之下还有一个实在。比如我们可以看到青蛙在池塘边跳跃，我们也可以摸到、闻到，甚至尝到它们。但是这些关于青蛙的感觉经验并没有告诉我们青蛙的生活**真正**是什么样子。除非研究青蛙生活的细节，否则我们就不可能彻底了解青蛙的生活，我们需要了解它们如何繁殖、如何捕食，理解那些将青蛙的质料组织成一只成熟青蛙的原理。成为青蛙是某种确定的事情，而人是动物里面唯一有能力，在感觉经验的基础上探究青蛙到底是什么的。本节要讨论的问题就是，当一个人从无知发展到深刻理解自然中的事物发生了什么，在他的灵魂中到底发生了什么样的变化？

因此我们关心的并不是青蛙本身，而是世界的可理解性，以及这种可理解性对人产生的影响。青蛙不过是自然世界中的一个例子，它们会对人的探究给出真实的回答。在亚里士多德的世界里，可理解性和真理内在地联系在一起。为了回应人们的研究，世界给出了青蛙生活的**本质**。青蛙生活的终极实在，也就是青蛙的是其所是，才是在终极的意义上可理解的。人有这样的能力，能够从他在世界中遇到的事情出发直达根源，也就是发现它们到底是什么。正是对理解的欲求促使人从事这样的探究，而对世界的深刻理解满足了人的那个欲求。

那么就有一个单一的活动——沉思世界——既反映了世界的

---

① 相关阅读：《论灵魂》III.2-4。

可理解性,又体现了人最真实的所是。如果表象之下的现实不能满足人们的探究,我们就没有理由认为这个世界是可理解的。这个世界的可理解性就是它能够被理解的能力。而理解就是人把握事物真正所是(而不是它们直接呈现给我们的表象)的能力。当人理解了这个世界,他也就理解了某些关于自己根本性的东西,理解世界就是他之所是的根本。人依据自然就是这个世界的系统理解者。通过让世界对他自己变得可以理解,他获得了对自己到底是什么的深刻理解。人是唯一可以理解他在世界中遇到的事物的动物。青蛙体现了青蛙生活的原理,但是理解这些青蛙的原理总是要脱离了具体的青蛙。青蛙不可能参透它们生活的根本。人是唯一能够真正理解青蛙的动物。人也可以理解自己。不同于青蛙,人既体现了人类生活的原理,也有能力理解那些支配他生活的原理。事实上,理解人的自然就是人的自然的一部分。那么他是如何做到的呢?

我们看到,亚里士多德用不同等级的"理解"来阐明灵魂与肉体的关系。① 因为我们从研究灵魂开始,这里或许可以调转方向,用我们已经了解到的灵魂的发展,来说明人如何理解这个世界,以及如何沉思它。比如,我们可以考虑科米蛙生活的不同阶段:

(1)科米蛙还是一个胚胎;
(2)科米蛙是一只蝌蚪;
(3)科米蛙是一只睡着的成年青蛙;
(4)科米蛙活跃地生活:捕食苍蝇、跳进池塘、寻找伴

---

① 《论灵魂》II.1.412a10, a22, II.5;参见本章第一节。

侣等等。

在每一个阶段,科米蛙都体现了一只青蛙的形式,但是有不同等级的潜在性与现实性。作为胚胎,科米蛙是一只青蛙,但是只有最低级的潜能。如果有合适的环境,这个胚胎有能力发展成某种东西(蝌蚪),而这种东西又有能力发展成一只青蛙。蝌蚪也在潜能的意义上是一只青蛙。但是蝌蚪的潜能比青蛙胚胎的潜能**等级要高**。因此在前两个阶段,科米蛙虽然体现了青蛙的形式,但是这个形式还是胚胎或蝌蚪中的某种力量或能力,可以获得更发达的组织。但是在(3)和(4)两个阶段青蛙的形式得到了实现,不过是不同等级的实现。灵魂仅仅是科米蛙**第一等级的**实现,它是一种活着的能力,即便在睡着的时候,也可以发挥作用。与之相对,当科米蛙实际运用这种能力,那种活动就是**第二等级**的实现,也就是实际运用他成熟的能力去生活。因为形式可以在不同等级存在,我们可以理解同一个形式始终都存在着。科米蛙的胚胎有能力变成一只活的青蛙,而科米蛙有更高的能力去过完满的生活。实际活着的是同一个形式,只是此前处于较低等级的实现和潜能之中。

我们看到,形式可以在两个意义上是现实性:在一个意义上,就像理解;在另一个意义上,就像沉思。这两个含义显然彼此相关。理解了的人**能够**在他愿意的时候进行沉思。① 因此沉思比理解体现了更高等级的现实性。因此,我们或许会期待在亚里士多德本人的思想发展中也有相似的阶段:

---

① 《论灵魂》II.5.417a27-28; III.4.429b5-7。

（Ⅰ）作为一个年轻人，他可以被称为灵魂学家，因为他是一个人，而人是这样一个物种，它能够获得关于动物灵魂（*psuchê*）的知识。

现在他是一个灵魂学家，因为他拥有了**第一等级**的潜能：学习活物及其生命原理的能力。

（Ⅱ）在跟他的父亲讨论了医学，跟随柏拉图学习，进行了大量生物学研究（包括非常详细地观察青蛙），并且撰写了《论灵魂》之后，亚里士多德在实际拥有关于灵魂的知识或理解的意义上成了一个灵魂学家。

现在，只要他愿意（也就是没有外在的妨碍），他就能思考灵魂的问题。① 这种状态也是一种能力，但是表现了一种比获得知识的能力更高等级的潜能。他的灵魂有了一种更高级的状态，可以随时运用。② 就他拥有这种能力而言，我们可以说他是一个现实的理解者，但是这种现实性仅止于在他想的时候进行思考。③ 因此这是第一等级的现实性。与此对比，还有下面的情况：

（Ⅲ）亚里士多德实际沉思青蛙到底是什么。

这种活动是更高等级的现实性，和它相比前两个阶段只是表现了

---

① 《论灵魂》Ⅱ.5.417a24-28。
② hexis：《论灵魂》Ⅱ.5.417a21-b2。
③ 《论灵魂》Ⅲ.4.429b5-9。

不同等级的潜能。①

因此，在科米蛙身体发展的不同阶段与亚里士多德思想发展的不同阶段之间，确实存在着对应关系，而且这个关系甚至比这里呈现的还要更加密切。因为当亚里士多德的研究将他引向青蛙生活的根基，他的理智接收了科米蛙身上体现的相同形式，也就是青蛙的灵魂。要获得关于青蛙生活的灵魂学知识，亚里士多德的理智必然要变成青蛙的灵魂。他的理智必然要变成他努力去理解的实体。

但是亚里士多德的理智怎么会变成青蛙的灵魂呢？亚里士多德认为，理智与感觉能力的发挥有类比性。感觉能力与可感对象的关系，与理智与可理解对象的关系相同。②感觉能力接收没有质料的**可感**形式。③事物的本质是可理解的，因此理智沉思本质。当我们看到一只青蛙，感觉能力接收了可感形式，而当我们研究了青蛙的本质，可以思考青蛙到底是什么，我们的理智就接收了可理解的形式。

亚里士多德论证，在理智中必然有某种特殊的能力，可以去理解形式或本质。普遍而言，亚里士多德通过不同种类的对象，或者不同种类的功能，来分辨不同的感觉和认知能力。比如，视觉与其他感觉能力的区别在于，它的对象是可见的。视觉就是那种能够看到可见对象的能力，听觉就是能够听到声音的能力，嗅觉就是能够闻到气味的能力，等等。同样的原理在更高的认知领域也成立。本质就是一种特殊的对象，如果人能够把握本质，那

---

① 《论灵魂》II.5.417a28-30。
② 《论灵魂》III.4.429b17-18。
③ 《论灵魂》II.12.424a17-19, III.4.429a15-16, III.8.431b26-432a3。

么灵魂就应该有一种独特的能力与之对应：

> 既然我们能够区分一个大小与什么是一个大小，区分水和什么是水，以及很多其他的情况（虽然并不是所有的情况，因为在某些情况下，事物和它的形式是同一的），肉与什么是肉或者由不同的能力来分辨，或者由同一个能力的两种不同状态分辨，因为肉必然包括质料，就像塌鼻子的（snub-nosed），**这个**在**这个**之中（a this in this）。通过感觉能力我们分辨热和冷，也就是由构成血肉的 *logos* 结合到一起的要素，而血肉的本质特征要由某种不同的东西把握……①

亚里士多德在这里论证，理智中必然有某种特殊的能力，去把握本质。他称这种能力为 *nous*（理智），虽然他也用这个词来普遍地指思考能力，不过我们这里讨论的是人类最高认识能力的活动。②

理智能够把握本质。但是本质是形式与质料复合物的**形式**。因此理智理解的东西完全没有物质性的方面。亚里士多德说，肉是"这个在这个之中"，也就是说，**这个**（肉）的形式在**这个**质料之中。因为肉是形式与质料的复合物，肉也就不同于肉的本质。

---

① 《论灵魂》III.4.429b10-18（我没有翻译 *logos*，而牛津版中将它翻译成"比例"）。

② 与此相似，亚里士多德也非常宽泛地用 *theôrein* 和 *noein* 来指很多不同的认知活动，就像我们用"思想"（think）一样。但是，他也在狭义上用这两个词来指人们运用理论理解的能力，也就是理智最高的活动。译者们通常用"沉思"（contemplating）来翻译这个活动，我也遵从这个用法，至少在一定程度上。如果语境足够清楚，我认为我们也可以依据亚里士多德的例子，使用"思想"，但是我们需要注意，这里讨论的是人的理解能力的特殊运用。[译者注：因为考虑到 *nous* 的宽泛用法，作者将它翻译成"心灵"（mind）。在我看来 mind 这个译法过于宽泛，无法切合亚里士多德的大多数讨论，而且亚里士多德学界也很少有人接受这种译法，因此在译本中，我将作者的 mind 统一翻译成"理智"。]

当理智理解了肉的本质，它就将形式从物质性的对象中提取了出来。亚里士多德的例子乍看起来或许令人困惑。因为他倾向于将青蛙的血肉当作青蛙的质料，而将青蛙的灵魂当作本质或形式。但是我们一定要记住，质料是一个相对的概念。① 虽然青蛙的血肉是**青蛙**的质料，也就是被青蛙的形式原理组织起来的，但是这个肉本身还是形式与质料的复合物。肉是土、气、水、火按照形式的构成原理组织起来的。在这个组织的每一个等级，都是形式的组织原理告诉我们肉或者青蛙**真正**是什么。亚里士多德坚持认为，在事物发展的各个阶段，本质都是完全形式化的。只有将事物的本质等同于形式，我们才能将理智探究事物真正是什么，理解为将形式从物质性的对象中提取出来。

为了强调这一点，亚里士多德将本质与数学中的抽象对象进行对照。② 我们倾向于认为一个几何对象，比如一条直线，是一种纯粹形式化的对象，但是亚里士多德否认这一点。亚里士多德说，一条直线，就像塌（鼻子），是这个（形状）在这个（质料）之中。对亚里士多德而言，几何之中的直线，就是一条通常的物理上的直线（比如门边）。几何上的直线看起来完全形式化的原因在于，我们脱离物质对象抽象地**思考**它。③ 如果想要达到某种真正形式化的东西，我们必须要问直线**是什么**？答案可能是：两点之间最短的距离。这就是体现在一条直线中的形式。

亚里士多德允许一些事物与本质相同。④ 我们可能会期望这

---

① 参见第二章的第一、第三和第四节。
② 《论灵魂》III.4.429b18-20。
③ 对于这个问题更全面的讨论，参见第六章第二节。
④ 《论灵魂》III.4.429b12；另参见《形而上学》VII.6，以及本书第六章第六节对《形而上学》这一章的讨论。

些"事物"是没有质料的事物：因为这是物质对象被理解成了体现在独特质料中的本质。与本质相同的"事物"是形式。比如，青蛙的灵魂这个形式就等于它的本质。因为在这个形式中没有质料，青蛙的灵魂就是青蛙的所是。当人的研究达到了青蛙生活的基础，他沉思到的就是青蛙的形式。这个形式与它自己的本质一致。问题在于：当人们进行沉思的时候，在理智中到底发生了什么。

亚里士多德切入这个问题的方式，与他常用的方式一样，就是去考虑一系列与思考或沉思的本质有关的疑难问题。对这些疑难问题的解答也就帮助我们阐明了理智的工作原理。第一个难题是解释理智如何可能思考这个世界。亚里士多德论证，既然理智能够思考**一切**事物，它必然是完全纯粹的，没有任何受动。与感觉能力不同，理智没有身体器官，因为物质性的东西会妨碍和歪曲它的思考能力。① 看到强光会破坏眼睛的 *logos*，但是思考强大的思想只会促进理智的思考能力。因此他说理智在思考之前**不是任何现实的东西**。在进行思考之前，它除了思考的潜能之外没有任何别的本质。但是如果理智是简单和没有受动的，它又怎么能思考这个世界呢？因为思想是一种（特殊的）受动，在世界与理智之间的这种互动似乎要求在世界和理智之间有某种共同的东西。② 普遍而言，当施动者在受动者那里产生某种影响，在施动者与受动者之间就有某种共同的东西，也就是说受动者处于潜能状态而施动者处于实现状态。比如，如果建筑师能够将房子的形式加到一堆木头之上，那么这些木头就是一栋潜在的房子。甚至在

---

① 《论灵魂》III.4.429a15-b5。
② 《论灵魂》III.4.429b22-26。

理智的问题上，亚里士多德也接受了这个普遍的原理。虽然理智在进行思考之前并不是现实的东西，但是它在潜能的意义上是一切可理解的东西。但是既然在思考之前，理智能够变成事物可理解的形式，这个能力就应该和那个影响它的东西（也就是可理解的形式）有某种共同之处，因为思考可以发生是毫无疑问的。

但是，如果我们试图说清这个将人的理解能力与世界被理解的能力结合到一起的共同的东西是什么，就是一个困难得多的问题了。亚里士多德用理智能否沉思自身提出了这个问题。① 这个难题在于解释理智如何可以**既**思考世界**又**思考自身。因为灵魂的不同能力是通过它们理解不同种类的事物进行区分的。② 比如，视觉是看颜色的能力，听觉是听声音的能力。看起来理智是思考可理解对象的能力。但是，如果理智的特征在于把握**某种类型的事物**，而理智可以**既**沉思世界**又**沉思自己，那么看来理智和世界就是同一种事物。③ 这样，亚里士多德就提出了一个两难的问题：要么世界中的事物本身就是思想性的，要么理智就是和自然事物混合在一起的。正是对这个疑难的解答，开始向我们显明理智如何运作：

---

① 《论灵魂》III.4.429b26-29。

② 《论灵魂》III.2.426b9-12。

③ 在试图论述我们如何意识到我们在感觉时，亚里士多德遇到了一个类似的难题（《论灵魂》III.2）。如果是感觉能力导致意识，那么视觉似乎就可以既感觉到有颜色的物体又感觉到它自身。但是如果感觉能力是通过对象的种类做出区分的，那么只有当视觉能力本身有了颜色，它才能被视觉感感到。亚里士多德的结论是，在一个宽泛的意义上确实如此，在感觉活动中，感觉能力接收了对象的可感形式。仅仅是在感觉行动中，我们意识到我们正在感觉。因此，接收可感形式似乎就包括了反思性的意识。看到红色本身也是意识到我们在看到红色。

当我们说理智**潜在地**是任何可以思考的事物，但是在它进行思考之前**现实地**什么都不是，这种相互作用中的共同要素是什么难道不是一个疑难吗？它思考的东西必然在它之内，就像我们说字母可以被写在字板上，但实际还没有写上，这正是理智的情况。

理智本身就像那些思考对象一样是可思考的。因为在没有质料的对象中，思考和被思考的东西是相同的；因为理解与对象是相同的。（我们必须要在之后考虑理智为什么不是一直在进行思考。）**在那些包含质料的东西中**，每个思考对象都只是潜在地存在。那么结论就是，虽然没有理智在它们之中（因为仅仅就它们可以与质料分离而言，理智才是它们的潜能），理智还是可以被思考的。①

亚里士多德要解决这个两难，但是一直坚持理智不可能是物质性的。在思考之前，理智不是任何现实的东西，而仅仅是思考和理解的纯粹潜能。但是即便在沉思之中，理智也完全不和物理性的东西混合。沉思是理智**变成**思考的对象。这些是"没有质料的对象"，也就是形式或本质。因此，理智就像任何思想对象一样是可以被思考的。因为理智在沉思的时候，与沉思的对象**相同**，因此要沉思任何对象，理智必然也同时在沉思自身。因为那就是在思考的理智的所是。因为理解与理解的对象是相同的。

但是那些有质料的事物呢？理智难道不是也可以思考它们吗？理智能够思考自然世界吗？亚里士多德说，那些有质料的事

---

① 《论灵魂》III.4.429b29-430a7。

物在潜能的意义上是可理解的，它们与那些在现实意义上被思想的"没有质料的事物"有某种关系。"没有质料"的事物是本质或者形式，也就是形式与质料复合物之中非物质性的方面。如果是这样，理智（在思想时完全就是思想的对象）确实与自然世界有某种关系。亚里士多德认可这一点，他说在自然事物中"每个思想的对象都只是在潜能的意义上存在"。因此自然事物本身并不是精神性的，但是它们与精神性的事物有充分的关系，因此我们不必认为自然世界对于理性而言完全不透明。但是这个保证了自然世界至少在潜能意义上可理解的关系是什么呢？

首先，自然事物与"没有质料的事物"（也就是理智在思考中变成的事物）在形式上是相同的。比如，青蛙是一种复合物，是特定的形式在特定的质料中，即**这个**（形式）在**这个**（质料）之中。①这样看来，青蛙就仅仅在潜能的意义上是可以理解的。理智不可能把握复合物的质料，但是它可以把握青蛙的灵魂，也就是青蛙的形式，它与青蛙的本质等同。②难题在于确定对于这些"没有质料的事物"而言，说理智和它的对象相同是什么意思。它们至少是相同的形式。考虑到亚里士多德在这里关心的就是形式，所以他将"没有质料的事物"单独提出来进行讨论，我们可能会认为除此之外也没有更多可说的了。因为形式的同一性条件不过就是它们是相同还是不同的形式，仅此而已。如果形式可以在不同等级的潜能和现实中存在，那么在理智与对象关系的这个问题上，除了它们是相同的形式之外，应该还可以知道更多东西。科米蛙的胚胎和成熟的科米蛙有相同的形式，但是亚里士多德并没有就

---

① 另参见《形而上学》VII.10.1035b27-30。
② 另参见《形而上学》VII.11.1037a5-7, a27-30, a33-b4, VII.6.1031a28-b14, a18-21, 1032a4-6。

此结束。他发展出了潜能和现实的不同等级，从而保证了年轻和成熟的科米蛙体现了相同的形式。

但是，当亚里士多德理解了什么是青蛙，他的理智变成了青蛙的灵魂又是什么意思呢？这个青蛙的灵魂与科米蛙之中体现的青蛙的灵魂之间是什么关系呢？此外，当亚里士多德深入到青蛙生活的基础时，他的理智所变成的那个青蛙的灵魂，与当他实际沉思什么是青蛙的时候他的理智所变成的青蛙的灵魂之间又是什么关系呢？

我们还可以让这个问题显得更加尖锐，我们可以问，在科米蛙自然发展的不同阶段（1）—（4）与亚里士多德思想发展的不同阶段（I）—（III）之间是否有什么关系。这两个序列都可以被看作从潜能到现实的上升序列，但是我们可以用类似的方式将作为科米蛙形式的青蛙灵魂与作为亚里士多德理智中的形式的青蛙灵魂进行排序吗？这个问题关于两种灵魂之间的关系，一种是理智在思考什么是青蛙时变成的灵魂，另一种是思想对象的灵魂。这个问题应该有答案，因为当青蛙的灵魂出现在亚里士多德的理智之中，这是他与这个世界中的青蛙灵魂各种相互关系的产物，这些关系包括他观察的那些青蛙，他接受的灵魂学和动物学指导（那些老师的理智已经变成了青蛙的灵魂），等等。亚里士多德就像其他人一样，生来只有单纯的理解能力，如果他想要理解世界中的那些形式，就要与它们产生关系。如果我们知道如何描述这种相互关系，我们就能够对作为理智的青蛙灵魂与作为活物形式的青蛙灵魂进行排序。

我想提到两种理解这种关系的模型，它们会产生不同的理智与世界的关系。第一个是"**自然繁殖**"模型（natural reproduction）。

一对人类夫妇可以共同将人的灵魂传递给他们的后代。我们可能会认为人类理智变成青蛙的灵魂,是一种广义的繁殖过程的结果。如果是这样的话,人类理智所变成的青蛙灵魂就和活着的青蛙之中的灵魂处于同样的实现等级上。亚里士多德实际沉思什么是青蛙的活动,与科米蛙过着自己的生活,这两者之中有关的青蛙灵魂处在相同的实现等级上。当然,也有与繁殖模型无法类比的地方。亚里士多德的理智不可能产生蝌蚪。但是亚里士多德可以教会其他人青蛙生活的原理,从而在他们的理智中产生青蛙的灵魂。

第二个是"**技艺创造**"模型(artistic creation)。这个模型与匠人将自己灵魂中的形式加在世界中的质料上相反,世界中的形式将它们自己加到我们的理智之上。虽然成为一个实际的理解者或知道者,并不是受动的典型形式,但是也非常接近,从而可以被当作一种特殊的形式:受到世界之中那些可理解的东西的影响。① 虽然这种特殊类型的变化没有特殊的名字,但是亚里士多德将这个转变与建筑师开始进行实际的建造比较。② 我们看到,建筑师的灵魂之中有房子的形式。③ 这是"一个没有质料的事物",在灵魂中拥有这个,使建筑师可以将形式加到恰当的质料之上。建筑师的技艺为了建造而存在,而非相反,这个实际的建造又大大先于建筑师的技艺。④ 实际的建造之所以能够发生,是因为在建筑师的灵魂中有形式,但是建造活动并非不同于这个形式的东西,那是

---

① 《论灵魂》III.4.429a13-15, b24-26, II.5.417b7, b14-15;另参见本书第四章第二节的讨论。
② 《论灵魂》II.5.417b7-12, b14-16, III.4.429a14-15, b24-26, b29-30。
③ 《形而上学》VII.7.1032a32-b2, b12-14。
④ 《形而上学》IX.8.1050a4-12。

形式最高等级的实现：发生在房子被造过程中的活动。① 建造是一个活动，它之所以能够发生是因为形式（在建筑师灵魂中的形式），也是为了形式（一栋房子），同时也是这个形式的活动。实际的理解者，就像建筑师一样，能够从拥有知识到运用知识，但是与建筑师不同，理解者的活动发生在他自己之中。② 这里显然有一个转换，从拥有理解——这是一种灵魂状态，到运用理解。我们或许可以就此理解灵魂中的形式如何过渡到更高等级的现实性。

亚里士多德在沉思与感觉之间的类比也支持这种创造的模型。思考像感觉一样，是一种特殊种类的受动，只不过是可理解的东西而不是可感觉的东西造成了受动。③ 事实上，亚里士多德有时候将理解者实际进行的沉思比喻为视觉看到颜色。④ 我们看到，亚里士多德说，理智与对象的关系可以类比于感觉能力与感觉对象之间的关系。⑤ 可感对象的活动与感觉能力的活动是同一的，虽然对这两者的描述不同。⑥ 根据亚里士多德关于变化和创造的普遍原理，那个活动发生在感觉能力之中。因此，可感对象与感觉能力彼此之间的关系就像两个潜能有同一个实现。这些潜能的实现就是实际接收没有质料的可感形式。我们已经看到，与"主观的"潜能，即感觉能力相应，还有一个"客观的"潜能，即思考对象的可感形式。

---

① 《形而上学》IX.8.1050a25-34；《物理学》III.3；参见本书第二章第三节和第三章第二节的讨论。

② 《形而上学》IX.8.1050a28-b1。

③ 《论灵魂》III.4.429a13-14。

④ 《形而上学》XIII.10.1087a19-21。

⑤ 《论灵魂》III.4.429a17-18, II.5.417b18-19。

⑥ 《论灵魂》III.2.425b26-27。

如果思想与感觉之间的这个类比成立，我们就会预见到，理智与事物的形式或本质这两种不同的潜能可以共同产生一个行动——沉思。当然，这个类比不可能非常严格，因为感觉总是要求有外在可感对象存在，而实际进行理解的人可以思考任何他想要思考的东西。① 但是我们还是可以设想一个包括两步的过程。首先，在实际研究青蛙生活的过程中，我们最终得以理解青蛙是什么，这个活动就是理智接收叫理解的形式。这第一步要求一个外在对象，也就是体现在青蛙之中的形式。在理解了青蛙的生活之后，思考者的理智获得了一种稳定的状态（hexis），现在他就**能够**随时思考青蛙生活的原理了。（人类）理智的这种状态，是处于更低状态的青蛙的灵魂，低于思想者实际沉思什么是青蛙时青蛙的灵魂所处的实现状态。② 正是由于这种得到发展的思考能力，他成为一个实际的理解者。③ 实际理解者的理智变成了它可以沉思的每样东西，但是在思考之前，它保持潜在状态。因此，实际的理解者与潜在的理解者不同，因为他所拥有的潜在性的种类和等级不同。实际的理解者的潜能是他拥有的理解（epistêmê）。其次，理解者随时想要思考青蛙的生活时，他理智中青蛙的形式就经历了这种转换，从（理智之中）第一等级的实现过渡到第二等级的实现。

但是，青蛙的灵魂实际被人沉思，是比青蛙过着它们的生活时青蛙灵魂更高等级的实现。因为通过研究青蛙的实际生活（以及青蛙成长和稳定的不同时期）我们才理解了青蛙的生活。理智实际上

---

① 《论灵魂》II.5.417b19-28。

② 《论灵魂》III.4.429b5-7。

③ *ho epistêmôn ho kat' energeian*；《论灵魂》III.4.429b6。

思考或变成的可理解的形式，体现了比理智在思考之前可以接收的可理解形式更高的现实性。青蛙实际生活的那种活动是青蛙形式的实现，但是从理智（更高）的角度看，体现在实际的青蛙生活中的青蛙的形式，相对于得到理解而言是一种潜在性。理解青蛙的生活本身相对于实际沉思青蛙是什么，又是一种潜在性。如果我们用创造的模型来理解思考（我确实是这样认为的），那么实际思考青蛙是什么，就是青蛙灵魂**更高的**现实性，比这个灵魂在活着的青蛙中发挥作用等级更高。当亚里士多德实际思考青蛙的生活时，他的理智就是青蛙的灵魂处于更高等级的现实性，比它作为科米蛙实际生活时身体之中的那个形式等级更高。

普遍而言，在自然对象和自然有机体中的形式或本质，必然比存在于实际沉思它们的理智中的相同形式或本质现实性等级更低。这乍看起来似乎很奇怪，因为自然对象的本质是一种实现，是那个对象的实现。但是，自然对象的本质也可以从另一个不同的方面来思考，也就是可理解性的角度。本质不仅给了我们实在性——那个东西到底是什么，同时也给了我们那个东西之中什么是可理解的。因此，我们一定要将质料中的本质看作**第一等级**的现实性。理智接收的可理解形式就是事物的本质，理智能够思考它。而在理智实际思考时可理解的形式就变成了第二等级的现实性。①

这个单一的实现活动，从"主观"角度看就是理智实际进行沉思，我们不大容易从"客观"视角描述它。我们可以将它描述为对象可理解的形式从第一等级的现实性上升到第二等级的现实

---

① 既然理智可以接收事物可理解的形式，我们就会倾向于将可理解的形式当作第二等级的实现（将体现在质料之中的本质当作第一等级的实现）。但是"可理解的形式"就像"可感的形式"一样，可以被用来指第一和第二等级的实现。

性，但是对这个过渡的描述还是暗示了理智。问题在于"本质"这个词，至少在我们用它来指自然物之中的本质时，很难描述成从自然意义上的第一等级的现实性上升到精神层面的第二等级的现实性。在这个意义上，"本质"与"颜色"之类描述潜能的词汇有很大的相似之处。我们要记得，"颜色"只能用来指对象之中可以被看到的潜能；在关于颜色的词汇中，没有哪个可以把握到这种潜能的实现，虽然这种实现可以从"主观"角度描述成"看到"。① 与此相似，虽然"本质"是对象的实现，但是如果我们用"本质"来描述思考活动这种本质更高等级的实现，就显得非常牵强。或许亚里士多德最多就是将本质称为"没有质料的事物"。有质料的事物，比如青蛙，是可理解的，因此它们对理性而言并非完全不透明，但是作为有质料的事物，它们的可理解性仅仅是一种潜能。理智把握到的是没有质料的事物，这也是理智在理解时变成的东西。这些就是本质。但是恰恰因为本质是没有质料的东西，它们可以上升到精神性的第二等级的实现。也正是因为"没有质料的事物"可以上升，物理世界潜在地是可理解的。精神性的第二等级的实现既有"主观的"也有"客观的"方面：从主观方面看，它是实际进行沉思的理智；从客观方面看，它是本质、形式，或者没有质料的东西。与此相对，第一等级的实现只有客观的方面，即体现在自然物中的本质。

但是，只有自然对象的本质或形式才是可理解的。因此从一个角度看，形式是对象的实现，但是从另一个角度看，它就是潜能，要在实际的沉思中实现出来。**对那个形式的实际沉思就是那个形式**

---

① 参见《论灵魂》III.2.426a11-15，以及本书第四章第二节。

本身最高等级的实现。这样，在质料中的形式就可以被认为是努力要被理解。当然，从"客观的"角度看，质料中的形式什么也没有做，只不过是那个对象的形式而已。比如青蛙的形式并没有做任何事情，只是作为内在原理，指引着青蛙的生长和活动。但是在过这种青蛙的生活时，这只青蛙也在做着它所能做的一切从而得到理解。当亚里士多德在生物学研究中理解了什么是青蛙，他的理智就接收了青蛙的形式。亚里士多德毫无疑问认为自己有这样的经历：他可以理解动物的生活。因此他必然有某种观念，来描述他的理智接收了青蛙的形式**是什么样的**。从现象的意义上讲，看起来是一个人理解了青蛙生活的原理。但是，这同一个经验也可以被描述成**青蛙形式的自我理解**！因为在实际的思考中，在理智和对象之间没有区别，理智完全就是它所思考的形式。因此，如果从另一个角度描述，实际思考青蛙是什么的理智，就是青蛙的形式在思考自身。普遍而言，理智思考形式的时候这个形式所达到的现实性，就是这个形式实现了自我理解。这样看来，所有在质料中的形式对于它们的自我理解而言都是潜能。我们可以说，亚里士多德那里的本质，就是一种要实现自我理解的力量。实现了的自我理解就是形式处于脱离质料的状态之中。

我们现代人倾向于认为理智与对象是不同的。当我们将"对……的理解"用在一个对象 S 上时，我们认为"对 S 的理解"不可能与 S 本身相同。但是在亚里士多德那里，当 S 是本质或形式时，对 S 的理解就是 S 本身最高等级的实现。

亚里士多德知道思考包括反思性的意识。就像我们在感觉的时候会意识到自己在感觉；我们在沉思的时候也会意识到自己在沉思。^① 这个反思性的意识并不需要独特的思想能力，将理智的实际思考当作对象。这种对沉思的反思性意识本身就是理智实际进行沉思的一部分。因此，正如亚里士多德所说，理智可以被思考，就像思考的对象可以被思考一样。^② 因为思考一个对象的时候，一个人同时意识到他在思考，对于对象的思考和对思考的意识都是思想对象本身处于最高等级的现实性之中。

但是，我们说对形式的沉思总是比自然界中的形式处于更高等级的现实性之中，这里有一个例外。那就是当一个人沉思人是什么的时候。我们首先来考虑亚里士多德自己成长中的转变。

（1*）亚里士多德的胚胎拥有作为（第一等级的）潜能的人类灵魂。这个胚胎拥有发展成为一个人的能力。

（2*）这个胚胎发展成了一个人，灵魂是亚里士多德的身体潜在地拥有生命的形式，在这个意义上，它是实体。

亚里士多德的灵魂是他活着的身体第一等级的实现。与之相对，这个能力的实现是：

（3*）亚里士多德实际过着他的生活：从事研究、与柏拉图辩论、思考青蛙是什么、思考人是什么、教导亚历山大、指挥奴隶，也就是实际过着他的生活。

（3*）的阶段代表了人类灵魂最高等级的实现，不再仅仅是一种可

---

① 参见《尼各马可伦理学》X.9.1170a29-b1；另参见《论灵魂》III.2, III.4。
② 《论灵魂》III.4.430a2-3。

以被理解的潜能。因为理解人是什么本身就是亚里士多德实际生活的一部分。为了看清这一点，我们再来看看亚里士多德思想发展中的相应阶段：

（I*）作为一个年轻人，他可以被称为灵魂学家，因为他是一个人，而人是这样一个物种，它能够获得关于动物灵魂的知识。

（II*）在跟他的父亲讨论了医学，跟随柏拉图学习，进行了大量生物学研究（包括非常详细地观察人），并且撰写了《论灵魂》《尼各马可伦理学》等著作之后，亚里士多德在实际拥有关于灵魂的知识或理解的意义上成为了一个灵魂学家。

（III*）亚里士多德在实际沉思人是什么。

在（III*）的阶段，亚里士多德的理智必然是人类灵魂达到最高等级的现实性。但是达到这个现实性等级的人类灵魂，不可能比(3*)中亚里士多德实际生活中的人类灵魂等级更高。因为(III*)是(3*)中的一个要素：亚里士多德在实际沉思人是什么，这本身就是亚里士多德现实生活的现实部分。但是，虽然沉思人的灵魂本身可能是现实的人生的一种表现，但是并不必然如此。我们可以考虑将军尼西阿斯（Nicias）职业生涯的顶点，他的生活非常成功也非常积极，但是与沉思无关。

（III**）尼西阿斯实际指挥着军队、进行战术辩论，等等。

尼西阿斯过着一种积极的、丰富的人生。但是因为他的生活里面相对而言没有沉思的位置（尤其是沉思人是什么这样的问题），尼西阿斯的生活，相对于进行沉思的生活，就是人类灵魂较低等级的现实性。由于实际沉思着人类灵魂的理智本身（它也是人类灵魂）就是理解和沉思人类状态的那个人的灵魂的组成部分，这就意味着，理解了人类灵魂的那个人本身就体现了人类灵魂更高等级的实现，高于过着虽然成功但与沉思无关生活的人。积极地沉思人类灵魂是人类灵魂更高等级的实现，高于其他人类活动。纯粹从自然角度考虑理智与世界的相互关系，就会得出这样的结论：沉思是一种更高形式的活动，高于没有沉思的人类生活。①

确实应该是这样的。因为人依据自然就是这个世界的系统理解者。在非沉思生活中，理解的内在欲求没有得到完全的实现。但是当人们将注意力转移到自身之上，当他洞悉了人生的根本，就会了解到，他是这样的一种存在者，他的自然就是要超越自己的自然，至少是在下面这个意义上实现超越：人是自然世界中唯一一种存在，他的形式的最高表现就在这个存在者自身之中。青蛙最高的形式不在青蛙之中，因为青蛙并不能够理解它们自己。但是人类灵魂的最高等级，就在实际沉思人类生活本质的那个人的理智之中。事实上，自然世界中**任何**形式最高等级的实现，都是某个理解了它的理智实际对它进行思考。

因为人依据自然就是这个世界系统的理解者，当他在理解自己作为系统理解者的角色时，他必然意识到，在自然世界中，他是形式的最高实现场所。在人理解世界的时候，人的理智就成了

---

① 参见《尼各马可伦理学》X.7.1177b26-1178a8；我会在本书第六章第八节详细讨论这个部分。

世界的镜像：也就是说，理智变成了他所理解的形式。但是我们不能将"成为镜像"理解成**仅仅**是对世界的反射。因为虽然人的理智在变成形式之前，首先要遇到世界中的那些形式，他理智中的形式比他在世界中遇到的形式存在等级更高。

但是，如果人是世界的**系统**理解者，我们还需要回答，世界如何使得对它本身的系统理解成为可能。我们已经看到，自然对象中的形式在潜能的意义上是可理解的。但是如果人要实现对世界的系统理解，他就不能仅仅把握到彼此分离的形式，好像它们是可理解性中彼此分离的原子。要成为一个系统的理解者，人必然要把这个世界看作一个可理解的整体。要实现这一点，世界本身就必然构成一个可理解的整体。那么问题就来了：我们有什么理由认为世界构成了一个系统的、可理解的整体呢？亚里士多德要在考虑了自然世界与神的关系之后才能回答这个问题。但是我们需要注意的是，这个问题在人将自己理解成这个世界的系统理解者，并且在思考自己能够在多大程度上成功实现自己的自然时，就已经提出了。

四、主动理智①

亚里士多德并不认为沉思可以仅仅通过理智有能力接收可理解的形式，以及包含形式的对象拥有可理解性来得到解释。在之前的论述里，我们讨论了太多潜在性，来解释现实的沉思如何发生。我们看到了存在沉思的潜能，以及被理解的潜能，但是我们怎么能够仅仅从这两种潜能得到现实性，也就是实际的思考呢？

---

① 本节相关阅读：《论灵魂》III.5。

肯定得不出来。亚里士多德认为，现实性在存在论和时间上都先于潜在性。① 在自然世界中，可能有一些过程，在其中某种潜能发展成为现实，但是这个潜能的存在必然依赖之前的现实。比如，一个胚胎的灵魂是成长的潜能，但是它的存在依赖主动的、现实的形式，这个形式是由雄性的亲代在他的精子中作为潜能传递下去的。② 但是在理智之中有什么能作为在先的现实性呢？不可能是自然对象中的形式，因为不管自然事物多么主动、发展水平多高，从理智的角度看，它的形式都必然还是某种潜能。这个在先的现实性也不可能是理智，至少不是我们到现在为止描述的那个理智，因为作为思想，理智**不是任何现实的东西**，它仅仅是一种可以进行思考的潜能。因此，如果说有某种在先的现实性，它必然是我们到现在为止还没有讨论到的东西。处于最高实现等级上的形式必然要以某种方式对此负责。

亚里士多德在《论灵魂》III.5中给出了答案，但是这一章充满了阐释上的问题，我们有必要全文引用：

> 在任何种类的事物中，就像在自然整体之中，我们看到有两种要素，一个是质料，它潜在地是这个种类的所有个别事物；另一个是某种原因，它是制造者，产生了它们所有（后者之于前者，就像技艺之于材料），在灵魂中也必然有类似的两种要素。
>
> 事实上，正如我们描述的那样，理智因为能够变成一切事物而是其所是，还有另一个是因为产生一切事物而是其所

---

① 《形而上学》IX.8。
② 《形而上学》VII.7.1032a24ff。

是：这是某种类似光的主动状态，因为在某种意义上，光使得潜在的颜色变成了现实的颜色。

在这个意义上的理智是分离的、非受动的、不混合的，因为就其本质而言就是主动性（因为主动的总是高于被动的要素，生成性的力量高于质料）。

现实的知识等同于它的对象：在个人之中，潜在的知识在时间上先于实际的知识，但是在无条件的意义上，即便在时间上它也不是在先的。它并非有时候思考有时候不思考。在分离的时候，只有它是其之所是，只有它是不朽的和永恒的（我们不记得是因为它是非受动的，而被动的理智是可朽的）；没有它就没有任何东西进行思考。①

看起来，亚里士多德引入了另一种理智，来解释我们的理智如何进行思考。一代又一代的阐释者称之为"主动理智"（nous poiêtikos，虽然亚里士多德本人从来没有用过这个说法）来将它区别于"被动理智"（nous pathêtikos）。显然，被动理智就是我们已经描述过的那种能力，凭借它我们接收事物可理解的形式。但什么是"主动理智"呢？什么是这个"制造"一切事物的理智呢？我认为，错误的理解是，亚里士多德描述了理智的两种不同能力，如果是这样，我们就不得不去考虑这两者之间的关系。与这种思路不同，我们可以去探究亚里士多德说的第一点：我们看到了自然之中质料与原因的差别，这个区分为什么也要应用于灵魂呢？毕竟，灵魂是活物的形式，而身体是质料，那么在形式本身

---

① 《论灵魂》III.5（牛津修订版将最后一句中的 monon 翻译成"首先"，而非"只有"）。

之中为什么也有一个质料与原因的区分呢？这个区分又是如何可能的呢？我们在形式之中看到的区分是不同等级的潜能与现实之间的区分。这就表明了，灵魂中的区分也不是在以某种方式彼此相关的不同能力之间的区分，而是在不同等级的现实性之间的区分。如果是这样，那么所谓的"主动理智"就是实际运用的理智，也就是说 nous poiêtikos 不过就是 nous energeiai（处于实现状态的理智）。

"主动的理智"产生一切事物，就是说它使得一切事物变得可以理解。我们不能将这个"产生"理解成"主动理智"进行某种生产性的活动。这个"产生"说的是处于最高实现等级的形式，是处于较低实现和潜能等级上的形式的原因。如果存在于自然对象、甚至是成熟的有机体或者形式完美的对象中的形式，并不是处于最高实现等级的形式，那么它就不能被认为是最基本的。它必然在某种意义上依赖最高等级的形式。但是存在于自然对象中的形式，从理智的角度看，不过是一种能够被理解的潜能。在实际被理解的时候，这个形式上升到了最高等级的现实，成为了正在思考形式的理智。这样看来，我们就应该预期，在自然世界中的形式必然以某种方式依赖理智。因为理智在实际进行思考的时候，就是形式最高等级的活动。最后，我们会看到，还有一种描述这种主动思考的方式，那就是将它称为"神"。主动理智"产生"万物可以被理解为神是这个世界的原因。

但是亚里士多德的神并不从事任何生产性的活动。这个世界并不是他的产品。亚里士多德用技艺与质料的关系作为类比来阐明"主动理智"产生一切事物。正是这个类比给了我们最大的诱惑，将"主动理智"看作进行着生产性的活动。因为就生产活动而言，没有比匠人将技艺加在尚未获得形式的质料之上更好的例子了。但是这个类比关系并非在**匠人与无形式的质料**之间，而是在技艺与质料之间。技艺本身就是形式，它以某种现实性存在于匠人的灵魂之中，这个形式是存在于技艺产品之中的形式的原因："从技艺之中产生了事物，这些事物的形式存在于灵魂之中。"①每个事物的形式都是亚里士多德所说的**首要**实体，正是因为它一个人造物成为这个人造物。但是首要的原因并不是存在于产品之中的有质料的形式，而是匠人灵魂中的形式。亚里士多德说，在某种意义上，房子产生于房子，"有质料的事物"产生于"没有质料的事物"，因为在建筑师的灵魂中有房子的形式。②亚里士多德将灵魂中的这个形式或本质称为"没有质料的实体"。③质料是能够接收形式的东西。而技艺与质料的关系就是（现实的）形式与（潜在的）形式之间的关系。我们的理智能够接收事物可理解的形式，但是在接收之前，理智不是任何现实的东西。这个接收形式的单纯的潜在性，正是质料的比喻所描述的。当然，在理智之中并没有真正质料性的东西，当它接收了形式，它就是纯粹的形式，但是它能够接收形式，以及最初没有任何现实意义上的形式，使得我们可以用质料这样的词汇去描述它。

亚里士多德也用光来阐明主动理智"产生"万物的方式。光并不参与任何生产活动，它仅仅是透明中介物的一种状态（*hexis*）。事实上，是透明的东西实现的状态。颜色仅仅是推动者，推动了实现出来的透明，因此光是颜色能够成为实际推动者

---

① 《形而上学》VII.7.1032a32-b2。
② 《形而上学》VII.7.1032b11-14。
③ 《形而上学》VII.7.1032b14。

的条件。在这个意义上,"光使得潜在有颜色的事物变成现实有颜色的事物"。当然,实际的颜色依然处于某种潜能状态:最完全的实现在与"颜色"有关的客观词汇中没有名字,但是可以用主观的方式描述为"看到"(horasis)。如果要让这个类比成立,那么主动理智必然是"透明中介物"的一种条件,这种条件使得事物可理解的形式,在进行探究的理智上现实地留下印记。从自然的角度看,那些努力实现各自形式的自然有机体,如果从理智的角度看,就是要努力变得可以理解。但是除非有某种进一步的原因让我们理解这些形式,否则它们就像黑暗中的颜色一样。因为我们要想沉思形式,就必须在这个世界中遇到、经验到那些体现在形式与质料复合物中的形式。如果只有无知的个人和体现在自然物中的形式,就还是只有太多的潜在性,无法解释一个人如何实际进行沉思。因为我们生来具有的理智仅仅是思考的能力,而有质料的事物仅仅是潜在地可以理解,我们还需要在先的和当下的现实性。这就是为什么需要在灵魂之内区分出原因和质料,因为这个区分在自然之中也存在。我们得以理解这个世界是因为我们与自然的相互关系,这种相互关系是根据因果联系的基本自然原理发生的。但是仅仅依据我们的(被动)理智,以及体现在自然物中的形式,是无法解释这种相互关系的。主动理智是我们所需要的那个在先的现实性,有了它才能解释个人之中的思考是如何发生的。

但是那个透明的中介物又是什么呢?因为主动理智与被动理智之间的区分是灵魂之中的,那个透明物就应该是灵魂的某种状态,某种高级的状态,使得灵魂更易于接受体现在自然之中的形式的影响。在《论灵魂》临近结束的时候,亚里士多德将一个对象的形状和颜色通过透明中介物的传播，比作蜡上的印记穿透蜡板。① 就好像可见物在蜡板的一端，而眼睛在另一端。蜡板接收了对象形式的"印记"，然后这个印记穿过蜡板从对象达到眼睛。在这里蜡板被用来比喻透明的中介物，而在前面蜡板被用来比喻感觉或理智对形式的接收。我认为，对蜡板比喻的双重运用使得亚里士多德可以将这个透明物理解为处于更高级状态的理智，比如理智正在实际进行探究的状态，它做好准备受到世界中那些可理解的东西的影响。光是透明介质的某种状态（hexis）。亚里士多德偶尔用 hexis 作为"形式"的同义词。② 这两者都是主动的状态，与缺失相对。虽然光是透明物的状态，但是在那种状态之下透明物渗透了（可见的）形式。当一个人实际学会了像生物学或几何学这样的学科，他的理智就拥有了某种状态，正是因为这个状态，他成了一个现实意义上的知道者。这个状态就是理智变成了相关的形式。这个状态就是形式。因此我们应该认为，理智上的透明，就是理智处于一种积极地准备好进行探究的状态，在这种状态之下，可理解的形式就可以在理智上留下印记。

当我们从学习了生物学过渡到实际沉思灵魂，我们的理智所变成的形式就上升到了最高等级的现实性之中。亚里士多德很难区分"这个"主动理智和其他实际沉思（或者就是）这个形式的理智。事实上，他也很难将这个理智与主动理智本身区分开来。因为亚里士多德通常的做法是通过形式，或者质料，或者这两者，来区分事物。但是理智没有物质性的要素，一旦它实际思

---

① 《论灵魂》III.12.435a5-10。

② 在这里我要感谢 R. D. Hicks, *Aristotle, De Anima*, Cambridge University Press, 1907, p. 501。他引用的文本包括《形而上学》XII.1070a11, 1069b34, 1070b11, VIII.1044b32。

考一个形式，它就（在形式上）等同于思考那个形式的所有其他理智了。这样看来，就只有一个主动的理智，那就是主动理智本身。当然，亚里士多德可以创造出一些标准，来区分我的和你的主动理智，区分我们的主动理智和主动理智本身。毫无疑问，你和我有不同的途径（或者通过感觉经验，或者通过教育等等）得以沉思本质。虽然我们的理智完全是非质料的，但是它们似乎和质料有**某种**关系：有时沉思形式的意识，在其他时候进行感觉，而感觉经验是与我们的身体结合在一起的。主动理智可以通过它与我们理智的因果关系，与我们的理智区分开来：因为形式此前以主动理智的方式存在，我们能够理解在世界中遇到的形式。但是如果我们不管在原因上的依赖性、不管学习的途径，而仅仅关注我的理智对某个形式的实际思考，那么我的理智与主动理智之间就没有任何差别。当我实际沉思一个本质的时候，我的沉思没有任何个别性。我完全抛开了身体所处的具体情境，甚至抛开了使我能够思考这个形式的因果历史。实际的思考似乎不发生在任何地点。亚里士多德说理智是人之中神圣的要素，我认为我们应该按照字面意思理解他的这个说法。

尽管主动理智解释了我们如何进行沉思，还有一个问题就是：我们为什么会停下？主动理智并不是有时候沉思，有时候不沉思。看起来主动理智总是照亮这个世界，那么我们为什么不能总是进行沉思呢？关于这个问题，亚里士多德并没有多说。但是我想他的答案是，我们并不是神，我们是人。作为人的特殊之处在于，在我们之中有某种非人的要素（这听起来有些悖谬），即神圣的理智。但是实际思考的生活，也就是主动理智的生活，是一种我们只能在少数时间过的生活。当我们死了，我们的沉思能力自然也就随我们而去了，因此亚里士多德可以说"被动理智是可朽的"。

五、行动中的理智①

亚里士多德说，人是行动的原理或来源。② 不是事情发生在人的身上，而是人能够做事情。人类的行动有多常见，就有多神秘。一方面，我们的生活中充斥着行动，如果没有行动，我们就没有办法理解活着是什么意思；另一方面，人类的行动又是一种非常特殊的事件。在"胳膊抬起"（arm-rising）之中只有一些是"举起胳膊"（arm-raising）。那么在"胳膊抬起"之外还有什么才是"举起胳膊"呢？就胳膊的物理运动而言，看起来没有任何差别。我们很自然会去考虑这个运动之前的原因序列。"举起胳膊"与单纯的"胳膊抬起"相比，差别就在于人这个运动的来源。在行动中，人将自己与没有灵魂的自然区别开来。这样看来，我们就需要转向灵魂去寻找人如何做了他所做的事情。

人的行动是动物运动的一种。亚里士多德认为，所有的动物运动，都来自欲求。低等的动物有基本的欲望和感觉，想象就是建立在感觉意识之上。但是只有感觉和想象，还解释不了它们的运动。单纯看到食物还不能促使动物向食物运动。必然有某些东西推动了动物的运动，这个推动的力量就是欲求。欲求与动物的运动有某种相似的结构：欲求针对的是动物缺少的对象，而动物的运动指向欲求的对象。正是在动物的运动之中，欲求有了实实在在的表达。我们可以认为动物的运动就是运动中的欲求。

---

① 相关阅读：《论灵魂》III.9-13；《尼各马可伦理学》III.1-5, VI；《论动物的运动》6-7。
② 《尼各马可伦理学》III.3.1112b32。

人类与其他动物的差别在于，人有思考的能力，同时在基本的欲望之外，还有更复杂的欲求，比如理解的欲求。人的行动不能单纯被理解为满足基本的欲望。但是如果我们承认人有"高阶"和"低阶"的欲求，也就是说可以思考他想要什么，以及如何获得它，想要理解行动是如何产生的就困难多了。亚里士多德用不同的功能区分了灵魂的不同能力，但是欲求看起来跨越了灵魂的不同"部分"。① 因为亚里士多德说，我们在灵魂的理性部分看到了"想望"（wish）这种欲求，而在灵魂的"非理性"部分看到其他欲求，比如对食物和性的基本欲望。② 但是，如果区分灵魂不同部分的基础是每个部分的功能，但是运动的原理似乎既在理性又在非理性的部分之中，那么我们根据什么认为灵魂有部分呢？这样看来，要么亚里士多德需要放弃灵魂有部分的看法，要么就要将运动的来源归于某一个灵魂的部分。在这两者之中，亚里士多德选择了后者。他说，看起来有两种运动的来源，实践理智和欲望。③ 实践理智与理论理智的差别在于，它考虑的是如何满足一个欲求。它是理智的一部分，行动者用它考虑应该做什么。亚里士多德将实践理智与欲望置于同一个灵魂能力之中，这种能力是运

---

① 《论灵魂》III.9-10。（我很遗憾地说，不管是新的还是老的牛津译本，对这些章节的翻译都存在错误。我会试图向不懂希腊文的读者解释这里的问题。牛津版的译者使用"欲望"[appetite] 这同一个词来翻译通常翻译成"欲望"的 epithumia，和通常翻译成"欲求"[desire] 的 orexis。这样看来欲望就贯穿了灵魂的不同部分。但这并不是亚里士多德的意思。亚里士多德认为，存在不同种类的**欲求**：有对于食物和性的基本欲望，有对理解、德性等事物的"高阶"**欲求**。是欲求，而非欲望，贯穿了灵魂的不同部分。）

② 《论灵魂》III.9.432b5-6。

③ 《论灵魂》III.10.433a9-30。（这里亚里士多德的意思确实是"欲望"。）

动的原因，这就是灵魂的欲求部分。① 因为虽然以某种精神过程表达出来的欲求，看起来非常不同于毫无思想的对食物的内在驱动，但是它们其实都有类似的结构：它们都是某种驱动力量，要通过行动达到某个（尚未达到的）目标。

如果灵魂欲求的部分是一种单一的能力，既包括一个理性的部分（实践理智）也包括一个非理性的部分（基本欲望），那么我们就会好奇这些彼此分离的部分是怎么合到一起的。如果实践理智被置于灵魂的欲求部分之下，我们就应该可以将这个理智理解为欲求的表达。实践理智又是如何工作的呢？认为我们的推理能力可以**服务于**欲求的满足，看起来没有什么奇怪的，但是如果说理性本身是灵魂欲求部分的一个要素，**理性自身推动我们行动**，这至少乍看起来有些奇怪。要理解理性如何推动，我们必须要考察亚里士多德关于思虑性选择（*prohairesis*，deliberated choice）的理论。② 人们经常用"选择"（choice）或"决定"（decision）来翻译 *prohairesis*，但是这两个翻译都没有表现出，至少在最典型的情况下，一个人是在经过思虑**之后**才做出一个 *prohairesis*。③

亚里士多德关于思虑（*bouleusis*）的理论是一种欲求的传递性理论。行动者从对某个对象的欲求或想望（*boulêsis*）开始。④ 想望的对象是对行动者显得好的东西。但是这个表象协助构成了想

---

① *to orektikon*：《论灵魂》III.10.433a21。（牛津版错误地称灵魂的这个部分为"欲望能力"。亚里士多德的观点是，欲望和实践理智虽然看起来截然不同，但是应该被认为是包括在同一个灵魂的欲求部分之中，因为实践理智和欲望都是驱动力，而亚里士多德认为，动物之中所有的驱动力都是某种欲求。）
② 《尼各马可伦理学》III.2-4。
③ 《尼各马可伦理学》III.2.1112a15, III.3.1113a2-7。
④ 《尼各马可伦理学》III.4。

望本身。因此,想望就既是有驱动力的(行动者被驱动着去获得想望的对象),同时也是意识的一部分。也就是说,行动者意识到他对于某个目的想望本身就是那个想望的表现。想望驱使行动者开始一个思虑过程,在这个过程中,他考虑如何获得他的目标。亚里士多德将思虑描述成一个反向推理的过程,从欲求的目标开始,经过一连串的步骤(这些步骤能够最好地实现目标),最终达到某个他立刻或者将要去做的行动。① 亚里士多德给出的一个描述是医生在考虑如何治愈病人时进行的推理:

> ……健康是灵魂中的 *logos* 和知识。健康的对象是如下思想产生的结果:因为这是健康,如果对象想要健康,那么就首先要有这个,比如身体的统一状态,如果要有**这个**,就必须要有热量,医生这样接着思考,直到达到最后一步,他可以直接采取措施。之后从这一点开始的过程,即朝向健康的过程,就被称为"制造"。②

亚里士多德将这个推理过程比作希腊几何学中的分析方法。③ 古希腊几何学中有两种方法,分析和综合,相比之下我们更熟悉综合。在进行综合的时候,简单的要素构建起一个复杂的几何图形。比如,在两点间画一条直线,或者围绕某个固定的圆心画一个特定半径的圆。欧几里得《几何原本》中的大多数证明都是综

---

① 参见《尼各马可伦理学》III.3, VII.3;《形而上学》VII.7;《论动物的运动》7。
② 《形而上学》VII.7.1032b5-10;另参见《论动物的部分》I.1,以及本书第二章第四节讨论假设的必然性的部分。(我没有翻译 *logos*,而牛津版将它译为"公式"[*formula*])。
③ 《尼各马可伦理学》III.3.1112b20-24。

合的例子。而分析是为了帮助我们达到可以开始进行综合的地方。我们从一个完成的结果开始分析，比如一个复杂的几何图形，我们想要一步一步把它画出来。我们要通过一系列步骤对这个图形进行划分。在每一步，我们都将这个图形分析成只比它简单一步的图形。我们持续进行这种分析，直到某个基本的结构，几何学家可以直接开始画图为止。这样看来，分析就是一个解构的过程，一旦完成，我们就可以反转方向，开始进行综合。思虑与行动的关系和分析的过程相似。思虑从欲求的目标开始，将它分析成一系列步骤，从这个目标一直回溯到进行思虑的行动者。思虑完成，行动者就可以开始进行"综合"：他可以开始行动，从而达到他欲求的目标。

思虑通常都结束于某个决定，决定用某种方式行动。比如，医生可能决定给病人裹上毯子给他加温。这个经过思虑的决定就是一个 *prohairesis*。设想医生同时意识到旁边的柜子里就有毯子，那么亚里士多德就会说，他会**马上**走向柜子。亚里士多德将某个行动看作一个实践推理的结论。他认为，如果一个人决定了用某种方式行动，并且认为他的环境允许他这样行动，那么就不需要其他东西来解释那个行动的发生了。因此，经过思虑的决定就是理智跨出自身进入行动之前的最后一步：

> 同一个东西被思虑和选择，除了经过思虑的选择的对象已经被决定了，因为它作为思虑的结果已经被决定了，并且成为经过思虑的选择的对象。因为每个人在将推动行动的原理回溯到他自身以及他自身之中支配性的部分之后，就停止

考虑如何行动了,因为正是这个在进行选择。①

思虑不仅仅是一个理智过程,通过这个过程行动者认识到如何行动,它也是一个欲求的转化过程。医生从医学知识和想要治愈病人的欲求开始。亚里士多德指出,一个仅仅拥有医学知识的医生并不需要去治疗任何人。②想要让病人恢复健康的欲求促使医生进行思虑,思虑将欲求转化到思虑的每一个步骤。比如,医生没有单独的欲求去给病人的身体加热。他获得这个欲求的原因是他意识到,如果想要让病人恢复健康(这确实是他的欲求),那么他就必须要制造身体的统一状态,而他可以通过加热做到这一点。在认识到这个之后,他现在就欲求给身体加热。医生也没有一个单独欲求,要去给病人裹上毯子,这只是因为他意识到,对他来讲这是最好的方法来给病人的身体加热。因此,思虑就是这样一个过程,理智将想望的欲求目标转化成行动者可以进行的行动。

有些哲学家抱怨亚里士多德的"思虑"概念过于狭窄,尤其是他坚持认为我们只能思虑手段,而不能思虑目的:

> 我们不是思虑目的,而是思虑有助于实现目的的东西。因为医生并不去思虑他是否要治疗病人,演说家不去思虑他是否要说服听众,政治家也不去思虑他是否要产生法律和秩序,任何人都不去思虑他的目的。在确定了目的之后,他们考虑如何以及用什么样的手段去实现它。如果有几种手段,

---

① 《尼各马可伦理学》III.3.1113a2-7。(我用"经过思虑的选择",而不是"选择",来翻译 prohairesis,是因为我想要强调,至少在典型例子中,prohairesis 是思虑的结果。)

② 《论灵魂》III.9.433a4-6。

> 他们就考虑用哪种方式最容易和最好地实现它，如果只有一种方式，他们就考虑这种方式如何实现它，以及如何实现这种方式，直到他们达到第一原因，在发现的序列中它是最后一个。因为进行思虑的人似乎是在进行探究和分析，就好像分析一个几何结构……在分析序列最后的就是生成序列中的第一个。①

人们会提出这样的反驳：我们难道不去思虑人生中的目的吗？比如，我是要当医生还是政治家。作为回应，亚里士多德的支持者指出，**有助于**实现目的的东西可以包括目的的**构成要素**，比如我们可以思虑，医生还是政治家才是我们想要的好生活的构成要素。我们不去思虑是否要拥有好生活，但是我们可以思虑这个好生活包括什么。

虽然这个"亚里士多德式的"回答，与亚里士多德关于我们只思虑那些有助于实现目的的东西是一致的，但是我怀疑亚里士多德是否会将这种思考也纳入他所谓的"思虑"之中。因为亚里士多德用"思虑"描述一种非常特殊的实践推理，在这种推理中欲求从前提传递到结论之中。因此，我们不应该认为，我们说的每一个思虑都可以算作亚里士多德说的"思虑"。亚里士多德那里的典型例子是，一个人从一个欲求的目标开始，考虑如何实现它。虽然关于目的构成性要素的考虑，也有可能包括欲求的传递，但是可能性不大。比如我们可以考虑，柏拉图想要远离政治做一个哲学家的决定。他的推理并不是"我有要过好生活的欲求。

---

① 《尼各马可伦理学》III.3.1112b11-24。

考虑到现在的政治气候，我很可能会在政治生活中受挫，而哲学可能是一种好生活的方式……［他马上开始从事哲学］"。这个描述的问题在于，它将从事哲学的欲求描述成了一种衍生品，来自对于好生活的欲求。我们无法想象柏拉图的推理是这样进行的。更合理的推测是，他发现自己从哲学之中获得了巨大的满足感，而在他考虑哲学生活是否值得过的时候，从事哲学的欲求通过了反思性的测试。他同时判断，雅典的政治气候使得一种可以接受的政治生涯变得不可能。这个推理并不是从过好生活这个目标开始，将欲求**传递**到从事哲学这种构成要素。我们更应该将它理解为**形成**对某个目的——即哲学生活——的欲求。这更像是爱上了什么东西，而不是进行思虑。

确实有一些情况，我们可以对目的的**构成要素**进行亚里士多德意义上的思虑，但是它们仅仅是一些非常独特的推理。比如我们可以设想一个当代的大学生保罗，考虑是应该申请法学院还是医学院。他对于成为律师或者医生都没有内在的欲求，他只想要一种有财务自由的职业，这就是他心中的好生活。他的推理是这样的：

> 我想要过好生活。这是一种有财务自由的职业生活。我的选择有法律和医学。我知道我有某种语言能力，并且总是有能力说服别人。假如我是一个律师的话，这将成为我的优势。同时我还讨厌血、容易恶心，当我和病人接触的时候，我会感到紧张。因此如果当医生的话我会很不舒服。对我来讲没有其他理由在法律和医学之间进行选择，那么我会选择法律。因此我会申请法学院。

这样的推理确实可以算作是亚里士多德意义上的思虑：因为成为律师的欲求来自想过一种财务自由的生活的欲求。但是思虑要求在目的与手段之间有某种特殊关系。虽然对保罗来说，律师的生活是财务自由这种目的的构成要素，但是保罗**将它当作实现目的的手段看待**。亚里士多德说的思虑，关键之处在于它仅仅关于那些能够将欲求从目的传递到手段中的实践推理形式，或者是关于那些能够从对目的的欲求中产生出欲求的构成要素。

但是如果思虑是传递欲求，而一个经过思虑的选择是思虑的最后一步，那么这就意味着经过思虑的选择本身就是一种欲求。亚里士多德接受了这个看法：

> 经过思虑的选择的对象是取决于我们的某个事物，它在思虑之后被欲求，经过思虑的选择就是对取决于我们的事物**经过思虑的欲求**，因为当我们经过思虑做出决定的时候，我们根据思虑来欲求。①

在其他地方，亚里士多德说，经过思虑的选择或者是"有思想的欲求"或者是"欲求着的理智"。② 它分有理性和欲求。③ 因此，思虑并不仅仅是将欲求从行动者的目标传递到经过思虑的选择上，经过思虑的选择本身就是一种欲求。但这是一种非常特殊的欲求。第一，这种欲求是我们完全确定的。与其他很多欲求不同，除非我们意识到自己拥有经过思虑的欲求，否则我们就不能有这样的

---

① *bouleutikê orexis*：《尼各马可伦理学》III.3.1113a9-12。

② *dio ê orektikos nous hê prohairesis ê orexis dianoêtikê*：《尼各马可伦理学》VI.2.1139b4-5。

③ *hê de prohairesis koinon dianoias kai orexeô*：《论动物的运动》7.700b23。

欲求。第二，对这个欲求的意识就是这个欲求本身的一部分。现代哲学家倾向于认为，意识区别于意识的对象。比如，一个人对食物有欲求，他对于这个欲求的意识不同于欲求本身。但是在亚里士多德的经过思虑的选择之中，一个人对欲求做某事的意识就是这个欲求本身的一部分。在思想与思想的对象之间没有区别。第三，经过思虑的选择本质上是一种反思性的欲求，这种选择的本质之一就是人们对它有所意识。反思就是欲求本身的一部分。有自我意识的思想，比如说"我要用毯子把他裹起来"，就既是自我意识的表现，又是经过思虑的选择。对亚里士多德来讲，这个思虑不能被认为是凭附在给定的欲求和动机之上的，就好像发生在灵魂的不同部分之中。思虑本身就是欲求的表达：它由想望推动，它是欲求的传递，它的结论或者是一个欲求（也就是经过思虑的选择）或者是由那个思虑直接推动的一个行动。思并不仅仅是欲求的表达，它也帮助构成了我们的欲求。医生想要让病人健康的欲求，通过思虑，转化为通过用毯子将他裹起来的方式使他健康的欲求。思虑使得我们的欲求变得具体，使得欲求变成某种具体的形式，我们就可以开始按照它行动。因此，思虑将以抽象方式给定的欲求回溯到我们自身，它将欲求变成一种我们可以开始满足它们的形式。

　　经过思虑的选择既是一种欲求，又是一种有自我意识的推理，这一点具有重要的哲学意义。因为在西方哲学传统中，有一个非常鲜明的传统，认为人的自由就是对我们的欲求实施带有自我意识的控制，但是在自我意识和欲求之间的关系到底是什么并不清楚。对我们来讲，自由之所以重要，并不是因为它是若干种价值中的一个，而是因为它构成了我们的存在本身。其他动物可能有信念和欲求,但是人区别于自然其他部分之处在于,能够意识到自己的信念和欲求,考虑它们,并且基于这些考虑决定做什么。人这种行动者不是仅仅被他的欲求推动去做某个行动,他可以反思自己的欲求,决定去满足哪一个,以及如何去满足它,这样这些欲求对他而言就成为了理由。出于理由行动,行动者就体现了他的自由和人性,但是很不幸,我们还几乎不理解这种自由的体现到底是什么。由于这种自由构成了我们的人性,不了解它的运作,我们就还不了解我们的本质,还缺少对我们到底是什么的理解。

根据康德的看法,自由的行动者必然能够从一个外在于欲求本身的视角去反思他的欲求。除非我们能够从一个审视欲求的视角进行思虑,也就是将欲求看作诸多要素中的一个,并且不受欲求的左右,否则思虑就不是真正自由的,独立于欲求的决定作用。根据这种看法,反思之所以表现自由,恰恰因为它是某种**抽离**(detachment)。对于康德而言,有道德的行动者在思想上将自己从欲求、具体的兴趣和环境因素中抽离出去,仅仅考虑一个纯粹理性的意志会如何意愿。黑格尔是亚里士多德热忱的学生,他批评康德关于自由意志的看法。在黑格尔看来,这样一个意志太抽离于它自己的欲求,太抽离于进行思虑和行动的环境,从而变得空洞:它将永远无法决定意愿什么。虽然对康德的这个批评被当代哲学家广泛接受,但是却没有其他对自由的分析得到了广泛的认可。我在这里关注的并不是确定行动者为自己的行动负责的最低条件,而是一种更高的自由概念。我们有一种直觉上的自由概念,在康德、斯宾诺莎和其他人那里有不同的表达,这种自由概念的要求多于能够做自己想做的事情,也多于我们的欲求不是强迫的产物，甚至多于我们能够反思自己的欲求并且根据欲求进行思虑。这种直觉上的概念，要求我们的反思**有效地**形成和塑造我们的欲求。我们需要给这种有效反思中的自由概念赋予内容。

如果我们的目标是这样一种反思的观念，它既不脱离于它考虑的欲求，又是人类自由的表现，我们完全可以回到亚里士多德实践理智的观念。他的"思虑"就是这样一个精神性的活动，它既是一种反思，又是一个过程，在这个过程里欲求既得到了传递又得以形成。医生的思虑本身就表现了他想要进行治疗的欲求，在这个过程中欲求被传递到手段之中；这也是给病人裹上毯子这个欲求产生的过程。当然，如果要表明任何一个亚里士多德意义上的实践推理同时也是人类自由的体现，我们还需要做更多的说明。但是我们至少可以将反思看作是欲求的表现，而非完全脱离欲求的行动。这一点对于任何想要将人类自由**自然化**（naturalize）的人而言都非常重要，也就是说，给出一种对自由的论述，使得人这种动物可以享受它。反思是我们进行的一种活动，如果亚里士多德正确地认为我们所有的行动都是欲求的产物，那么反思也必然是由欲求驱动的。我们想要理解的是，一个单独的人类行动，怎么可以同时是欲求的产物、欲求的体现、有效的反思，还是自由的体现。

亚里士多德的伦理学给了我们工具，将人类自由自然化。我们已经看到他关于实践理智的论述允许一个行动被同时描述成欲求的产物，欲求的表现和**某种**类型的反思。正是在《尼各马可伦理学》中，我们看到了欲求可以被组织起来，从而产生有效的反思，这种反思也同时是自由的体现。如果我们想要深入了解人类自由的本质，就一定要从亚里士多德的伦理学著作中**抽取**出这个论述。因为亚里士多德关注的并不是具体说明人类自由的充分条件，他关注的是过好生活的条件。对于亚里士多德来讲，好生活就是幸福（eudaimonia）的生活，幸福部分在于我们灵魂之中的欲求得到了某种组织。从某个方面讲，伦理学就是研究人类欲求的组织。当我们考察好人的动机结构，我们就能看到，同一个行动怎么可能既是人类自由的表现，又是某个欲求的胜利。

第五章　伦理学与欲求的组织

一、《尼各马可伦理学》的要点①

我们回归亚里士多德伦理学的一个理由就是研究他的伦理学体系与我们的伦理学有多么巨大和深刻的差别。我们可以说，今天的生活缺少一种融贯和有说服力的道德。② 有很多种不同的道德力量，将我们拉向不同的方向，但是当我们想要给出证成的时候，却发现我们很难解释为什么要坚持某些特定的道德信念。构成西方道德视域的大部分要素都是从犹太-基督教传统中继承来的，在三百年前，如果有人问我们，你为什么要按照希望别人对待你的方式去对待别人，我们毫无疑问会给出宗教上的答案。在过去三百年里，人们极大地失去了用宗教信念为道德提供基础的自信。部分原因是，人们越来越认为，道德信念应该能够得到神圣权威之外的证成，那些信念对道德行动者来讲应该是合理的。③但是在这种自信丧失之余，并没有出现其他形式的证成可以代替宗教的地位。当然，也有人给出了其他形式的证成，但是没有任

---

① 第一至第三节的相关阅读：《尼各马可伦理学》I-II。
② 关于这个问题的详细讨论，参见 Bernard Williams, *Ethics and the Limits of Philosophy*, Harvard University Press, 1985 和 *Moral Luck*, Cambridge University Press, 1981；Alasdair MacIntyre, *After Virtue*, Duckworth, 1981。
③ 当然这个观念至少可以回溯到苏格拉底，参见柏拉图：《欧叙弗伦》。另参见康德：《道德形而上学奠基》和《实践理性批判》。

何一种获得了普遍或深刻的尊重。

我们与亚里士多德生活的希腊世界的一个差别在于，相比行动我们更强调意图。在基督教的视角下，一个人生在富人家还是穷人家，一个人生活中是否有机会做好事，说到底并不重要。重要的是有一颗好心，过纯洁的生活，意图对他人做好事，并遵守《圣经》和教会的规条。即便因为出生的偶然原因，一个人不能为自己的邻人做任何事情，他依然可以爱他的邻人。但是对于古希腊人来讲，如果一个人被剥夺了过好生活的机会，就没有任何东西可以补偿这种损失。他们执着于命运或偶然性的概念，因为看起来有些处境或环境的因素可能会使一个人无法过上好的生活。①即便是那些相信在冥府有来生的希腊人，也不认为在那里能够得到任何补偿，一个人在来世依然忍受着无法过好生活的耻辱。偶然或者命运对于人们意图的挫败使得希腊人感到恐惧，他们的很多文学和哲学作品都反映了这一点。

基督教试图对偶然性做出补偿。它承诺了一个来世，在那里德性将会得到奖赏。但是，要让这种应许得以可能，"德性"这个词的含义就需要发生巨大的变化。对于希腊人而言，"德性"(aretê)的意思是"**卓越**"：有德性就是在做某些事情的时候卓越。阿基里斯是一个有德性的人，因为他是一个卓越的战士，他为家庭、朋友提供了很多东西。而对于基督徒，"德性"的意思是某种**内在的**精神品质，它可能没有或者只有很少外在的表现。假如一个人过着这种有德性的内在生活，那么即便这个世界是不义的——它没有认可或者奖赏一个人，这个人的德性最终将会得到认可。这样

---

① 关于这个问题的讨论，参见 Williams, *Ethics and the Limits of Philosophy* 和 Martha Nussbaum, *The Fragility of Goodness*, Cambridge University Press, 1986。

的观念是希腊人完全无法理解的,但是只要人们相信基督教,这个信念就对此世的偶然和命运做出了补偿。

但是,不管是不是相信基督教的来世,如果我们接受道德不应该仅仅得到宗教上的证成,那么想要赞美内在的德性生活,这种生活本身就一定要成为人们要去过的好生活。康德试图给内在的德性生活提供一种不依赖来世奖赏的证成,这并不是因为他失去了宗教信仰,而是因为他想要为道德提供独立的证成。康德主义道德的魅力在于,它直接将道德与一种有尊严的人的观念——即人作为理性的自由行动者——联系起来。康德斩断了道德与追求幸福之间的关系,他的理由是,如果行动者只是服从他碰巧具有的欲求,那么道德是不可能有约束力的。行动者有可能缺乏那些欲求,而康德认为,我们无法容忍道德的约束力系于如此不确定、如此偶然的一条线上。道德能够约束行动者,完全因为他是理性的。这样一来,道德就应该仅仅由理性的形式法则构成。行动者在做道德判断的时候,要将自己看作是纯粹理性的行动者,完全脱离了具体的欲求、激情和兴趣。在康德看来,在道德中人可以实现最高的自由。

虽然康德主义的道德没有提供来世的神圣补偿,它确实给出了此世的**某种**补偿。从康德道德角度看,真正重要的并不是一个人实际生活的方式和环境,而是一个人是否有好意(good will,又译善良意志)。如果一个人真的想要按照(自我立法的)道德法则行动,那么他获得的补偿就是,他知道自己是一个好人,而不管他实际如何行动,不管他被迫行动的环境如何,不管他行动的结果如何。

康德和亚里士多德都会认为对方的方案存在缺陷。康德不会认为亚里士多德的伦理学能算是某种道德体系。① 亚里士多德的伦理学试图回答的问题是：对人来讲什么是好生活？因为亚里士多德的人依据自然是政治的动物，他就要在社会中达到好生活，这样一来，什么是好生活的问题就不能脱离一个人生活的社会来回答。社会为好生活提供了背景和机会。这样什么是好生活的问题，就一定要由政治学来回答。② 在亚里士多德看来，政治学的目的是通过行动能够实现的最高的好。③ 他说，人们普遍同意，这就是幸福（eudaimonia）。《尼各马可伦理学》的目标就是要给出反思性的理解，回答一个人如何通过在社会中过伦理的生活实现幸福。这个反思性的理解本身就具有实践价值：

> 如果有某种我们所做的事情的目的，我们是因为它本身欲求它（而欲求所有其他事情都是因为这个之故）……那么很显然，这就是那个好和首要的好。那么关于它的知识难道不是对人生有重要的影响吗？我们不是像弓箭手瞄准一个目标那样，更有可能命中我们应该命中的目标吗？如果是这样，我们就应该尝试确定它是什么，至少是以纲要的方式……④

康德会认为这样的伦理学配不上被称为道德体系。对于康德来讲，道德必然是自我立法或者**自律的**：它必然是一个纯然理性

---

① 关于伦理与道德的差别，参见 Williams, *Ethics and the Limits of Philosophy*。
② 《尼各马可伦理学》I.2.1-94a24-b11。
③ 《尼各马可伦理学》I.4.1095a15-20。
④ 《尼各马可伦理学》I.2.1094a18-25。

的意志对自己的立法。如果只是想要实现某个给定的目的，比如说人的幸福，在康德看来都是**他律的**，因此不配被称为道德。

相反，亚里士多德也不会认为康德主义的道德是伦理学。他会认为，将人类幸福仅仅看作某个给定的目的，伦理学将它当作外在的目标去实现，非常怪异。幸福并非某个人**碰巧**拥有的某些欲求的实现。根据亚里士多德的看法，人是有自然的，也就是有某些人之为人确定的和值得追求的东西。幸福就在于过这种高贵的生活，满足那些能够让人过上完满和丰富生活的**必要的**欲求。虽然这些欲求对于人们过上完满的生活是必要的，但它们不能由先验推理来确定。我们翻译成"幸福"（happiness）的希腊文 *eudaimonia* 也可以翻译成"人的繁盛"（human flourishing）或"福祉"（well-being）。因此亚里士多德会问：

> 我们为什么不应该称一个根据德性和卓越的最高标准运用自己能力的人，在一种给他提供了充足资源的环境下，不是生活很短的时间而是整个一生，是幸福的呢？①

亚里士多德认为，对这个问题的回答不可能是，因为一个人的幸福依赖他欲求的实现，而这些欲求的实现与他所过的有德性的生活可能有关也可能无关。对于亚里士多德而言，对幸福的真正追求和有德性的生活是同一的。幸福的生活就是人们充分满足他的自然。而满足人的自然就是有德性的生活。对亚里士多德而言，任何忽视这一点的思想系统都不能算作是伦理系统。

---

① 《尼各马可伦理学》I.10.1101a14-16.

对康德主义道德最严厉的批评之一就是它缺少内容。非常有趣的是，这个批评最开始是黑格尔提出的，而黑格尔深受亚里士多德的影响。① 他认为，从理性纯粹形式的原理出发，不可能得出任何关于如何行动的实质性的结论。一个纯粹理性的意志与具体的行动环境完全不同，不能做出任何关于如何行动的决定。在亚里士多德看来，这种贫乏的意志，不可能为伦理理论提供基础。空洞性的批评一直用来反对康德主义道德，我们应该严肃看待这个指控，因为我们有普遍的共识，认为康德主义描述了道德中的客观主义立场。我们看到，康德主义道德鼓励人们对自己的欲求保持疏离。这就导致了下面的看法：在我用客观的方式看待世界的时候，我让自己脱离当下的关注、兴趣和情境，仅仅将自己看作和他人一样的行动者。② 但是如果黑格尔的那种亚里士多德主义的批评是正确的，那么如果一个人真的从一种疏离的视角去看待包括他自己在内的所有行动者的兴趣和关注，那么也就没有任何动机去做某个行动了。③

这样看来，我们似乎就既有哲学的也有历史的理由回到亚里士

---

① 参见黑格尔：《精神现象学》第 599-671 节；《法哲学》第 105-140 节；《哲学史》第三卷，pp. 457-464。

② 比如可参见 John Rawls, *A Theory of Justice*, Harvard University Press, 1971 和 "Kantian Constructivism in Moral Theory," *Journal of Philosophy*, 1980; Thomas Nagel, *The Possibility of Altruism*, Clarendon Press, 1970, "The Limits of Objectivity," in *The Tanner Lectures on Human Values*, vol. 1, University of Utah Press, 1980 和 *The View From Nowhere*, Oxford University Press, 1986。

③ 近来也有很多人主张这个亚里士多德主义的批评，比如可参见 Williams, *Ethics and the Limits of Philosophy*; "The Presuppositions of Morality", "Persons, Character and Morality"（收于 *Moral Luck*）。同时也出现了新康德主义的回应。新康德主义者论证说，这种疏离的视角目的并不是要产生行动的动机，而只是从某种外在于这些动机的立场去认可某些已经存在的动机。但是我们还是不明白，一种疏离的视角怎么能够实现这个目的，我们会认为，要么它无法认可任何动机，要么它就是悄然接受了他律从而认可了某些动机，也就是将某些它最终认可的动机混进了所谓"疏离"的视角。

多德的伦理学。既然对康德主义道德可以给我们提供行动指导逐渐失去了信心，我们就有理由回到某种牢牢立足于人类动机的伦理体系。我们的希望是，某种立足于人类动机的伦理体系不仅可以回答如何行动的问题，而且可以在此生得到证成。亚里士多德认为，伦理学立足于研究人类的欲求。我们已经看到，亚里士多德认为，所有的人类行动都建立在欲求之上。我们很想知道，对人类欲求的研究是否可以得出关于我们应该如何行动的伦理结论。

《尼各马可伦理学》的要点并不是要说服我们成为好人，或者向我们表明在人生的各种不同环境下如何举止得当，而是为了给那些已经过上幸福和德性生活的人提供更多的洞见，去看清自己灵魂的自然。《伦理学》的目的是给读者提供自我理解，而不是说服或建议。当然，我们已经看到，亚里士多德认为，自我理解是有实践价值的：理解了人类幸福是什么，就像弓箭手有了瞄准的目标，就更有可能命中目标。① 但是，这种理解仅仅对那些拥有**自我**理解的人才有实践价值，也就是说，对那些已经过着德性生活的人才有价值，原因有两点。

首先，伦理学不是一个能够对如何行动给出明确规则的领域：

> 如果我们的讨论有与主题相应的清晰性也就足够了，因为并不是所有的讨论都有相同的精确性，就像在各种技艺的产品中一样……我们必须满足于对我们所讨论的主题，用大致和纲要的方式说明真理……因此，各种论述也应该用同样的方式被人们**接受**，一个有教养的人标志就是在每一类事物

---

① 《尼各马可伦理学》I.2.1094a18-25。

中寻求与它的自然相应的精确性；从数学家那里接受或然性的推理，或者向修辞学家要求科学证明都是愚蠢的。①

伦理学不能被设想为一台道德电脑，我们将关于周围环境的信息输入电脑，它就能输出行动的指导。想要知道应该如何行动，我们就要去考察一个好人会如何做出判断。好人会对环境中重要的要素保持敏感，并且有动机去做正确的事情。伦理学并不是一套规则，伦理学著作也不能被当作某种软件，只要安上我们就能变成好人。我们不能通过将一套规则内化，就成为好人，因为根本就没有可供内化的规则。

其次，人的幸福并不是某种可以从外在视角充分理解的东西。亚里士多德区分了两种人类行动的目的，一类目的不同于产生它的行动，另一类目的就是行动本身。②这就是我们已经看到的在变化（kinêsis）与行动（energeia）之间的区分。比如，建造房子就是以房子这种产品为目的的，这个产品区别于建造的过程。与此不同，我们可能是为了健康而跑步，但是跑步也是健康的一部分。健康并不是某个最终状态，而是在所有的跑步、游泳、良好饮食、良好睡眠之后产生的结果。健康就是一种状态，在这种状态之中，我们可以做所有这些行动。这个区分在亚里士多德的伦理学中处于核心地位，因为有德性的行动并不是过好生活这个特殊目的的手段。有德性的行动构成了幸福生活。没有德性的人是无法充分理解这一点的。从坏人的角度看，有德性的行动是繁重的、痛苦的和愚蠢的。从不成熟的人的角度看，有德性的行动

---

① 《尼各马可伦理学》I.3.1094b11-27，另参见 I.7.1098a20-b8。
② 《尼各马可伦理学》I.1。

可能有某些吸引力，但是他的灵魂还没有得到充分的塑造，让德性行动成为他最强大的欲求。他会感到相反欲求的拉扯，他只能用最肤浅的方式理解，有德性的行动是实现幸福的途径。

这就是亚里士多德为什么不想让年轻人参加他的课程：

> 年轻人不是政治学的恰当听众，因为他对生活中的行动缺少经验，而政治学的讨论正是从这些**开始**的，并且关于这些；此外，因为他倾向于跟随自己的情感，他的学习将会是徒劳的，因为政治学的目标不是知识而是行动。不管他是年纪尚轻还是在品格方面幼稚都没有差别，缺陷并不在于时间，而在于他受制于情感生活，并且一直在追求情感的对象。对于这样的人，就像对于不自制的人，知识并不会带来好处，但是对那些按照 logos 欲求和行动的人来讲，对这些事情的知识就会有巨大的好处。①

亚里士多德写《伦理学》并不是为了劝说任何人成为好人。在《伦理学》里没有什么东西是为了吸引那些尚未过上伦理生活的人的。里面的论证都是"内部的"，针对那些已经有了良好的自然和心性的人，那些在德性中培养起来的人。这些课程是为了帮助他们发展有自我意识和融会贯通的伦理视阈，帮助他们用更有反思性的方式过他们已经倾向于过的生活。当然，从没有反思地过一种德性的生活到理解自己所坚持的德性和所过的生活，这本身就具有重要的实践价值。因为这种自我理解帮助构建了人的好生活。因

---

① 《尼各马可伦理学》I.3.1095a2-11；另参见 I.4.1095b3-13。

此亚里士多德可以说,"我们进行探究不是为了知道德性是什么,而是为了变好,否则我们的探究就是没用的。"① 虽然亚里士多德确实研究了德性和幸福是什么,但是这个探究本质上讲是实践性的,它是为了帮助一个好人进行理解,从而加强和巩固他的好。

在这里,对理解的欲求和在社会中过伦理生活的欲求就达成了最大的和谐。在亚里士多德看来,应该由那些已经过上伦理生活的人来探究如何证成伦理生活。他们想要更深刻地理解他们已经有动机去过的那种生活。但是这个探究的结果并不是对自己生活的理论理解,因此它满足的并不是去理解的欲求,而是一种带有反思性的认可。他看到了有很好的理由去过一种伦理的生活,因为伦理的生活严格说来就等于好的生活。因此一个人对于伦理生活的理解强化了他要去过这种生活的动机。②

二、幸福与人的自然

亚里士多德说,**如果**有某个我们仅仅为了它自身之故的目的,它就是最高的好。③ 我们需要注意,亚里士多德这里用的是假设句,他并没有简单地设定有一个我们所有的行动都为了它的好。他确实论证了,至少有一个目的,不是从属于其他目的的,我们是为了它自身之故追求它。因为如果我们为了 Y 做 X,为了 Z 做 Y……这样就永远没完,会陷入无穷倒退,我们的愿望就永远没有止息。**如果**有这样一个好,那么对它的知识就会对我们的生

---

① 《尼各马可伦理学》II.1.1103b27-29。
② 我会在下面的第五节里进一步讨论这个问题。我们会看到,理解的欲求与在社会中过伦理生活的欲求并不总是这种共生关系。参见第六卷第七章。
③ 《尼各马可伦理学》I.2.1094a18。

活产生巨大的影响。

假如没有这样一个好，生活会变成什么样呢？那就会有不同的目的，我们都是为了它们自身之故去追求，它们本身并不从属于任何其他目的。这样说到底，人生潜在地就像神经官能症一样。因为如果在某个情境之下各种目的要求人采取不同的行动，我们就会被朝着不同的方向拉扯，也没有可能满足彼此矛盾的欲求，我们最终选择的**任何**行动都会留下后悔和懊恼。这样一来，人自然也就成了神经官能症患者。但是我们的希望在于，这个世界和人的自然让我们至少有可能不过这种神经官能症的生活。我们的希望在于，人的动机结构至少有可能形成一个彼此和谐的整体。但是，如果最终有若干迥然不同的目的本身，我们就无法保证即便是我们当中最健康的人也不会变成神经官能症患者。

亚里士多德确实相信人类行动有一个最高的好，那就是幸福。① 他将任何领域行动的好等同于这个行动的目的。② 在医学里面，好就是健康；在建筑里，好就是房子。因此，如果我们所做的一切事情有一个目的，那么它就是人的行动所能实现的最高的好。在他看来，幸福就是人类行动最高的好，这一点是有普遍共识的；但是关于幸福到底是什么，则有很大的分歧。③ 最庸俗的人把幸福等同于快乐。④ 而在亚里士多德看来，这是适合野兽的奴性的生活。这种生活是野兽式的，因为如果人把满足最基本的欲望作为生活的目的，他就没有把自己和"更低"的动物区分开来。

---

① 《尼各马可伦理学》I.4.1095a14-30, I.7.1097a30-b6。
② 《尼各马可伦理学》I.7.1097a15-24。
③ 《尼各马可伦理学》I.4.1095a15-17。
④ 《尼各马可伦理学》I.5.1095b13-22。

人比其他动物高级的一个原因就是他有能力组织自己的灵魂。他可以安排自己的生活，让自己不仅仅从最基本的快乐中获得满足。快乐主义的生活忽视了这种属于人的典型能力。这种生活是奴性的，因为它完全被最基本的快乐控制了。追求快乐的人完全没有去组织自己的灵魂，一直保持在野兽的水平。那些指引他行动的基本欲望，在重要的意义上是外在于他的，他没有做任何事情将自己与这些欲望分离，因此，追求快乐的人其实过着一种被强迫的生活。

如果要找到幸福是什么，我们必须要关注人类生活的独特之处。只有在人类的独特行动中，我们才能发现实现人类幸福的独特能力：

> ……说幸福是最高的好看起来是老生常谈，我们还需要更清楚的论述。**如果我们可以首先确定人的功能**，那么或许就可以给出这个论述。就像对一个笛手、雕塑家，或者任何匠人，以及普遍而言，对于一切有某种功能或行动的东西而言，它的好就在于功能，对人而言看起来也一样，如果他有功能的话。那么会不会木匠、皮匠有某种功能或活动，而人没有呢？他是不是依据自然就是没有功能的呢？或者，像眼睛、手、脚、以及普遍而言的每个部分，显然都有某种功能，我们是不是也能说人有某种不同于所有这些的功能呢？它可能是什么呢？生命看起来对植物而言都是共同的，**但是我们寻求的是对人而言特殊的东西**。因此，让我们排除掉营养和生长的生活。接下来是感觉的生活，但是它看起来是和马、牛、以及每一种动物共同的。这样看来，**剩下的就是一**

种拥有 *logos* 的要素实现出来的生活（就这个要素而言，一部分是服从 *logos*，另一部分是拥有它并且实际运用思考）……如果人的功能是灵魂合乎 *logos*，或者不是没有 *logos* 的活动，如果我们说某个东西与某个好的东西，有相同种类的功能，比如一个里拉琴师和好的里拉琴师，那么在所有情况下都是这样，德性可以加在功能的名字之上（因为里拉琴师的功能是演奏里拉琴，而好的里拉琴师就是演奏得好）。**如果我们说人的功能是某种生活，这就是灵魂符合 *logos* 的活动或行动，并且一个好人的功能就是好地和高贵地做这些**，如果任何行动在按照恰当的德性进行的时候就是做得好，那么**对人来讲的好就是灵魂合乎德性的活动**，如果有不止一种德性，就合乎最好的和最完全的。但是我们必须要加上"完整的一生"，因为见到一只燕子还不是春天，一天也不是；因此一天，或者很短的时间，并不能够让一个人成为幸福和至福的。①

在这段翻译里，我没有翻译希腊文的 *logos*。牛津版把它翻译成"理性原理"（rational principle）。因此根据那个翻译，人的功能就是灵魂合乎理性原理的活动。这个翻译的优点是，它强调了某种独特的人类能力，一种将人类与自然的其他部分区别开来的能力。但是，虽然"理性的原理"是翻译 *logos* 的一种方式，但是我们已经看过了，*logos* 还可以被翻译成"秩序""安排"或者"比例"。在我看来，亚里士多德在使用这个多义的 *logos* 时，既指秩序又指理性。人的功能是某种活动，这种活动要合乎灵魂中的某种安排或

---

① 《尼各马可伦理学》I.7.1097b22-1098a20；另参见《动物的部分》I.5.645b14。

秩序。这就是亚里士多德为什么可以说，人的好是灵魂合乎德性的活动，因为德性就是灵魂的某种组织。① 这个秩序如何渗透进人的灵魂就是伦理学的核心问题。当然，德性的运用经常要涉及人的实践理性。但是如果实践理性不是从灵魂的特定组织出发的，那么实践理性就是空洞的。事实上，正是因为人的生活有一定秩序，他才可以对它进行理性的思考：在他理智中的 logos 反映了在他灵魂中的 logos。

对于现代读者来讲，认为人有某种功能看起来很奇怪。而从身体的部分——眼睛、手、脚有功能，推论出整个人也有功能，这个推论看起来很薄弱。如果那就是我们认为人有某种功能的全部理由，那么亚里士多德的伦理学无疑就建立在非常糟糕的基础上了。但是，要理解亚里士多德，我们经常需要首先看到他整体的哲学视野，然后再去理解某个具体的文本。如果我们认为，亚里士多德已经论证了每一种自然的有机物都有某种自然，而人有某种独特的自然，也就是某种独特的变化和静止的本原，那么很显然，人的功能就是过一种实现出来的生活，来表现他的自然。对人来讲，人生的目的就是将他的形式用最好的方式实现出来，而亚里士多德就将这个确定为人最高的好。

不过我们还是需要回答两个问题。第一，人要实现自然，看起来就必须以某种方式超越他生来就有的那些基本欲求，因为我们已经看到，只是追求快乐和满足基本欲望的生活，不过是一种动物性的存在。人的自然之中似乎有一部分就是要超越他生而就有的自然。那么我们肯定想要知道：这种超越如何可能呢？第二，即便亚

---

① 我将 aretê 翻译成"德性"（virtue），而不是像修订版的牛津译本那样翻译成"卓越"（excellence）。我们会看到，对亚里士多德而言，德性就是卓越。

里士多德表明人有某种功能，也就是过一种合乎自然的实现出来的生活，而这就是人最高的好，我们为什么应该认为，这样的生活会给我带来幸福呢？这两个问题的答案彼此相关：如果人能够组织好他的欲求，从而让他欲求一种独特的人的生活，那么他就会有动力去过一种完全的人类生活，而过那样一种生活就会满足他组织起来的欲求，因此可以被认为是幸福的生活。

三、德性

在亚里士多德那里，让人能够过一种真正幸福生活的欲求的组织，就是德性。我们要记住，对于古希腊人来讲德性就是卓越。因此对亚里士多德来讲，德性就是灵魂的一些状态，它们让人能够过一种卓越的生活：也就是让他能够最大限度地完成自己的功能：

> 我们不能仅仅把德性说成是某种状态，还要说它是什么样的状态。我们可以说，每一种德性或卓越，都给拥有它的事物带来良好的状态，并且使那个事物的功能发挥得好，比如眼睛的德性使眼睛和眼睛的功能发挥得好，因为正是由于眼睛的卓越，我们能够看得好。与此相似，马的卓越既使马自己好，也使马跑得好，可以很好地背着骑手，也可以很好地迎接敌人的进攻。因此，如果每种情况下都是这样，那么人的德性就是这样一种状态，它让人变好，也让人很好地完成他的功能。①

---

① 《尼各马可伦理学》II.6.1106a14-24。

德性是灵魂稳定的状态，它们使人可以做出在不同情况下如何行动的正确决定，同时可以推动他去行动。正是灵魂中这些稳定的状态，构成了一个人的品格。我们通常并不认为品格是有组织的欲求，但是品格确实以某种特定的方式推动我们行动。在亚里士多德看来，欲求是人类行动的唯一动力。事实上，他说，"德性是某些经过思虑的决定，或者不是没有经过思虑的决定。"① 随后他又说，德性是灵魂"经过思虑决定的状态"（deliberative deciding state）。② 但是我们在上面看到，一种经过思虑的决定，是一种特殊的欲求，也就是一种经过思虑的欲求。③ 这就是亚里士多德为什么说，"经过思虑的决定或者是欲求的理智或者是有思想的欲求"了。④ 如果现代读者认为这很奇怪，那很可能是因为，我们习惯了一种比亚里士多德更狭窄的欲求概念。如果我们认为欲求就是一种力量，推动我们去实现某个目标，那么"有思想的欲求"这个概念，或者认为德性是一种组织起来的欲求，就是完全无法理解的。但是在亚里士多德那里，欲求包括了比这丰富得多的一组动机状态。欲望纯粹就是一些力量，但是除了欲望之外，我们还有其他的欲求，比如经过思虑的决定，在那里思想和欲求是一体的。在亚里士多德的世界里，欲求非常丰富，它们可以被塑造、被组织，也可以有理性充盈其中。

伦理德性是通过习惯逐渐形成的。⑤ 没有哪一种伦理德性在

---

① 《尼各马可伦理学》II.5.1106a3。
② hexis proairetikê：《尼各马可伦理学》II.6.1106b36, VI.2.1139a22。
③ hê de proairesis orexis bouleutikê：《尼各马可伦理学》VI.2.1139a22 以下。
④ ê orektikos nous hê proairesis ê orexis dianoêtikê：《尼各马可伦理学》VI.2.1139b3。
⑤ 《尼各马可伦理学》II.1。

我们之中是天生的，[1] 但是在人发展出德性，并且可以过一种幸福的生活之前，他就没有实现最高的好，没有充分实现他的自然。看起来，人的自然有一部分就是要超越自然，就是要组织好他的灵魂，让它不仅仅是自然的样子。因此亚里士多德说，**人依据自然**是政治的动物，只有在一个能够促进人类幸福的政治社会里他才能充分实现他的自然。[2] 事实上，人类幸福的一部分就是在政治社会里的积极生活。但是，虽然人依据自然是政治的动物，虽然他有能力形成正义感，也就是某种伦理上的判断力，但是政治和伦理德性都不是自然而然产生的。我们通过做正义的行动变得正义，通过做勇敢的事情变得勇敢，通过做节制的事情变得节制。[3] 德性是品格的状态，要获得它们，就要去做那些假如他已经拥有了那种品格状态会去做的行动：

> ……通过做那些我们在和其他人交易时的行动，我们变得正义或者不义；通过做面对危险做的事情，习惯于感到恐惧或者自信，我们变得勇敢或懦弱。在欲望和愤怒的情感上也是一样，在恰当的情况下以这种或那种方式行动，有些人变得节制和温和，另一些人变得放纵和暴躁。因此，总的来讲，[品格]状态来自相似的行动。这就是为什么我们展示出来的行动一定是某种类型，因为状态与这些类型之间的差别对应。因此我们从很年轻的时候形成不同的习惯，造成的差

---

① 《尼各马可伦理学》II.1.1103a19。
② 参见《政治学》I.2；我在第六节会更详细地讨论人作为政治动物的地位。
③ 《尼各马可伦理学》II.1.1103b1-2。

别并不小,事实上差别很大,甚至是全部的差别。①

这就是亚里士多德为什么认为他的课程对于那些没有良好教养的人来讲毫无用处。卓越来自习惯,而非听课。

在亚里士多德看来,习惯不仅带来某种品格,让人去从事某种特定类型的行动,还带来了一种判断力,能够判断在不同的环境下如何行动。我们一定要依赖习惯教人德性(而不仅仅是做有德性的行动),原因之一就是,没有规则去规定一个有德性的人应该如何行动。这个问题的一个方面可以回溯到苏格拉底和他对定义的追求。比如说,他会问"什么是勇敢?"对于任何非乞题的回答,比如说"在面对敌人时坚守阵地",苏格拉底都会给出一个反例,在某个情况下坚守阵地是愚蠢而非勇敢。部分问题出在,他不会允许在答案本身之中包含评价性的词汇,因为这个评价性的词汇还没有得到定义。因此"以勇敢的方式行动"就会被看作是乞题的回答。在亚里士多德看来,苏格拉底告诉我们的就是,关于应该如何行动,没有规则可以遵循,最多也就是说"以勇敢的方式行动",但是除非一个人已经勇敢了,否则他就不知道该如何去遵守这个规则。② 但是已经勇敢的人不需要规则。他不仅有动机以勇敢的方式行动,而且会对他所处的环境有敏锐的判断力。他可以判断在这些环境下,恰当的行动是坚守阵地还是撤退。做出了判断之后,他就会倾向于那样行动。

习惯还将灵魂中的欲求组织起来。亚里士多德说,一个人从

---

① 《尼各马可伦理学》II.1.1103b14-25。
② 参见《尼各马可伦理学》II.2.1104a20ff。

某些行动中获得快乐是拥有某种品格的标志：①

> 快乐是灵魂的某种状态，对每个人来讲，他所爱的东西就是快乐的，比如对于一个爱马的人来讲马是令他快乐的，对于爱观看的人来讲有好戏看就是快乐的，同样，正义的行动对于爱正义的人来讲是快乐的。普遍而言，有德性的行动对于爱德性的人来讲也是快乐的。对于大多数人来讲，他们的快乐是彼此冲突的，因为这些不是**依据自然的快乐**，那些爱高贵的人在**依据自然的快乐**中感到快乐，有德性的行动就是这样，因此这些行动对这些人来讲是快乐的，同时也是**依据自然快乐的**。因此，他们的生活就不需要快乐作为偶然的吸引力，而是有快乐在生活自身之中的。因为除了我们说过的以外，不在高贵的行动中感到快乐的人也不是好人，因为没有人会说一个不享受正义行动的人是正义的，不享受慷慨行动的人是慷慨的，其他情况也是一样。如果是这样，德性行动**本身就必然是令人快乐的**。它们同时也是好的和高贵的，并且在最高程度上拥有这些性质，因为好人能够很好地判断这些性质……②

有德性的人灵魂中必然有某种和谐。他从不会被矛盾的欲求拉扯，因此不会有任何神经官能症式的矛盾。这是因为，他的所有快乐都是**依据自然**或者**本身快乐的**。说一种快乐是**依据自然**的快乐，它必然来自一个过着卓越生活的人，也就是一个在最完满的

---

① 《尼各马可伦理学》II.3.1104b3-28；参见 I.8.1099a7-25。
② 《尼各马可伦理学》I.8.1099a7-23。

意义上实现了他的自然的人。亚里士多德对人的看法至少在这个意义上是乐观主义的，一个可以实现他自然的人就会过一种丰富的、完满的、幸福的生活，他的各种欲求会是统一的、和谐的。因为一个行动就它本身而言是快乐的，也就是说快乐不是某个进一步目的的手段，而是做这个行动本身就令人快乐。比如说，一个节制者并不是为了成为一个好人而节制身体的快乐。节制者的标志是，某些所谓的"身体快乐"在他所处的情境下并不是快乐的。① 亚里士多德说，"伦理德性关乎快乐与痛苦，由于快乐我们做坏的事情，由于痛苦我们躲避高贵的事情。"② 但是伦理教育的任务并不是在欲求将我们引向坏事时让我们去做高贵的事情，而是重新组织我们的欲求，让我们从做高贵的事情里面获得快乐，从做坏事里面感受痛苦。

从一个现代的、后弗洛伊德的视角看，这种统一的灵魂图景看起来要求过高了。我们现代人倾向于认为即便是一个好人也会感受到不良的身体快乐，虽然他可以克制自己不向它们屈服。与此不同，在亚里士多德心目中节制的人完全感受不到不良快乐的诱惑，在那些情况下，他的身体和灵魂共同将他引向同一个方向。事实上，在这些情况下，他从自己的节制里面获得快乐。这样的人能够成为我们的典范吗？比如说，我们认为下面哪个人更值得赞赏呢：一个人必须克服诱惑才能去做正确的事，而另一个人毫不费力就可以做到？我们会不会认为这个毫不费力的人缺少判断力呢？对亚里士多德来讲，毫不费力就是一个节制者拥有良好判断力的标志。虽然身体的快乐在某些其他情境下对他来讲极

---

① 《尼各马可伦理学》II.3.1104b2-13。
② 《尼各马可伦理学》II.3.1104b8-11。

其快乐，但是他对自己实际所处的情境有良好的判断，知道自己不会从中获得快乐。① 在亚里士多德看来，这就是真正值得赞赏的人。当我们赞赏一个人在诱惑面前保持克制时，我们想要弥补他的损失。我们欣赏他为了更高的目标努力，而不是满足当下的欲望。虽然亚里士多德承认，赞赏可以当作一种工具，在道德上给人鼓励，但是对这个节制的人来讲，我们最高的赞赏也完全不是一种奖赏，而是对一个真正幸福之人的承认，是我们对他的崇敬。真正幸福的人，他的快乐和痛苦与有德性之人的行动相合：他从勇敢的、节制的、慷慨的行动中获得快乐。我们崇敬这样的人恰恰是因为他很幸福。一个幸福的人引发我们的崇敬之情。

正如我们看到的，人类的快乐和痛苦并不是被自然严格固定的，它们可以通过习惯和训练得到分配和组织。如果一个人从小就被训练勇敢地、体贴地、节制地行动，他长大之后就会在这些行动中感到快乐。因此一个人进入伦理领域本身是一个非理性的过程。我们让孩子在行动时考虑他人，并不是给他理由为什么要这么做，或者就算我们给他理由也是次要的部分。一个孩子还不能理解在行动时考虑他人的理由，事实上这些理由无法从一个体贴的人以外的视角真正得到理解。相反，我们因为孩子在行动时考虑他人给他鼓励和奖励，在他不考虑他人的时候劝阻他。在理想的情况下，这个鼓励和劝阻的机制会尊重孩子的人格完整，但本质上并不是诉诸理性。在典型情况下，这个孩子为了得到奖赏或鼓励，会开始在行动时考虑他人，也就是说为了某种外在的快乐。但是经过重复，他开始从这些行动本身之中感到快乐。这样

---

① 参见 John McDowell, "Are Moral Requirements Hypothetical Imperatives?" *Proceedings of the Aristotelian Society*, 1978。

他就进入了伦理的世界。

亚里士多德说，正是由于快乐和痛苦，人们会做坏事。但是坏人的快乐是以错误的方式分配的。因为德性就是对我们的幸福有所贡献的品格状态。因此在做坏事的时候严格说来我们就是在违背我们的自然，我们在削弱实现完满生活的机会。比如说吸烟。一个人可能从吸烟中获得很大的满足，但是很显然，他错误地分配了快乐。这些快乐会导致自我毁灭。对亚里士多德来讲，**所有的**恶性都是这样的。相反，德性之所以是德性，仅仅是因为它们鼓励和帮助构成了完满的生活。因此以伦理的方式生活说到底符合一个人的最佳利益。以伦理的方式生活包括对他人做好事，但那也是因为对他人做好事（友爱关系或者公民关系）是人类幸福的一部分。但是，虽然德性符合一个人的最佳利益，但是我们不可能将有德性的生活"卖给"一个没有德性的人，我们没有办法用伦理的视角去诱惑他。只有一个已经在伦理视角之内的人才能看到，以伦理的方式行动是人类幸福的一部分。

亚里士多德说，在某些方面，我们获得德性就像获得技艺。我们生来既没有节制的德性，也没有建造房屋的技艺，它们都不是自然而来的。① 我们通过反复练习建造房屋来学习这项技艺。与此相似，我们也通过做勇敢的行动变得勇敢。但是在德性与技艺之间，也有一个重要的差别。② 在技艺中，最重要的还是那个完成的产品。房子的好就在于这个房子本身，但是一个行动体现出来的德性并不在这个行动本身。一个人可以做合乎勇敢德性的行动，但是却不是以勇敢的方式行动。要以勇敢的方式行动，这个

---

① 《尼各马可伦理学》II.1.1103a31-b2。
② 《尼各马可伦理学》II.4。

行动还得来源于特定的品格状态。

亚里士多德认为，以有德性的方式行动，需要三个条件。行动者必须要（1）拥有实践知识，比如一个行动是勇敢的（而不仅仅是合乎勇敢），那么这个人就一定要知道在这些情况下坚守阵地是正确的事情。他必须要意识到这不是一个愚蠢或鲁莽的行动。（2）他必须主动选择这个行动，并且是为了这个行动自身之故选择它。他做这个行动必须是因为在这些情况下，这就是勇敢的事情。（3）这个行动必须来自稳定的品格，不能是一个偶然事件，比如说一个人奋勇作战仅仅是因为他没有退路，他可能拥有活下去的强烈本能，但是并不勇敢。

技艺只要求（1），即实践知识，比如说一个建筑师只需要知道如何建造房屋，而后两个条件，即选择和品格对于德性来讲却至关重要：

> ……作为拥有德性的条件，知识只有很少的分量或者没有分量，而其他的条件就不是一点而是全部，即由经常做正义和节制的行为而来的那些条件。
>
> 某些行动被称为正义和节制的，因为正义或节制的人会做它们；但并不是做了它们的人就是正义的和节制的，而是他像正义和节制的人那样去做它们。通过正义的行动产生正义的人，通过做节制的行动产生节制的人，这么说是正确的，如果不做这些事情，人们连变成好人的可能性都没有。
>
> 但是大多数人不去做这些事情，而是在躲在理论之中，认为他们是哲学家，可以用这种方式成为好人，这就像病人很认真地听医生说话，但是完全不去做医生要求他做的事情。就

像后者不能用治疗改善身体，前者也不能用哲学改善灵魂。①

虽然亚里士多德分离出了三个以有德性的方式行动的条件，但是我们能否孤立地找到这些条件并不清楚。因为没有什么规则能够规定在给定条件下有德性的行动是什么，确定在某个情境下如何行动的唯一方式就是询问一个有德性的人会如何行动（除非一个人自己是有德性的人，这时他就可以准确地判断什么行动是恰当的）。这样看来，一个有德性的人的实践知识就不是独立于他的品格的，相反，正是由于特定的品格，他为了某个有德性的行动自身之故选择了它。

亚里士多德将有德性者的实践知识称为实践智慧（phronêsis，或明智）。②一个有德性之人的决定并不是自动产生的，它们是推理和思考的产物，是有意识地判断一个情境提出了什么要求。我们可以说伦理德性是通过理智流淌出来的。但那是灵魂的另一个部分，不同于可以沉思本质和基本哲学真理的那部分灵魂。③亚里士多德通过不同的功能区分了灵魂的不同部分，沉思基本真理的功能与决定如何行动的功能大不相同。亚里士多德很清楚地指出，哲学智慧（sophia）是比实践智慧更高的知识形式：

> 认为政治的技艺或实践智慧是最好的知识很奇怪，因为人并不是世界上最好的东西……即便这个论证说人是最好的动物，也没有差别，因为还有其他东西的自然比人更加神

---

① 《尼各马可伦理学》II.4.1105bb1-18。
② 《尼各马可伦理学》VI.5。
③ 《尼各马可伦理学》VI.1。

圣，比如最明显的就是那些天体。从之前说过的内容，我们很清楚，智慧是一种知识（epistêmê）加上关于依据自然最高的事物的理智（nous）。这就是我们为什么说阿那克萨戈拉（Anaxagoras）和泰勒斯（Thales），以及像他们那样的人拥有智慧但是没有实践智慧，我们看到他们无知于对他们来讲有好处的事，因此我们说他们知道很多惊人的、可敬的、困难的和神圣的事情，但是毫无用处：因为他们追求的不是属人的好。而另一方面，实践智慧关乎属人的事情，以及有可能进行思虑的事情。①

事实上，实践智慧与哲学智慧构成了两种根本上不同的生活。② 伦理或政治的生活是在社会中积极的生活，《尼各马可伦理学》的主体部分都是在描述这种生活。在这种生活里，实践理智和**伦理德性**是主导性的。③ 与此相对，沉思的生活是哲学的生活：沉思本质以及关于存在整体结构的真理。在这种生活里，理智德性和理智是主导性的，相对而言，这种生活会倾向于退出政治生活。④ 但是如果伦理生活与沉思生活真的是在描绘两种根本上不同的生活，就会产生一个严重的问题：一种前后一致与和谐的人类生活是否可能？看起来人可以成为太多东西。如果所有人**依据自然**都渴望

---

① 《尼各马可伦理学》VI.7.1141a20-b9。亚里士多德认为灵魂可以把握第一原理（《后分析篇》II.19；《形而上学》IX.10）。正是这种活动被称为"理智"。"知识"是一个人通过已经获得的第一原理用严格推理的方式获得的东西。参见第六章第一节。

② 《尼各马可伦理学》I.5.1095b17-19；X.7-9；《政治学》VII.2.1324a24-34。我在第六章第七节会更详细地讨论这个问题。

③ 《尼各马可伦理学》II.1.1103a14-18。

④ 参见《尼各马可伦理学》VI.7, X.7-9，尤其是 1177b4-25。

认识，而这是一种促使人沉思这个世界的欲求，那么看起来这种欲求就会将人从伦理生活里拉出去。但是伦理生活应该是在描述好的和幸福的人类生活。这样看来，如果一个人坚定地处在伦理生活之中，在他的灵魂中就必然存在冲突的欲求，即对于理解的欲求。但是有德性的生活应该没有这种欲求之间的冲突。另一方面，如果一个人完全臣服于理解世界的欲求，献身于沉思的生活，那么他似乎就会因此失去对人来讲的好生活。我们会在之后回到这个难题。①

在这里，重要的问题是，实践理智是一个人之中的推动力量。②实践理智最高的状态，也就是有德性的人最高的状态，就是实践智慧。这是一种得到充分发展的能力，去判断好的和坏的目的，然后选择恰当的行动去保证在人生的具体情境中实现这些目的。③拥有实践智慧的人有能力去决定什么行动对他来讲是真正好的，但是这些行动不仅仅是实现目的的手段，它们本身就是目的。因为这些行动构成了好生活，而活得好本身就是目的。这样看来，实践智慧就包含了思虑，但是我们看到，亚里士多德坚持认为，我们只思虑手段，不思虑目的。④同一个行动怎么会既是手段又是目的呢？或许不可能，或许亚里士多德只是前后不一致。但是我认为，这些表面看来矛盾的说法其实可以得到调和。同一个行动可以被看作既是手段又是目的。如果从对某个目的的欲求开始，进入到思虑，通过实现那个目的的手段，直到经过思虑得

---

① 参见第六章第七节。
② 参见《尼各马可伦理学》VI.2，尤其是 1139a22-b5。
③ 参见《尼各马可伦理学》VI.5，尤其是 1140b4-7，b20-21。
④ 《尼各马可伦理学》III.3.1112b11-24，参见本章第四节。

出如何行动的决定，接下来的行动就是一个手段。但是从好生活的角度看，同一个行动构成了那个生活，而那个生活本身是目的。事实上，亚里士多德将目的包括进了他关于"良好思虑"的讨论。① 一个能够进行良好思虑的人，**既能够**选择行动所能实现的最高目的，**又能够**通过推理知道如何实现它们。这样，虽然思虑本身可能只关乎手段而无关目的，但是良好的思虑既关乎手段又关乎目的。

正是这个拥有实践智慧的人，能够进行良好的思虑。② 但是良好的思虑如何促使人去行动呢？我们可以回到亚里士多德关于思虑和经过思虑的决定（*prohairesis*）。③ 思虑始于对某个目的的想望，而想望本身既是一个欲求又是某种意识。想望推动了一个思虑过程，行动者从欲求的目的开始反向推理，推论出实现这个目的的步骤。思虑既是有意识的推理，也是对那个目的的欲求。它同时也将欲求从想望的目标传递到手段之中。思虑的最后一步，就是经过思虑的决定，决定以某种方式行动。决定同时是一个欲求和一种有意识的状态。事实上，它在本质上是一种有自我意识的状态，因为我决定以某种方式行动的意识部分构成了这个经过思虑的决定。这整个过程同时是实践理智和欲求的体现。因此，亚里士多德可以讨论欲求的理智。实践智慧就是一个有德性的人的欲求的理智表现出来的东西，他想望最好的目标，并且对于如何实现它们有很好的推理。

---

① 《尼各马可伦理学》VI.7.1141b8-14, VI.9.1142b21-22；参见 VI.12.1144a20-29。
② 《尼各马可伦理学》VI.7.1141b8-10。
③ 参见本章第四节。

四、不自制①

亚里士多德不仅对有德性之人的实践智慧有兴趣,也对无德性之人在实践上的失败有兴趣。有一种失败让他格外有兴趣,那就是一个人决定了某种行动对他来讲是最好的,但是随后违背了自己的判断。这样的人出于某种原因,无法按照他认为应该的方式生活。我说"这样的人",是因为亚里士多德认为,不按照自己的最佳判断行动并不是一个孤立的事件,偶尔会发生在有德性的生活里。违背自己的判断行动是一种品格上的缺陷,这种缺陷被称为不自制。

不自制让哲学家产生兴趣的一个原因是我们甚至不清楚它如何可能。苏格拉底一个很有名的论证就是没有人能够在知情的情况下不去做最好的事情。②粗略地说,这是一个概念上的论证,意在表明我们无法理解一个人怎么会在认为一个可行的行动对他更好的情况下,选择另一个行动。如果他确实认为前一个行动更好的话,我们要如何解释他没有做那个行动呢?因此,苏格拉底的结论就是,一个坏的行动必然是在无知中做的,行动者对于什么是最好的行动有了错误的意见。

但是苏格拉底既要为形成了不自制这个哲学问题负责,也要为把这个问题带偏了负责。因为他将这个问题确定为关于知识或理解(*epistêmê*)的问题:"苏格拉底认为,如果一个人拥有知识,却有其他东西支配了知识,把知识像奴隶一样拖来拖去,就很奇

---

① 阅读:《尼各马可伦理学》VII。
② 柏拉图:《普罗塔戈拉》352b-353a。

怪了。"① 这样，一个非常普遍的问题，即一个人如何可能违背自己的判断行动，就被转化成了一个非常具体的技术性问题，即一个人的灵魂如何可能处于拥有知识或理解的状态，但是那种状态却没有支配他的行动。这是亚里士多德从苏格拉底那里继承来的问题，《尼各马可伦理学》第七卷的大部分内容就是为了回答这个问题，他要表明一个人灵魂中的知识可能被强烈的激情暂时阻断。不过有反讽意味的是，在试图回答这个问题的过程中，亚里士多德将不自制这个概念扩大了，包括了我们可能会说行动者"知道更好的行动"却臣服于诱惑的通常情况。虽然任何想要了解人类状况的人都会对这个问题感兴趣，但不自制其实是一个很容易被人忽视的哲学问题。

我们说的**不自制***是这样一种情况：（1）行动者有意识地做一个行动，（2）行动者认为另一个行动也对他开放，（3）在考虑了所有的要素之后，行动者判断另一个行动而不是他实际做的行动更好。② 这个**不自制***的概念会帮助我们聚焦在不自制里面带有持久哲学意味的问题上。一方面，这里没有提到任何具体的灵魂状态，比如知识或理解，因此这个问题可以独立于任何看起来可能是古希腊独特的（不管是苏格拉底还是亚里士多德的）灵魂观念。另一方面，**不自制***的概念也不是太宽泛从而丢失了其中的哲学问题。我们通常说的臣服于诱惑的例子在亚里士多德看来也是不自制，但并不一定是**不自制***，因为不一定有证据表明在他行动的时候，被诱惑的行动者判断，在考虑了所有的要素之后做另一个行动更好。每

---

① 《尼各马可伦理学》VII.2.1145b23-24；参见《普罗塔戈拉》352b-c。
② 这个界定来自唐纳德·戴维森，参见 Donald Davidson, "How is Weakness of Will Possible?" in *Essays on Action and Events*, Clarendon Press, 1980。

一个**不自制***的情况都必然是不自制，但是反之不然。

不自制*是一个非常哲学性的问题，因为我们甚至很难理解它如何可能。一个心理学家或者小说家或许会告诉我们人类必然生活在相互纠缠的诱惑之中，但是我们似乎还是无法理解一个人怎么可能**不自制***地行动。因为一个行动者的信念、欲求、价值和行动是内在地联系在一起的。我们将一个存在看作行动者，也就是有意识地做出行动，条件就是我们可以在归于他的一套信念和欲望系统中理解他的行动。我们必须要在他的信念和欲求中找到行动的理由。但是我们只能通过他有意识的行动来确定他的信念和欲求，也就是通过他说的和做的来进行判断。① 正是在这些行动之中，他追求的价值才显现出来，严格说来我们没有独立的渠道通达他的价值。因此如果一个人仅仅判断"我不应当做 X"（X 是某种共同的道德规定），之后没有遵守它，他还不能被称为**不自制***。在这种情况下，"你不应当做 X"的命令出现在了他的意识中，但是没有证据表明，他认为在考虑了**所有**要素之后，不做 X 是更好的选择。之所以会有信念、欲求、价值和行动之间的内在联系，是因为我们的思想有一种整体性。任何一个信念和欲求都以无数其他的信念和欲求为条件。仅仅孤立地给出一对信念-欲求，我们并不知道它会导致什么行动，甚至是否会导致行动。我们会认为，如果一个行动者很渴，并且相信一杯水在他面前，他就会去做喝水的行动。但是如果他同时认为，假如这么做就会被追捕他的人射杀，那么他就不会去喝水。当然，除非他不在乎自己的口渴，而是想要结束生命。与此类似，如果只是孤立地看一

---

① 参见 Davidson, *Essays on Action and Events*, 尤其是里面的前两篇论文，以及他的 *Inquiries into Truth and Interpretation*, Clarendon Press, 1984，第 9-16 篇论文。

个行动,我们就不知道哪个信念-欲求的组合给出了恰当的解释。

要把任何行动看作意向性的(intentional),我们就需要一个信念和欲求相互影响的网,构建一个复杂的、目的论式的行动者概念,在一个他或多或少理解的环境中以一种有目的的方式行动。在这个意向性行动的核心位置,是关于理性的预设。一个意向性的行动,就其本性来说,必然是一个从行动者的信念和欲求角度看合理的行动。任何对意向性行动的解释必然要将行动者描述成理性的动物。而**不自制***就威胁到了这个结构,这也是它为什么在哲学上非常有趣的原因。考虑到思想的整体性本质,某个行动或许在行动者拥有的某一对信念-欲求之下看来很奇怪,但是在一个**不自制***的行动中,一个行动者已经将他所有的信念和欲求都考虑进来了。思虑的结果一方面是一个意向性的行动,另一方面又和他更好的判断相悖。

我们无法直接确定亚里士多德如何看待**不自制***。《尼各马可伦理学》VII 中的长篇讨论关于一般的不自制,而非**不自制***,亚里士多德关心一切不自制的形式。他整体的伦理学建立在这样的观念之上,人的自然可以获得德性,而德性的运用构成了幸福,因此失去控制这个普遍性的问题对他来讲非常有趣。正是在关于不自制的讨论中,亚里士多德明确运用了他著名的方法论原则:一个哲学理论必须要"**拯救现象**":

> 我们必须像在其他情况下一样,摆出现象,随后首先讨论疑难,之后如果可能的话就去证明全部有声望的意见都是真的,如果不能做到这个,那就证明大多数和最权威的那些。因为如果我们既能够解决疑难又能够不触动有声望的意

见，那么我们就充分地证明了我们的问题。①

人们如何行动以及如何描述他们的行动，就是这里说的现象，人们在行动中确实会违背自己关于什么更好的判断。一个哲学理论不需要保证所有的现象都完好无损，但是这个理论必须要让这些现象显得合理，就像它们在前哲学的思想中显得合理一样。亚里士多德提到了苏格拉底关于不自制不可能的论证，之后说他的论证"与明显的现象矛盾"。②亚里士多德并没有因此反对苏格拉底的说法，或者指出这个论证中的某个步骤是错误的。即便他接受了苏格拉底的立场，亚里士多德也还是会提出这个批评：苏格拉底很乐意留下一个悖论，但是一个充分的哲学理论应该更进一步，表明为什么有很多表面的例子看起来是不自制的，虽然它们其实不是这样。充分的哲学理论应该可以驱散悖论。有人可能会说，苏格拉底试图表明不自制不可能的方式是将所有不自制的情况都等同于**不自制***，而亚里士多德试图拯救现象的方式表明，并不是所有表面看来的不自制都是**不自制***。当然，他对于失去控制的整体兴趣，以及他的哲学方法，都会让他考虑范围很广的例子，很多例子都和**不自制***关系不大。因此，如果我们想要发现亚里士多德如何理解**不自制***，就需要从他的著作中抽取一些内容。

不自制*表现了一种自我意识中的问题。首先，**不自制***是我们反思人及其在世界中的位置时的一种障碍，妨碍了我们的前进。一方面，我们有一个哲学论证表明**不自制***不可能；另一方面，有很多明显的不自制的例子："如果结论不能满足思想，思想

---

① 《尼各马可伦理学》VII.1.1145b2-7。

② 《尼各马可伦理学》VII.2.1145b22-28。

就无法安宁，这时候它无法反驳论证，因此无法推进，于是思想就停滞了。"① 亚里士多德很清楚，**不自制***对那些想要理解世界和人在其中位置的人来讲是个问题，我们是不是也同样是**不自制***的？事实上，有人可能认为**仅仅**因为我们是哲学家，**不自制***才是一个问题：假如我们是**不自制***的，"由内而外"**不自制***的经验就不会比其他失去控制的经验更成问题。事实上，亚里士多德认为并非如此。就**不自制***是一种可能性而言，它只可能是有高度自我意识的存在者的经验，因为他一定要积极地考虑自己的立场，并且判断他应该以某种方式行动。正是因为有高度的自我意识，**不自制***的经验（如果可能）必然不同于其他失去控制或者臣服于诱惑。因此，**不自制***一定有某种让自我意识感到意外的要素：自我意识必然在行动中经历了与自身的不和谐："很明显，不自制的行动者在他进入这种状态之前，并没有**想到**他会这样做。"② 亚里士多德认为这是一个普遍的看法：一切不自制的行动都包含某种程度的无知。但是具有反讽意味的是，**不自制***所要求的那种高度发达的自我意识考量表明，在**不自制***中有比一般的失去控制更高程度的无知。

亚里士多德像我们一样，认为在判断和行动之间有一种必然的联系。当然，我们可以对这种必然性给出不同的论述。我们更关注解释行动时的概念限制，也就是说，我们认为，可以合理地归于一个行动者的判断必然以某种方式在他的行动中得到体现。

---

① 《尼各马可伦理学》VII.2.1146a24-27。
② 《尼各马可伦理学》VII.2.1145bb30-31（牛津版的翻译是"认为他**应当**去做某事"。希腊语可以容许这两种翻译，我更喜欢我的翻译，因为不自制者最令人惊讶的错误并不是他应当做什么，而是他会做什么。一个坏人可能对自己说，"我应当帮助这个老太太，但是我不会帮她。"这不是不自制，而是恶）。

而亚里士多德更关注让一个行动成为必然的那些判断，它们是灵魂中的思想要素。在亚里士多德实践三段论的一个版本中，一个判断是普遍的，主张行动者去做某种类型的行动，比如"应当品尝一切甜食"。另一个判断是个别的，建立在感觉经验之上，指出这个行动属于应当做的类型，比如"这是甜食"。每当一个人接受这两个判断，并且有意识地将它们合到一起考虑，他就必然**直接**去做品尝甜食的行动。这个行动本身就是三段论的结论。① 我们认为在判断与行动之间的必然联系，会让**不自制***显得很成问题，对亚里士多德来讲，用实践三段论作为经过思虑的行动的范式也会让**不自制***很成问题。因为如果一个人主动和有意识地做出了某些判断，他选择的行动就必然应该紧随其后。

人们有时候会说，亚里士多德没有给伦理冲突留下空间。问题在于，如果一个人有了一个相应的前提，他就必然会行动，不管他有什么样的信念和欲求。我认为这个批评并不是完全公平的。亚里士多德明确认识到了冲突的可能性。② 如果我们将前提看作存在冲突的思虑过程的结果，就可以将实践三段论和冲突的可能性协调起来。当行动者主张某些前提的时候，冲突其实已经发生过了，现在他做出的判断（也是行动所依据的判断）是"考虑了所有要素"的。亚里士多德确实没有告诉我们如何去考虑所有的要素。但是不管我们如何去考虑，亚里士多德都认识到，这个世界中高度个体化的要素会给我们带来冲突，这些冲突并不是在普遍判断的层面。比如，一个人可能服从不吃猪肉这个普遍性的

---

① 《尼各马可伦理学》VII.3.1147a24-32；我们可以将这个和第四章第五节讲到的思虑的模型进行对比。

② 《尼各马可伦理学》VII.3.1147a32-35。

禁令，但是在一个新开的饭馆，服务员给他端上来一盘免费赠送的有巧克力覆盖的培根，他就可能会吃掉它。这不算是**不自制***，因为他可能完全没有考虑应该做什么。当不可预见的冲突真的发生时，一个人对于甜食的欲求就可能征服或者关闭对立的判断。如果这样的冲突是一个人本来可以预见的，并且本来可以在他之前的思虑中考虑到的，那么我们就更接近**不自制***了。比如说，如果一个人的判断禁止他吃高热量的事物，那么他就应该预见到甜食的出现可能会导致冲突。当然，一个人可能对于最一般的经验很无知，但是更有趣的情况是，他对自己很无知。

亚里士多德给出了一些很复杂的讨论，来解释我们的知识或理解有各种可能被阻碍，但是这些情况几乎没有办法解释**不自制***到底如何可能。但是这并不是亚里士多德的失败，因为他关注的并不是**不自制***如何可能，而只是不自制实际上如何发生。实践三段论的前提必然会得出行动的结论，那么亚里士多德就需要论述那些前提如何在某些情况下受到了阻碍从而变得无效。他区分了人拥有知识或理解的不同含义，一个意义是他拥有知识但是在当下没有运用它，另一个意义是他现在实际运用它。① 亚里士多德认为，当一个人实际运用知识的时候，不会出现在这个意义上的不自制。因此他关注的是另外一些情况，即一个人拥有知识，但是因为某种原因对知识的运用受到了阻碍。② 强烈的愤怒或者欲望可能实际改变身体的状况，在这种情况下，一个人可能依然可以说出一个论证，就好像他真的在运用他的判断，但是仅仅说出论证毫无意义，就像醉汉

---

① 《尼各马可伦理学》VII.3.1146bb31-35；参见《论灵魂》II.5 和本章第三节。
② 《尼各马可伦理学》VII.3.1147b9-17, 1146b34-35, 1147a11-14。

可以背诵恩培多克勒（Empedocles）的诗句一样。① 强烈的激情就像药物一样，阻碍了判断，就像酒或者睡眠发挥的作用那样。② 被激情征服的人，跟一个虽然清醒但没有运用知识的人相比，在更弱的意义上拥有知识，因为只有清醒的人才能按照自己的意愿运用知识。说一个被激情征服的人拥有知识，只是因为当他从这种状态中恢复过来以后，他可以运用知识。亚里士多德说，关于如何恢复清醒，他应该去找医生，而不是哲学家。③

假如亚里士多德仅仅认为**不自制***与喝醉相似，那不免令人失望，但是那并非他的看法。他试图用因为酒精而醉来解释因为愤怒而醉。这些不可能是**不自制***，因为醉了的人几乎不知道他在做什么。这也不是很好的模型去理解拥有伦理德性的人如何可能违背自己的判断行动。因为有德性的人不会让自己陷入这种无法运用自己判断的境地。这仅仅是在论述一个人如何被激情征服，虽然在通常的情况下他有更好的认识，这既不是**不自制***，也不是伦理德性的崩溃。

但是亚里士多德确实留下了一些线索去理解一种更严重的实践上的失败：

> 即便是在这些激情的影响下，人们也能说出科学的证明和恩培多克勒的诗句，那些刚开始学习的人就可以将词汇连缀起来，但是还不理解，因为理解**一定要成为他们自己的一部分**，这需要时间；因此我们必须认为，在不自制的情况下使用语言

---

① 《尼各马可伦理学》VII.3.1147a20, b12。
② 《尼各马可伦理学》VII.3.1147a11-14。
③ 《尼各马可伦理学》VII.3.1147b6-8。

和演员在舞台上说话差不多。①

那些刚开始学习一门学问的人不同于因为酒精和激情而醉的人，后者的判断被阻断了。学生们可能正处在他们思想能力的巅峰，也很真诚地表达自己，但是他们学的还不够多，因此还不知道他们谈论的是什么，他们如果认为自己已经知道这些东西，那就是犯了错误。亚里士多德说，知识必然要成为他们的一部分。亚里士多德想要表达的就是字面的意思，如果我们很字面地翻译这里的希腊语，意思就是一个人要和他所说的东西变得"在自然上相同"（sumphuênai）。

我认为，"在自然上相同"的意思就是嘴里说的 logos 和灵魂中想的 logos 一致。就学习者而言，他可能可以说出恰当的 logos，但是他的灵魂还没有接受恰当的形式。一个拥有知识的人在他所知道的东西上肯定是正确的，但是一个正在试图获得知识的人（或者认为自己正在获得知识的人）却可能有某种无知，他可能（错误地）认为自己知道。拥有知识至少保证了有可能对那个知识有意识，但是无知的一种形式就是对那种意识的错误感觉。我怀疑当亚里士多德将**不自制***者比作演员的时候，这个类比的意思并不是说，他们两者都没有严肃对待他们说出的东西。假如那个类比紧跟着背诵恩培多克勒的醉汉，这样理解就比较合理。但是它实际上跟在学生还不理解的例子后面，并且还有"在自然上相同"这个要求，这么看来，这个类比的意思最有可能是这样的：演员和**不自制***者的 logos 都没有表达他们灵魂的真实状

---

① 《尼各马可伦理学》VII.3.1147a19-24（强调是我加的）。

况。没有任何迹象表明**不自制** * 者没有严肃对待他所说的东西。

说到灵魂无知的状况，有伦理德性的人给我们提出了一个特殊的难题。一个几何学的学生，在一种自我批判的情绪之下，至少可以在原则上做一个思想实验，来确定他是不是真的理解几何学，还是仅仅是自认为理解。比如他可以尝试证明毕达哥拉斯定理，并且从这个定理推论出其他结果；如果他成功了，就可以增加他的自信，认为自己确实理解了 $a^2 + b^2 = c^2$ 是什么意思。当然，他有可能在证明的时候犯错误，但错误地认为自己证明了这个定理。但是我们很容易想象他发现自己证明不出来，这样他就会发现他说出来的 logos 并没有反映灵魂中的 logos。相反，在伦理德性中，就没有这种相应的思想实验，哪怕在原则上都没有。亚里士多德反复强调，伦理德性不是靠论证教会的，而是靠习惯，通过良好的伦理教养逐渐发展起来，只有在获得了这些德性之后，一个人才会理解支持这些德性的反思性的哲学论证。这就是亚里士多德为什么认为伦理学的课程不该把时间浪费在年轻人身上。① 因此，虽然一个获得伦理德性的人可以很清楚地认识到自己是谁，但是一个尚未获得德性的人也很容易认为自己拥有了德性。他可以说出有德性之人的话，而且很真诚地这样做，因为他确实相信自己所说的。但是，他的这个能力还很肤浅。他可能听过一个 logos 主张伦理德性，他也深表赞同。但是根据亚里士多德的看法，仅仅有一个 logos 是不能教会我们伦理原则的。② 因为灵魂不能仅仅靠听到和同意就获得一个 logos。伦理德性的 logos 只能通

---

① 《尼各马可伦理学》I.3，尤其是 1095a3-11。
② 《尼各马可伦理学》II.1-6。

过反复行动获得，也就是通过持续的和彻底的伦理教养。

亚里士多德说，"恶性会逃过我们的注意，而不自制不会。"① 我认为，他的意思是，即便是一个坏人也会追求他认为好的目的。他不理解自己的目的是坏的，如果他理解了这一点，他也就不会追求它们了。与此不同，当**不自制***的人一定要按照自己的信念行动时，会直面自己的无知。在这里，我认为亚里士多德说的是**不自制***，而不是一般意义上的失去控制，因为我们没有理由认为一个情感上的醉汉可以意识到自己在做什么。而**不自制***的人则要面对这个无法逃避的事实：他所说的话，不管多么真诚，与他所做的并不是"在自然上相同"的。他自己的行动就表明了他的无知。

苏格拉底无法容忍知识被人"像奴隶一样拖来拖去"。亚里士多德在一个有限的意义上也同意，如果一个人在运用知识，他就不可能在这个意义上**不自制***地行动。但是那并不意味着亚里士多德认为**不自制***是不可能的，因为他认识到，我们不应该把**不自制***是否可能的问题，等同于行动是否可能违背知识的问题。在讨论的一开始，他提到有些人赞同苏格拉底的说法，认为没有什么东西可以统治知识，但是他们主张那些仅有信念（一种不那么好的灵魂状态）的人可以被快乐统治。② 之后，他明确承认**不自制***即便在一个人仅有信念的状况下也能产生：

---

① 《尼各马可伦理学》VII.8.1150b36。我在这里给出的是一个更加忠实于希腊文的翻译。牛津版的翻译是"恶性没有意识到自己，而不自制不是这样"。这有些误导性，因为在一个很重要的意义上**不自制***也对自己没有意识：**不自制***的行动之所以可能，仅仅是因为在某种意义上，**不自制***的人没有意识到他灵魂中真正的动机状态。

② 《尼各马可伦理学》VII.2.1145b31-35。

> 至于有人说当一个人用**不自制***的方式行动时，是违背了真意见而不是知识，那不会给论证带来任何差别；因为有些人即便在意见的状态下也会毫不犹豫地认为自己有知识。如果是因为对自己的意见只有较弱的信念，那些只有意见的人比有知识的人更容易违背自己的信念，那知识和意见并没有什么差别。因为有些人对自己意见的确信毫不逊于那些有知识的人……①

不自制*的问题说到底是行动违背了一个人深思熟虑的判断。对亚里士多德来讲，**不自制***的可能性在于，一个人的判断是一个真诚但错误的有意识的信念。这个错误的信念不是关于这个世界，而是关于他自己的。比如说，一个**不自制***的人真的相信在**这些**情境下**这个**行动就是正确的。他的错误在于认为这是他想要做的，也是他会去做的。因此一个**不自制***的人可能在他对于世界的判断，或者什么是好的判断上是正确的。他的错误是关于他自己的。如果一个人没有很好的教养，他就可能获得这种对自己的错误信念。如果一个人没有获得伦理德性，会很容易认为自己拥有它们。这时，他就会说出一个伦理的 *logos*，但是他的行动会向自己和他人显示出，他的灵魂与他所说的并不是"在自然上相同的"。**不自制***代表了一种自我意识上的失败。亚里士多德说，野兽不可能不自制，因为它们不可能形成普遍判断，因此也就不可能在行动中违背这些普遍判断。② 当我们从通常的不自制转换到**不自制***时，自我意识的程度变得更高了，因为一个人的灵魂中必定有他的判断在发挥作用，

---

① 《尼各马可伦理学》VII.3.1146b24-30。
② 《尼各马可伦理学》VII.3.1147b3-5。

同时行动却违背了它。但是那意味着思想和行动之间的分离必然更加严重。一个**不自制**＊的人对他自己来讲是一个陌生人，在他的行动，而非言辞中，他或许可以发现他是谁。①

五、自由与德性

有德性的人，与不自制的人相对，知道自己是什么样的人、想要什么东西。在某个情境中，他知道正确的事情是什么，并且在做正确的事情中感到快乐，他过着完满、丰富、幸福的生活。德性是有动机行动的情感状态，指向德性自身的运用，而德性的运用构成了人类的好生活。但是不管一个人对良好行动的判断力多好，只要他没有反思自己的品格，幸福就还有一个方面没有实现，即自我认识。如果有德性之人的自我认识构成了好的生活，如果德性是带有动机的情感状态，可以促进和构成一个人过好生活的能力，那么一个人就应该认为德性推动了一个有德性的人去反思德性。

德性行动的一个高标准就是对人类自由的运用，吸收了伦理价值的人会有意识地认可自己的品格。别忘了，伦理德性是通过习惯灌输的，因此它们可以在行动者那里以一种相对无意识的方式产生。在伦理反思中，一个人从能够在正确的情境下做正确的事情，发展到有意识地理解他是谁、他在做什么。反思自己的品格，以及随后而来的自我接纳或自我批判，可能都是由德性同时

---

① 我借用了蒂莫西·威尔逊（Timothy D. Wilson）那个令人难忘的说法"对自己来讲的陌生人"；参见 "Strangers to Ourselves: The Origins and Accuracy of Beliefs about One's Own Mental States," J. H. Harvey and G. Weary eds., *Attribution in Contemporary Psychology*, Academy Press, 1985。

推动的，是德性的表现，同时**也是**人类自由的表现。有人可能因此会说，伦理德性推动了他们的自我理解。在得到了自我理解之后，他们也就实现了一种合理化（legitimation）。伦理德性的最高状态是拥有它们的人理解和认可它们。《尼各马可伦理学》的目标就是帮助有德性的人从仅仅拥有好的品格过渡到有意识地理解和接受自己的品格。这些课程是为那些有德性的人设计的。这样的听众会在课程的带动下，自己思考课程里教授的思想，这之后他就会带着反思认可自己的品格。但是这些课程本身也是德性的表现，它们是由亚里士多德本人想要过卓越生活的欲求推动的，它们自己就是从仅仅拥有德性过渡到对德性进行带有反思性的理解与合理化。在这个意义上，《尼各马可伦理学》本身就是伦理德性的最高表现。①

这个反思和认可的过程是表现人类自由，同时也是表现欲求。我们可以考虑一下这个反思是如何产生的。在亚里士多德那个时候，已经有了一个伦理共同体，体现了伴随那些德性的价值，并且在这个共同体之中确实有一些有德性的成员。这个共同体有某些方法去教育它的年轻人，如果这个共同体有能力继续存在下去，就可以把它的价值传递给下一代。我们看到，这种教育在很大程度上是非理性的，会有习惯化和训练，鼓励和劝阻，这些本质上都不是诉诸孩子的理性，而是他们想要获得爱和鼓励的欲求。但是如果这个过程的结果体现了自由，那么这种教育就不可能有太大的强迫性，或者太粗暴。它必然要尊重孩子人格的完

---

① 在《伦理学与哲学的界限》（*Ethics and the Limits of Philosophy*）中，伯纳德·威廉斯（Bernard Williams）质疑在亚里士多德的伦理图景中怎么可能给伦理反思留下位置。我认为我这里给出的阐释就勾勒了对他的回应。

整，事实上，我认为，这种教育必然是孩子成长为一个有德性的人之后，反思他的人生与教育时也会欣然接受的。在理想的情况下，一个在良好的教养中长大的人，培养出来的人格和自我观念，会在很大程度上体现共同体的伦理价值。假设这些价值可以体现在一个能够过完满生活的人身上，并且假设这些价值可以用一种非强迫的方式灌输给人们，那么，当一个人经过反思决定根据那些能够体现他品格的欲求行动时，我们可以认为他在运用自由。但是他的品格同时也是一种文化的产品，这些产品就是被这个人最终认可的欲求推动的。正是因为共同体看重人的品格体现出的价值，这个共同体教育行动者去体现那些价值。

但是一个欲求的胜利怎么可能同时体现人类在有效反思中的自由呢？我们倾向于认为反思是自由的体现，正是因为我们用反思去**控制**欲求。在反思中，我们批判自己的某些欲求，然后采取相应步骤去降低它们的力量；我们接受其他的欲求，然后采取行动去满足它们。这就是为什么有些哲学家认为，批判性反思中的自我意识必然要与正在被批判性反思的欲求分离。否则，反思就不可能体现这个人的自由，这个反思会受制于某些欲求，从而不是完全自由的。这种反思观念的问题在于，我们无法解释这种分离的自我意识如何能够做出决定。①

亚里士多德并不是要解决这个问题，他的德性观念给我们提供了另一种关于反思以及反思与欲求关系的论述。亚里士多德的论述非常吸引人的原因之一或许在于，他的欲求观念比很多现代哲学家的要丰富得多。如果一个人认为欲求必然干扰或者扭曲

---

① 参见第四章第五节。

理性思考的过程，那么我们就无法解释同一个过程怎么可能既是欲求的胜利，又是在有效反思中体现的自由。当然，确实有一些欲求会有干扰和扭曲作用。我称这种一旦拥有就无法思考它的欲求为**压倒性的**欲求，这个时候一个人就会忙于去满足它而无法思考。这种压倒性的欲求就是不自由的典型，它们出现的时候一个人就被征服了。**扭曲性**的欲求会干扰思虑过程的合理性。比如某些诱惑就可能带有扭曲性，这个时候关于是否应该臣服于诱惑的"思虑"就会成为虚假的、带有自我欺骗的性质，并且会清除掉对抗它的理由。如果我们只考虑那些压倒性的或扭曲性的欲求，那么如果想要自由地思考它们，确实要让自己与它们分离。

但并不是所有的欲求都像这样。如果同一个行动既是欲求的胜利也是人类自由的体现，那么必然有一些欲求能够实现真正的合理化，而且这种合理化本身必然也是欲求的体现。在有德性的人的灵魂中，有一些欲求会推动他开始反思，这种反思寻求将这些欲求合理化。我称这些欲求为**寻求合理化的**欲求。一个人与这些寻求合理化的欲求之间的关系，并不仅仅是满足它们的手段。这些欲求的出现，也不仅仅是要将他用作实现它们自私目的的手段。① 首先，这些欲求在意识中清楚地显现，它们寻求的是用从理性思虑的角度来看完全公平的手段获得满足。因此对它们的肯定同时体现了一个人的自由。其次，这些寻求合理化的欲求构成了这个人的存在本身。行动者并不是那种自私地寻求合理性的欲求的工具，这种欲求要想获得最大的效力，就是鼓励行动者进行反思，最终就是意识到拥有和满足那个欲求构成了他是什么样的

---

① 这是在寻求合理性的欲求与自私的基因之间一个非常重要的不同；参见理查德·道金斯（Richard Dawkins）的《自私的基因》（*The Selfish Gene*）。

人。伦理德性就是这样的。它们是一些有组织的欲求状态，推动一个有德性的人去反思那些构成了他是什么样的人，以及他想要成为什么样的人的要素。这种反思本身就是德性的体现。

有德性的人经过反思接受自己的品格，要让这个过程同时也体现他的自由，必须要满足某些条件。第一，这个人的品格不能是强迫的产物。一个有德性的人的品格是由非理性的鼓励和劝阻逐渐培养起来的。他并不是从某种独立的视角出发进行选择，才变成他现在的样子，他是被劝诱进这种状态的。在这个意义上，他是不自愿地变成一个有德性的人的，并不是说这个转变违背了他的意愿，而是说他并没有自由地意愿去成为他实际成为的那个人。有些哲学家认为这种非理性的灌输本身，就让这个人通过反思的接受配不上"自由"二字。但是这种看法显然是要求太高了，它让我们无法解释人这种动物如何能够体现有效反思的自由。在亚里士多德看来，人类的自然决定了一个孩子不能理性地想要去成为他将要成为的人。非理性的鼓励和劝阻的重要性就在于此。它们应当尊重孩子的尊严和人格的完整，不是强迫性的或者粗暴的。当然，我们没有绝对的标准区分强迫和非理性训练的温和形式。亚里士多德认为，他可以区分出温和的训练，是因为他将自己关于道德教育的理论建立在人类自然的基础上。

这就将我们引向了第二个条件：反思性的认可必然不仅仅是想要获得满足的欲求。亚里士多德那里有德性的人能够满足这个条件，这个人从研究《尼各马可伦理学》中学到人有自然。人之为人有一些确定的和让人生值得过的东西，德性让人能够过一种完满的、丰富的、幸福的生活。因此有德性者的认可就不只是一种想要获得满足的欲求，而是一种有组织的欲求状态，**因为某个**

理由想要获得满足。

第三，反思必须要准确而真实。因为德性是出于真实的理由想要获得满足，在这个意义上德性实现了一种真实的合理性，而不是虚假的认可。我们可以将这个情况与一个极端的例子进行比较，设想一个带着反思折磨他人的纳粹军人，他经过了在党卫军训练营中的恐吓、野蛮和霸凌，变成了一个麻木不仁和残酷的人。在他打开毒气阀门的时候，他的反思是他很高兴成为自己现在这个样子，他会进行这样的推理：那些犹太人根本就不是人，而是一些削弱和拉低了人类种族的寄生虫。在世界上除掉他们，是在帮助人类实现最高的自然。他甚至可能会在反思中认可自己的教育，认为要对抗犹太种族带来的恶劣影响，就一定要变得强硬，对他们产生抗体。这个施虐者通过反思的认可在结构上与有德性者类似，但是施虐者的反思性认可是他**不自由**的体现。因为他的品格是强迫的产物，他的推理是虚假的，是意识形态和政治宣传的产物。

我们没有绝对的标准可以判断，某一种认可是真实的，构成了真正的合理性；另一种是错误的，是虚假的合理性。有德性者对自己品格的认可是从内在视角出发的。只有当这种认可是真实的，它才能被认为是合理的，但是并没有一种独立的视角可以判断它是否真实。有些现代哲学家抱怨亚里士多德的伦理学建立在过时的形而上学生物学基础上，在他们看来，人并没有本质或自然，伦理学也不能建立在满足一个人的自然之上。① 因此有德性者的认可是错误的，也不是一种合理性。在我看来，这种批评太

---

① 参见 Bernard Williams, *Ethics and the Limits of Philosophy*，以及 *Morality: An Introduction*, Cambridge University Press, 1972。

强了。逃离亚里士多德的科学是启蒙运动以来科学发展的标志，再加上 20 世纪某些语言哲学理论，[①] 让一些哲学家认为亚里士多德的本质主义完全就是一种古代理论。但是在我看来，这样认为其实是忽略了亚里士多德本质主义的本质，至少对伦理学理论来说是这样。受亚里士多德启发的伦理学理论只需要认为，人们可以用一些伦理性的方式获得幸福。我们只需要相信人类生活是独特的，并且潜在地是值得过的；有某些生活方式是完满的和丰富的，而另一些配不上人这个身份，存在欠缺；在社会中有一些合作性的、伦理性的生活方式是完满的和丰富的。在我看来，这些都是可信的，因为它们是正确的。

六、主奴辩证法[②]

另一种批评亚里士多德的德性之人的方式值得严肃考察：他缺少进行某种自我批评的能力。比如，虽然亚里士多德赞赏高贵的人，但是我们今天不是会认为亚里士多德理解的这个"高贵"概念本身依赖一种建立在主奴关系之上的社会语境吗？如果亚里士多德赞美一种只有奴隶主阶层才能过的生活，那么我们不是应该仔细考察他所主张的这种生活方式吗？如果一个伦理行动者对他品格的反思性认可真的反映了他的自由，那么他就应该对他出生的那个社会的价值进行一些反思性的批判。如果他仅仅认可那个时代的价值，不管那个社会有多好，从这个角度看，他都是不

---

① 我想到的是蒯因对分析与综合二分的批评（Quine, "Two Dogmas of Empiricism," in *From a Logical Point of View*, Harper and Row, 1961）以及维特根斯坦（Wittgenstein）在《哲学研究》（*Philosophical Investigations*）中对于"家族相似性"（family resemblance）这个观念的发展。

② 本节相关阅读：《政治学》I, III, IV, VII。

自由的。对他来讲，时代的价值仅仅是摆在他面前的，并不是他自由选择的。

事实上，亚里士多德确实对他那个时代的价值进行了批判性的反思。这并不明显，部分原因是，**我们**不清楚这些批判性的反思是什么，或者我们可以从中期待什么；另一部分原因是，有某些关于政治思想史的错误观念误导了我们。根据很多哲学史，古希腊人并不进行批判性的反思。① 他们不加反思地"沉浸在城邦生活中"，接受了那个时代的价值。这种陈词滥调完全是错误的。②事实上，甚至亚里士多德对高贵的赞美（这表面看来是不加反思地接受了奴隶制）也是对之前高贵观念的批评，即荷马《伊利亚特》中的英雄观念。在现代思想中，独特的并不是进行批判性的反思，而是有意识地将这种反思作为探索的工具。如果说我们变得更具有自我意识，那也不是体现在更深地参与反思本身，而是更深地反思这种反思的本质。

正是因为我们还没有充分理解能够和不能够从批判性地反思过程中期待什么，我们太轻易地认为亚里士多德不加批判地接受了奴隶制。我们倾向于认为，在批判性的反思中，我们也必然要以某种方式**走出**自己的信念，将它们置于批判性的考察之下。但是亚里士多德有意识地拒绝采用这样的步骤。他的伦理和政治论证针对的是那些已经有德性的人，意在向他们表明，（从他们自己的视角看）有德性的生活是有意义的。这与柏拉图截然不同。柏拉图认为，如果一个人不能形成关于伦理生活的论证，而且这种

---

① 这种观点的代表就是黑格尔的《哲学史》。

② 关于古希腊人如何反思民主政治理论，可以参见 Cynthia Farrar, *The Origin of Democratic Thinking*, Cambridge University Press, 1988 中引人入胜的讨论。

论证需要对一个外人也很有说服力，那么他就还没有完全确保这种伦理生活。因此苏格拉底和特拉叙马库斯（Thrasymachus）、格劳孔（Glaucon）、卡里克利斯（Callicles）这样的伦理怀疑主义者展开对话，要向他们表明，做伦理的人最符合他们的利益。[①]根据卡里克利斯的看法，陷入合作性的德性，比如说正义，对实现人类幸福来讲毫无疑问是种妨碍。苏格拉底试图表明他是错的，但是他的这些论证恐怕是柏拉图著作中最缺乏说服力的论证。

亚里士多德方法的一个巨大的优势在于，它给出了一个新的方式去应对伦理怀疑主义。亚里士多德并不认为需要去说服伦理世界之外的人相信他们是错误的。他关注的是向那些已经在伦理世界之内的人表明，在这里是好的。这样，他就放弃了一个柏拉图和很多现代哲学家都持有的看法：想要有效地攻击怀疑主义，我们必须从怀疑主义者自己可以接受的前提出发，[②]想要批评怀疑主义的唯一方式就是跟怀疑主义者辩论。这种辩论要求提供一个先验的论证，去证明伦理生活总是符合一个人的最佳利益。因为一个怀疑主义者可能仅仅认为，一种非伦理的生活**有可能**对那些可以过这种生活的人来讲更好。比如说，他们并不认为正义对所有人来讲都是坏事，那些弱者或许可以从正义的社会里获益。只有对于强者来说，正义才是坏的，因为他们可以不要正义获得幸福。但是如果我们一定要排除掉幸福的非伦理生活的可能性，那么就需要一个先验论证了。因为一个先验论证可以抽象掉人生的实际情况，表明无论如何伦理生活总是符合一个人的利益。

[①] 尤其参见《理想国》I 和《高尔吉亚》。

[②] 顺便说一下，这个看法还引发了人们对康德"超验论证"的严重误解；参见我的文章 "The Disappearing 'We'," *Proceedings of the Aristotelian Society*, 1984。

问题是，就我们所知，没有任何先验论证可以表明卡里克利斯关于幸福的观念是错误的。这也是为什么苏格拉底与卡里克利斯的辩论让读者感到不适，好像苏格拉底并没有给出最好的论证。亚里士多德的洞见在于指出，就算无法构建一个有说服力的先验论证，也不意味着我们无法回应怀疑主义的挑战。是否能够回应怀疑主义的挑战取决于我们如何看待怀疑主义的角色和功能。整体而言，怀疑主义的挑战想要摧毁对一组信念或实践的反思性证成。如果我们认为对伦理生活的这种反思性证成是一种证明，可以在符合自己的利益方面排除掉所有其他的可能性，那么只要能够建构起另外一种可能性就足以摧毁这个证成。怀疑主义者只需要做很少的事情就可以摧毁我们，因为我们给自己设定了一个太大的任务。柏拉图的论证失败了，因为它们野心太大。正如亚里士多德认为的，想要对抗伦理怀疑主义，就需要牺牲我们的抱负。如果放弃追求一个这么强的证明，我们就不会因为仅仅构建出另一种可能性而被摧毁。如果我们可以形成对某种社会和伦理实践的证成，它比柏拉图的证明要弱，但是依然可以令人满意，我们就迫使怀疑主义者做更多工作才能摧毁我们。

因此恰当的策略是后验地（a posteriori）证明伦理生活是构成人类幸福的生活。我们实现这个目的的方式就是像亚里士多德那样，表明人们**实际过着的那种**伦理生活就是幸福的生活。① 伦理生活就是幸福生活的后验论证有某些特征。它仅仅确立了一种现实性，我们可以看到和过的**这种**生活，是一种幸福的生活，这样就没有排除掉还有其他的幸福的**可能性**。这样的证明对于那些真诚

---

① 关于后验论证的进一步讨论，参见我的著作 *Aristotle and Logical Theory*, Cambridge University Press, 1980, ch. 5 "Moral Objectivity"。

地认为，他们应该按照某种非伦理的方式生活的人来讲并不是摧毁性的。① 但是摧毁他们并不是这个证明的目的所在。这个证明意在以反思加强那些过这种幸福生活的人。它用两种方式实现这个目的。第一，因为这个证明是指向内在的，目标是那些已经过上（或者接近过上）伦理生活的人，这个证明帮助他们以反思的方式意识到，**这就是一种幸福的方式**，并且**对他们来讲**是可能的。第二，这种策略让提出怀疑主义的挑战变得很困难。卡里克利斯那么有趣的一个原因在于，在两千多年的时间里，他一直在嘲讽那些试图证明除了正义的行动之外没有别的方式满足自己利益的人。他代表了一个持续的、充满活力的可能性，不管是苏格拉底还是苏格拉底之后的其他人都没有能够彻底清除掉它。但是如果通过现实的例子说服人们幸福生活由什么构成，同时不试图清除所有其他的可能性，就不会被简单构建起来的其他可能性摧毁。我们可以承认，卡里克利斯式的人物或许有理由生活在伦理世界之外。当然，亚里士多德绝不会承认这种可能性，因为他相信卡里克利斯是错误的。但是对我们现在的讨论来讲重要的是，即便我们承认这一点，对于那些已经在伦理世界里生活的人来讲也不是摧毁性的。亚里士多德的《伦理学》意在向他们表明他们已经过上了一种令人满意的、丰富的生活。

既然卡里克利斯不再是摧毁性的，他也就没那么有趣了。② 因为怀疑主义者一定要威胁到反思的稳定性，因此他必然要不同

---

① 当然，这也可能是摧毁性的。那些过着令人感到挫败的生活的人们，追求不恰当的目标，他们可能会受到那些过着幸福生活的人的影响。伦理上幸福的人可以成为不动的推动者。

② 在这方面，我们可以比较尼采对犹太-基督教道德的毁灭性批判，和他赞赏的带有正面价值的超人的幸福概念。

于卡里克利斯，即便实际存在其他可能的幸福，也不一定具有摧毁性。比如说，我们可能会承认，某些形式的艺术生活也是幸福的。① 但是承认这一点，对于那些将伦理生活看作幸福生活一部分的人来讲也不具有摧毁性。要提出怀疑主义的挑战，一个人就一定要代表一种真正不同的幸福的可能性，这种可能性本身就在那些认为伦理生活构成幸福的人里面引发怀疑。这种人的存在不仅确立了另一种现实性，他还会质疑我们提出的那个后验证明，质疑我们是否真的成功地确定和过上了幸福的生活。亚里士多德和我们或许都不能先验地证明不存在这样的怀疑论者，但是有了亚里士多德的作品去赞赏幸福的伦理生活，我们就有理由对是否可能存在这样的怀疑论者表示怀疑。

亚里士多德这种伦理进路的一个好处是，他用一种全新的方式解除了怀疑主义的威胁。不是走出伦理世界，试图用怀疑主义者自己的方式说服他应该坚持伦理，亚里士多德向那些已经过上伦理生活的人表明，他们有很好的理由这样做。但是，这种进路也有隐患。主要的危险是，我们会显得批判性不足。通过指出实际的伦理生活赞赏这种生活，我们会面临为既定秩序辩护的危险。因为如果我们不走出自己生活的社会，怎么能把它的某个方面置于批评之下呢？

当然，确实有这样的可能性，我们深深地生活在社会不义之中，从而缺少了看到它是不义的视角，但是我们也没有绝对确定的方法可以确定自己是否缺少这样的视角。如果没有绝对确定的方法，那么我们就不该批评亚里士多德没有进行更深入的批判

---

① 参见 Bernard Williams, "Moral Luck," in *Moral Luck*。

性反思。或许如果我们问自己可以从批判性反思中合理地期待什么，就能够更清楚地看到这一点。我们不能合理地希望或者期待站在自己的所有价值之外，从一种截然分离的视角去审视它们。如果亚里士多德要把人类自由自然化（naturalize），反思就应当是人类这种动物可以合理进行的活动。除了在自己的价值中以一种批判性的方式行动之外，我们别无选择，比如说研究高贵的价值以及它对主奴社会的依赖性；将这个对照着一个人对正义和平等的信念进行检验；学习其他社会和其他伦理系统；使用想象力。我们或许还应该展示出某种**开放性**，对别人对自己坚持的（某些）价值的批判保持开放，对好的论证保持开放，对自己的良知和想象力提出的可能性保持开放。如果这就是批判性反思**可能**的形态，那么我们可以确定亚里士多德和他那里有德性的人就是在做这样的反思。当然，我不认为，说有德性的人一方面对这些反思保持开放，另一方面又通过反思认可自己的品格，有什么牵强之处。亚里士多德本人就在考察当时人们所知道的全部社会组织和政体。亚里士多德看待它们的方式就像一个生物学家在考察人类这个种族能够繁荣发展的栖息地。如果他没有在自己的社会里发现不义，与其说这表明了亚里士多德作为一个批评者的局限，还不如说表明了批判性反思内在的局限。

我想要考察对我的论题来讲最困难的例子：亚里士多德对奴隶制的辩护。① 如果是初次阅读《政治学》，我们很容易认为亚里士多德在为他那个时代最不义的制度之一辩护。我认为这是一种错误的印象，之所以产生这种印象，是因为忽略了亚里士多德写

---

① 参见《政治学》I.4-7。

作《政治学》的社会语境。《政治学》严肃地批评了民主社会，但它却是在世界历史中最伟大的一个民主政体中写就的。因此《政治学》不可能是不加反思地将那个时代的价值接受为合理的。此外，亚里士多德是第一个意识到奴隶制**需要**进行辩护的政治思想家。事实上，他对奴隶制的辩护是对当时存在于雅典社会的奴隶制的批判。因为亚里士多德论证，一个人是奴隶这个事实并不能证明他**应当是**一个奴隶。① 法律规定某个阶层的人是奴隶，也不能证成奴役，即便这个法律是大众意志的民主表达。奴役一个被征服的民族也是不对的，那只是一个民族对另一个民族的野蛮暴行。② 由于雅典的奴隶大多数是被征服的民族或者他们的后代，亚里士多德肯定是在批判他那个时代的奴隶制。用古代在自然与习俗（phusis 与 nomos）之间的二分来说，亚里士多德认为，一切仅仅基于 nomos（法律或习俗）的奴隶制都是无法得到证成的。

在亚里士多德看来，唯一能够得到证成的奴隶制就是**自然的奴隶制**。有些人依据自然生来就是奴隶。亚里士多德说，奴隶就是有生命的财产，是为了维持主人生活的工具。③ 因此一个自然奴隶"依据自然不是他自己的，而是另一个人的"。④ 但这是一种什么样的人呢？对亚里士多德来说，这种人是依据自然低于人的：

> ……一切由部分构成的复合的整体，不管是连续的还是离散的，都有统治和被统治的要素……一个活物首先是由

---

① 参见《政治学》I.6。
② 另参见《政治学》VII.14.1333b38-1334a2。
③ 《政治学》I.4.1253b25-1254a13。
④ 《政治学》I.4.1254a14-15。

灵魂和肉体构成的，在这两者中间，一个是依据自然的统治者，另一个是被统治者。**但是我们必须要在保持其自然的事物中，而非朽坏的事物中，寻找自然的意图**。因此我们必须要研究身体和灵魂都处于最佳状态的人，在他之中，我们可以看到这两者的真正关系；而在不良或朽坏的自然中，肉体似乎经常在统治灵魂，因为它们处于坏的和不自然的状态之中。不管怎样，我们在活物中既可以看到主人式的统治也可以看到政治性的统治，灵魂统治身体就是一种主人式的统治，而理智统治欲望就是政治性的和君主式的。很清楚，灵魂统治身体，灵魂中理性的要素统治情感的要素，是自然的和有利的；而如果这两者是平等的，或者低级的居于统治地位，总是有害的。动物和人的关系也是一样，驯化的动物比野生的动物有着更好的自然，而当驯化的动物由人统治的时候总是更好，可以更好地得到保全。雄性依据自然更高，而雌性较低，一方统治而另一方被统治；这个原则必然适用于所有人。当存在灵魂与肉体的区分，或者人与动物的区分（就像有些人只能运用他们的身体，不能做更好的事情），较低的种类就是依据自然的奴隶，对它们来讲**更好的情况**就是像对一切较低的东西那样，由主人来统治。他能够而且确实属于另一个人，这样他虽然没有理性的原理，但是因为参与了理性的原理，从而可以理解理性的原理，这样的人就是依据自然的奴隶。①

---

① 《政治学》I.5.1254a28-b23（强调是我加的）。

在亚里士多德看来，自然奴隶就是依据自然较低级的人。他生来在灵魂中就没有用理性的原理去统治他的欲望和情感，虽然他可以理解和服从理性的原理。在他的灵魂中理性能力不足和无法居于统治地位就证成了从外界把这种统治强加给他。主人统治自然奴隶，就相当于给奴隶强加了某种依据自然本应该出现在他自己灵魂之中的规则。这就是为什么对于一个自然奴隶来说，当奴隶更好。我们可以说主人在完成自然，也就是帮助自然完成一个有缺陷的产品。

但是如果自然奴隶是低级的人，就不应该有很多这样的人。因为自然奴隶并不是完全意义上的人，他们缺少足够的能力去过一种完满的、丰富的人生。他们是怎么出现的呢？亚里士多德认识到，自然偶尔也会产生一些有缺陷的个体。看起来唯一能够证成亚里士多德赞成的那种自然奴隶制的，就是自然偶尔出现的不完美。但是亚里士多德的生物学著作和《物理学》似乎认为自然只在很偶然的情况下才会产生不完美的产品。这似乎意味着，亚里士多德认为只有很少的人应当是奴隶。

但是如果只有很少人应当是奴隶，就应该同样只有很少的人适合做公民。这确实让人非常困惑。人依据自然是政治的动物，但是只有很少人能够过一种完满的政治生活。在亚里士多德看来，说人依据自然是政治的动物并不是说他擅长赢得投票；而是说人依据自然是一种只有在公民社会的语境下才能实现幸福的动物。"政治的动物"是很字面化的翻译，我们也可以说，"人依据自然是公民"。字面化的翻译好处在于，保存了人类自然中动物性的含义。人依据自然是公民，但是在亚里士多德眼中，人是一种依据自然是公民的**动物**。

人依据自然是政治的动物这个论题跨过了古代在自然与习俗之间的二分。亚里士多德认为，是人的自然建立了习俗和法律，人可以根据它们来生活。事实上，亚里士多德认为城邦是自然的产物。① 如果考察城邦如何从最原始的人类社会发展起来，我们就能明白这一点。假如人类想要生存，就必然需要男性与女性的结合，而人的需要将他们组织在一起，形成更大的共同体，也就是村落和部落。城邦是从这些共同体里面发展起来的，但是它的形成不只是保证最基本的生活必需，城邦提供了一种环境，在其中人们可以过良好的生活。城邦因此是人类组织发展的目的（ telos ）：

> 因此很显然，城邦是自然的产物，而人依据自然是政治的动物。依据自然而非偶然没有城邦的人，要么是一个坏人，要么高于人。他就像"无村落、无法律、无灶火的人"，就像荷马批评的那样，这种被自然抛弃的人热爱战争，他可以被比作一颗孤立的棋子。②

生活在城邦之外的人就像一颗孤立的棋子。这是一个让人印象深刻的比喻，因为严格说来，一颗孤立的棋子就不再是一颗棋子了。棋子作为游戏中的一部分获得它的身份，或者说获得它的存在。这么看来，没有棋子能够生活在游戏之外。亚里士多德显然想要接受这样一种在人和政治社会之间的类比关系。在他看来，城邦就像一个发挥功能的有机体，他论证说，城邦在形而上

---

① 《政治学》I.2，尤其是 1253a2。
② 《政治学》I.2.1253a1-7，这里提到的是荷马：《伊利亚特》IX.63。

学上先于生活在城邦中的个人，或者说比个人更具有实体性。①就像一个发挥功能的有机体的部分通过与整个有机体的关系获得它们的身份和角色，就像一只被截掉的手或者一个死人的手，都不是严格意义上的手，一个人的功能也是通过他与社会的关系定义的。亚里士多德认为，从一个脱离了社会的人不可能实现自足（autarkês）就可以看清这一点。②亚里士多德对自足的赞美有时候在现代人看来有些过于夸张，就好像是说，一个人只有摆脱了一切对他人的依赖，才能真正实现幸福。我们需要注意，亚里士多德将自足看作一种**政治性的**德性。③自足表现在一个人与自己家庭、朋友和同胞公民的关系上。自足的意思是"让生活值得欲求，并且不缺少任何东西"，因此亚里士多德将它等同于幸福。④自足的生活，也就是幸福的生活，只能在城邦中才可能实现，因此亚里士多德将它与孤独的生活进行对照，在那种生活里人们无法实现幸福。⑤"无法生活在城邦中，或者因为自足没有需要的人，要么是野兽要么是神，他不是城邦的一部分。"⑥

人类依据自然有一种社会性的本能。⑦这体现在人依据自然是一种群居动物，语言将他们和同胞联系在一起：

> ……语言的能力意在表达有利和有害，正义和不义。只有人才有好与坏，正义与不义，以及类似的感觉，有这种感

---

① 《政治学》I.2.1253a18-29。
② 《政治学》I.2.1253a26。
③ 《尼各马可伦理学》I.7.1097b7-22；参见 V.6.1134a27。
④ 《尼各马可伦理学》I.7.1097b15。
⑤ 《尼各马可伦理学》I.8.1099b3-6。
⑥ 《政治学》I.2.1253a27-29。
⑦ 《政治学》I.2.1253a29-30。

觉的生物的共同体就是家庭和城邦。①

但是，人虽然依据自然是社会性的动物，拥有好与坏、正义与不义的内在感觉，但是让他们形成良好的社会却并不容易。当然，人们并非不假思索或者毫不费力就能结成良好的社会。政治学的目标就是表明，人们如何组织社会，从而保证公民实现幸福。有了这种知识，人们更有可能实现他们都在追求的幸福。②

问题是，我们虽然需要政治学知识去保证人类幸福，但是它却给我们带来了一幅相当悲观的图景。《伦理学》已经让我们准备好接受，关于良好生活的理论无法保证良好的生活。哲学本身还不够。但是在《伦理学》的最后，亚里士多德似乎承认，即便是从小的良好训练和教养也不够：

> 如果一个人没有在正确的法律之下被培养起来，就很难从小获得正确的训练；因为节制地生活对于大多数人来讲都不是快乐的，尤其是当他们还年轻的时候。因此，应该由法律将他们的教养固定下来；因为当他们习惯了之后，就不会感到痛苦。**但是在他们年轻的时候得到正确的教养和关注当然还不够，因为即便是长大之后，他们还是必须要实践，并且习惯它们，在这方面我们也需要法律，而且普遍而言，要包括整个一生。因为大多数人服从强迫而非论证，服从惩罚而非高贵。**③

---

① 《政治学》I.2.1253a14-18。
② 《尼各马可伦理学》I.2；参见《政治学》IV.11, VII.1-2, 13-15。
③ 《尼各马可伦理学》X.9.1179b31-1180a5（强调是我加的）。

《政治学》之所以必然跟随《伦理学》，就是因为人不是一种能够轻易达到良好生活的动物。对于大多数人来讲，仅仅告诉他们好生活是什么不够，良好的训练也不够。我们需要法律，因为大多数人服从强迫和惩罚，而非论证和高贵。但如果是这样，那么大多数人必然与他们的自然处在一种奇怪的关系之中。因为伦理生活是建立在人的自然基础上的，伦理生活之所以好，正是因为它让人们可以过一种丰富的、完满的、专属于人的生活。因此，如果大多数人没有法律的强迫就无法过这样一种伦理生活，那就意味着他们要持续被强迫才能过上符合他们自然的生活。这么看来，大多数人似乎并不想成为人。

这种奇怪的看法似乎被政治学的研究证实了。亚里士多德从事的是这样一种研究："尽我们所能去完成关于人类自然的哲学，"① 但是我们了解到的人类自然却是，人们缺少能力去组成一个健康的城邦。这就是说，虽然在一个很弱的意义上，人们有能力组成一个健康的城邦，但是如果考察他们实际组成的城邦，我们只能得出这样的结论：他们没有很好地运用这个能力。为什么没有呢？这里似乎有一个很明显的张力，一方面是亚里士多德作为一个描述性的生物学家的角色，另一方面是他作为一个目的论生物学家的角色。目的论者会认为自然或多或少为了最好的结果去产生它的造物，城邦本身就是一种自然的产物；但是作为描述性的生物学家，亚里士多德致力于研究人类在他们实际形成的居住环境中的生活，因此他肯定会注意到，人们总是倾向于形成有缺陷的社会。在产生政治城邦的意义上，亚里士多德似乎被迫承认，

---

① 《尼各马可伦理学》X.9.1181b14-15。

现实的并不是理性的,理性的也不是现实的。

亚里士多德根据城邦中公民的数量和他们为了谁的利益进行统治来划分城邦。亚里士多德认为,公民就是城邦中能够参与政治生活的人,也就是承担政治职务、帮助司法审判或者参与立法。① 因此公民不一定是城邦中实际的或者潜在的统治者。在服务于公共利益的城邦中,一个人统治的是君主制,少数人统治的是贤人制,多数人的统治有一个普遍的名字——政制。所有这些政体形式都有相应的败坏形式,一个人、少数人或者多数人为了他们自己的利益统治。这三种败坏的形式是僭主制、寡头制和民主制。②

民主制为什么是一种败坏呢?在亚里士多德看来,民主制是穷人为了他们自己的利益进行统治。在寡头制和民主制之间的选择,是在富人与穷人之间的选择。③ 亚里士多德认为,民主制通常都是由一种自然败坏的循环产生的。④ 最初的政体是君主制的,但是当君主制产生了很多平等的人,他们就想要建立一种政治性的统治。在这种压力下,统治阶层就会败坏,追求他们自己的利益。这样君主制就很自然地蜕化成了寡头制:

……财富成了通向荣誉的道路,因此寡头制就自然发展起来了。寡头制导向了僭主制,而僭主制导向了民主制;因为统治阶层对于占有的渴望总是会倾向于减少统治阶层的数量,因此为了加强大众的力量,最终就建立了民主制。**由于**

---

① 《政治学》III.1.1275a22-23, b18-20。
② 《政治学》III.7.1279a32-b10。
③ 《政治学》III.8.1280a1-6。亚里士多德实际上描绘了四种民主制,参见《政治学》IV.4-6, VI.4。
④ 《政治学》III.15.1286b8-12。

城邦的规模不断变大，其他形式的统治似乎就不再容易被建立起来了。①

民主制很自然地从一种更坏的压迫形式，即僭主制中产生，但是它也还是某种支配形式——大众的支配。但是人类社会为什么会倾向于沿着这个败坏的循环发展呢？如果城邦是自然的产物，为什么没有一个自然过程是朝向最好的城邦前进呢？我们这些生活在民主时代的人，很愿意问这样的问题：就算我们承认亚里士多德说的，民主制是一个由穷人统治并且为了穷人统治的政体，他为什么不更加严肃地对待这种由多数人统治的政体也可以为了全体利益的可能性呢？亚里士多德的回答是，多数人依据自然不会为了所有人的利益去统治。只有有德性的人才是好城邦里的好公民，而有德性的人不会很多。

在最好的城邦里，最好的人进行统治。②在任何社会都只有极少数人是有德性的，因此我们不能期望有比贤人制更大的好公民群体，也就是说如果我们想构建一个理想的或者完美的城邦也没有更大的好公民群体。亚里士多德作为描述性的生物学家和作为目的论生物学家这两个角色之间的张力，在他关于理想政体的讨论中格外明显。一方面，如果他要讨论人们应该如何统治以及如何被统治，那么他就不得不去讨论一个**理想的**城邦。因此，他也就一定要承认，人不是一种依据自然就能形成良好统治的动物。良好的统治对人有利，并且表现了他的自然。但是人在他的实际行为中却并不倾向于实现自然。另一方面，他坚持认为，理想城

---

① 《政治学》III.15.1286b15-22（强调是我加的）。
② 《政治学》III.18.1288a33-34。

邦的条件必然是可以实现的。① 亚里士多德对乌托邦没有兴趣：他想要描绘一个人们可以实际生活在其中的城邦。理想的城邦虽然还没有被实现，但应该是现实的。

亚里士多德认为，要认识最好的城邦形式，我们必须要先认识最好的人类生活。② 因为一个好城邦就是让人能够过最好生活的城邦。对人来讲最好的生活就是幸福的生活，而幸福的生活就是依据德性的生活，那么最好的城邦就是能够促使公民过德性生活的城邦。③ 因此，亚里士多德可以说政治社会的存在是为了高贵的行动。④ 产生高贵的行动并不是政治社会明显的目标，它的目标是确保公民过上良好的生活。因为好生活就是做出高贵行动的生活，所以政治社会可以将高贵的行动作为目标。

那么，好城邦就可以被认为是这样一个环境，它可以鼓励人们实现自然。由于良好的城邦被定义成保证公民实现好生活的城邦，因此只有在好城邦里好公民才同时是好人。⑤ 好公民的观念是一个相对的概念，好公民就是主动帮助实现城邦目的的人。因此如果城邦的目的本身不好，城邦里的好公民就是在追求坏的目的。如果一个人是坏城邦里的好公民，他就不可能过有德性的或者幸福的生活。相反，好城邦直接促进它的公民过有德性的生活。因为促进有德性的生活帮助构成了有德性的生活，由于好城邦的目标是有德性的行动，好城邦里的好公民就过着良好的生活。在最好的城邦里，好公民就是无条件的好人：

---

① 《政治学》VII.4.1325b35-39, IV.11.1295a25-31。
② 《政治学》VII.1.1323a14-21, VII.2.1324a23-25, VII.13.1332a4-10；另参见《尼各马可伦理学》I.2。
③ 《政治学》VII.1.1323b21-1324a4, VII.13.1332a28-38, IV.11.1295a35-b1。
④ 《政治学》III.9.1281a2-4。
⑤ 《政治学》III.4, III.18, IV.7, VII.9, VII.13-15。

好人的德性必然和完美城邦中公民的德性一致。①

在完美的城邦里，好人在无条件的意义上与好公民一致；而在其他城邦里，好公民只相对于他自己的政体是好的。②

因为在一个好城邦里好公民必然是好人，所以亚里士多德会限制公民的范围。好公民是很难找到的。③在任何社会中都只有相对少的有德性的人，因为有德性的人毕竟展现了人类的卓越，而一个好城邦的公民群体必然局限于这些人。亚里士多德确实认为绝对君主制可能成为一种好的城邦，因为一个好的君主会为了他臣民的利益进行统治。④但是就算我们关注一个由法律而非绝对统治者的判断统治的好城邦，想要尽可能扩大公民的范围，我们也没有办法超越少数人的统治："一个人或少数人在德性上卓越，但是当这个数量增加以后，就很难保持在各种德性方面的卓越了。"⑤少数最好的人为了共同利益的统治就是贤人制，唯一一种根据德性分配政治职务的统治形式。⑥

好城邦的公民只能局限于有德性的人，这会带来戏剧性的后果：社会上的所有人几乎都被排除在政治生活之外。不仅仅是奴隶和穷人被排除在外，商人、工匠、手工劳动者也都被排除在公民生活之外，也就是那些为城邦的存在和幸福履行必要功能的人。⑦在一个健康的社会中，公民被禁止做很多事情：

---

① 《政治学》III.18.1288a38-39。
② 《政治学》IV.7.1293b5-7。
③ 比如参见《政治学》III.7.1279a39-b2。
④ 《政治学》III.7.1279a32-33。
⑤ 《政治学》III.7.1279a40-b2。
⑥ 《政治学》III.8。
⑦ 《政治学》III.5, VII.9。

> 因为我们在讨论最好的统治形式，也就是城邦达到最幸福（正如我们已经说过的，幸福不能离开德性存在），① 那么很显然，这样的城邦就是统治得最好的，拥有无条件的正义之人，而不仅仅是相对于这个政体的原则，公民们必然不能过手工匠人或商人的生活，因为这种生活是卑下的，不利于德性。他们也不能是农民，因为闲暇对于发展德性和履行政治义务来讲都是必需的。②

理想城邦的公民并不工作。他们管理城邦——思虑、立法、裁决，或许还有些人指挥军队，他们也会管理自己的家庭。年轻时，他们在军队中服役，但即便是那些被统治的经验也是在为他们进行统治做准备。③ 最重要的是，城邦会给他们提供足够的机会去运用德性。因为城邦的目的是促进公民的幸福，而幸福就是德性的运用。这样看来，公民就是城邦中能够真正做有德性行动的全部人群。

从如今这个信仰民主理想的时代来看，亚里士多德对理想城邦的看法毫无吸引力。但是除了说亚里士多德生活在他那个时代，而我们生活在一个不同的时代之外，我们还能说点什么更有意义的话吗？我们不可能期望批判性的反思能够把亚里士多德送出他的时代，给他某种无时间性的、绝对的视角。我们应该关心的是，在亚里士多德的批判性反思内部，有什么要素会让他对自己的答案感到不满吗？一开始我们可能会给出否定的答案，因为亚里士多德根本就不认为人类的德性是用一种民主的方式分配

---

① 《政治学》VII.1.1323a21-1324a4, VII.8.1328a37 以下。
② 《政治学》VII.9.1328b33-1329a2。
③ 《政治学》VII.14。

的。但是如果我们考虑亚里士多德关于自然的整体理论，似乎确实有一些亚里士多德也应该考虑的原因。他并不认为每个种族的良好个体繁衍后代是件偶然的事情。那么他为什么认为好人很少产生呢？或许答案来自历史：在公元前 4 世纪中期，亚里士多德见证了民主制城邦的崩溃。① 他的政治哲学反映了他对民主雅典缺少信心，不认为它还能支撑下去。虽然亚里士多德的政治哲学充斥着他见证的政治现实，但是我们有理由认为它建立在他关于自然的理论之上。他的自然理论至少比政治理论更主张，好人在自然中应该更经常出现。

此外，他不得不去设想一种**理想的**城邦，这件事本身就应该让亚里士多德感到困惑。我们不需要去做任何猜测就能够确定青蛙生活的理想条件。我们只需要检查一下青蛙实际生活的池塘和草丛，就能知道它们对于青蛙来讲是不是最好的。但是我们不能单纯考察人们实际生活的社会，从中发现他们应当如何生活。人类通常生活在有缺陷的社会里。因此，人类是自然中唯一一个倾向于生活在不健康的环境里的物种。当然，人类是能够创造他们环境的独特物种。但是既然自然给了人们形成政治社会的能力，我们就有理由认为，亚里士多德的自然会更加慷慨地分配创造好城邦的能力。

为什么没有更多好城邦呢？对亚里士多德来讲这本应是一个迫切和令人困惑的问题。假如亚里士多德考虑这个问题，那么就算他无法超越自己的时代，也本可以将自己的政治哲学置于进一步的批判性考察之下。

---

① 参见 Cynthia Farrar, *The Origin of Democratic Thinking*, ch. 7。

第六章　理解存在的普遍结构

人不仅是政治的动物，还有理解的欲求。于是这里就有了一个严重的问题：人们如何才能既满足作为政治动物的自然，又满足对于理解的内在欲求。这个冲突需要时间才能发展起来。因为在某种意义上对于理解的欲求帮助人们过一种积极的公民生活。因为人们会理解，在社会中过伦理生活是一种实现真正的人类幸福的方式。当人们理解了幸福是什么，他们就更有可能去实现它。但是，如果一个人要完满地实现他对于理解的欲求，就会脱离伦理的生活。这样看来，人的自然就是要超越他的自然。人依据自然是政治的动物，但是他依据自然也是一种欲求理解这个世界的动物。在寻求理解的过程中，他会把伦理的生活留在身后。他的自然会让他超越（或者离开）作为政治动物的自然生活。

我们应该如何理解这个看起来带有悖论性质的观念呢？一个方式就是去考察理论理解的结构。因为如果我们把握了对理解的欲求到底是在欲求什么，我们就能看到，当欲求将我们带离伦理生活实现理论理解，这有多么令人满足。

一、亚里士多德的逻辑学[①]

亚里士多德最伟大的思想成就之一就是发现了形式逻辑，这

[①] 本节相关阅读：《前分析篇》I.1-7, 23；《后分析篇》I.1-4, II.19。

个成就也让他声名显赫。事实上，亚里士多德自己也对这个成就非常骄傲，这在他的作品里很少见。在逻辑学著作的最后，他这样写道：

> 很显然，我们的计划已经完成得相当充分了。但是我们一定不能忽略在这项研究中发生了什么。在所有的发现中，前人的成果被继续研究的人逐渐推进。普遍来说，那些新颖的发现都是最开始进展很小，但是比随后的发展更加有用……修辞学和几乎所有其他的技艺都是这样，那些发现起点的人对它的推进很小，而今天的那些名人都是在一长串逐渐推进那个领域的人之后的继承者，这样才把这些领域发展到了今天的形式……我们的研究与此不同，并不是一部分工作已经被充分地完成而另一部分没有。之前根本什么都没有……此外，关于修辞学很早以前就有了很多材料，而三段论这个主题我们没有任何之前的成果可以讨论，我们不得不在很长时间里进行摸索实验。如果经过考察，你们发现我们确实是这项研究的起点，没有任何传统流传下来，那么你们所有人和我们的学生，就应该原谅我们这项研究中还有缺陷，同时为这些发现热情地感激我们。①

什么是三段论？亚里士多德又为什么对它如此骄傲呢？

只要有哲学思考，就一定会有严格的论证。哲学家们不仅仅通

---

① 《辩谬篇》34.183b15-184b8。我用了"三段论"（syllogism）来代替牛津译本中的"演绎"（deduction）。我这么做有两个原因：第一，如果一个三段论最终是一个演绎，那应该是我们关于三段论研究的结果；第二，至少有些三段论并不能被很容易地理解成演绎。

过观察世界去理解它。他们会去思考，有了关于这个世界已知的东西，还有什么东西也必然是真的。也就是说，他们运用论证来扩展知识。他们还用论证去说服其他人接受他们相信的真理。如果一个论证从一个所有人都认为正确的前提开始，又足够严格和清晰，那么任何相信前提的人就应当相信结论。当然，还有些人可能无法跟上论证，或者非常顽固，不去接受他应当接受的结论。但是如果一个论证是好的论证，那么我们就可以确信，任何理性的人都会被它说服。事实上，接受这样的论证，正是一个人理性的标志。既然理性是人的本质，那么通过构造、跟上和接受严格的论证，人们就可以显示他们最真实的本质。

亚里士多德首先关注那种关于世界本质的严格论证。前提表达了关于这个世界的基本真理，这些前提通过它们自己就可以被人了解，不需要诉诸其他的前提。① 那些严格的论证意在揭示其他关于这个世界的必然真理，那些真理无法通过它们自身得到认识，而只能从基本的前提里推论出来。这样看来，严格的论证就不仅体现了人的理性，还揭示了世界的理性。在亚里士多德看来，这个世界是好的。它之所以是好的，部分表现在它是可理解的。但是如果没有系统的方式可以把可以直接理解的东西和不能直接理解的东西连接起来，这个世界就不是可理解的。在基本的、可以直接理解的真理与只能建立在这些前提基础上的真理之间，必然有某种系统的联系。否则这个世界就不是可理解的，在本质上也就不是好的。所以只要还没有发现这个系统的联系，想要证明这个世界是好的，就还有漏洞。

---

① 参见《后分析篇》，尤其是 I.1-4, II.19。

212　　说一个真理是"直接可以理解的"有两个含义。亚里士多德区分了**"对我们来讲**直接可以理解"和"**无条件地**直接可以理解"。在研究存在的整体结构时，我们不再满足于事物对我们直接呈现的样子，那是我们刚开始进行研究时的状态。我们关心的是存在论上基本的真理，也就是表达了本质的**定义**。比如说，一个定义表达了人是什么，说这个定义直接可理解的意思是，它的真不依赖任何其他东西。这种直接可以理解的真，只有在我们很深入地研究了人的本质之后，才**对我们来讲**直接可以理解。只有在那时，我们才不依赖任何其他东西，仅仅因为人在最根本的意义上是什么，理解了人的本质。

　　就是在这个时候，我们急需逻辑系统。对理解的内在欲求推动着我们，加上这个可理解的世界对我们做出的回应，我们从对我们来讲直接就很清晰的东西开始，走上了认识这个世界基本真理的道路。就像亚里士多德说的，我们已经让那些无条件地直接可知的东西对我们来讲变得直接可知。现在的问题是：我们如何往回走？我们如何系统地将关于这个世界的真理（这个时候已经变得对我们可知了）与依赖它们的那些不那么基本的真理联系起来？在我们可以回答这个问题之前，还不能让存在的整体结构变得可以理解。

　　为了解释亚里士多德的逻辑学，我们需要引入一些概念。说一个推理是**"有效的"**指的是从所有真的前提出发，结论必然为真。比如说下面这个推理：

　　　　　　X 是一个正方形。
　　　　　　因此，X 是一个矩形。

这个推理是有效的，因为正方形就是一种特殊的矩形，也就是各条边都相等的矩形。我们需要注意两点：首先，就算 X 不是一个正方形，这个推理依然是有效的。一个有效的推理，前提并不一定是真的。我们需要的只是，**如果**前提都是真的，那么结论**必然**是真的。第二，即便一个推理是有效的，它也不一定是一个好的论证。比如说一个人只说出了欧几里得几何学的公理，然后说出了任意一个定理。即便那个推埋是有效的（如果那些公理是正确的，这个定理一定是正确的），这也不是一个好的论证，因为缺少了对定理的证明。一个好的论证比一个有效的推理要求更多，它是一个或一组有效的推理，在里面我们可以**看到**这个推理为什么有效。一个有效推理的结论是前提的**逻辑后果**。在一个好的论证中，结论是前提的逻辑后果，并且我们可以看到结论以合乎逻辑的方式从前提中被推论出来。

不是有效的推理就是无效推理。特别是那些前提和结论都为真的推理。比如：

天是蓝的。
因此，你正在读这本书。

这是一个无效推理。前提和结论都是真的，但并不是如果前提为真，结论**必然**为真。就算你在做其他事情，天也是蓝的。

有些推理仅仅从形式上看我们就知道它们是有效的。比如：

所有单身汉都是没结婚的男人。
所有没结婚的男人都是会死的。

因此，所有单身汉都是会死的。

再比如：

> 所有天鹅都是鸟。
> 所有鸟都是两足的。
> 因此，所有天鹅都是两足的。

这些推理的形式都是：

> 所有 a 都是 b。
> 所有 b 都是 c。
> 因此，所有 a 都是 c。

由于有了这个形式，这些推理都是有效的。这些推理被说成是"**形式上有效的**"。与此不同，

> X 是一个正方形。
> 因此，X 是一个矩形。

这个推理是"非形式上有效的"，因为它的形式是：

> X 是一个 P。
> 因此，X 是一个 Q。

这个形式是无效的。我们看下面这个推理：

> X 是一个三角形。
> 因此，X 是一个矩形。

这个推理与前面的推理有着相同的形式，但它是无效的。因此如果一个有这种形式的推理是有效的，它的有效性并不是因为形式。要理解

> X 是一个正方形。
> 因此，X 是一个矩形。

是有效的，我们不能看它的形式。我们必须要知道正方形是什么、矩形是什么，并且知道正方形是一种特殊的矩形。与此不同，

> 所有 quarks 都是 glarks。
> 所有 glarks 都是 narks。
> 因此，所有 quarks 都是 narks。①

我们知道这个推理是有效的，尽管我们并不知道这些词的意思。

亚里士多德不是第一个认识到，一个推理可以仅仅由于它的形式而有效的人，但是他第一个构造出了一个复杂而精巧的形式推理系统。在介绍亚里士多德的系统之前，我们需要先了解，为什么**形式**上有效的推理那么重要。在亚里士多德看来，"有效推理"和"证明"这两个概念都与公理方法密切相关。欧几里得的

---

① 译注：这个三段论里的英文单词都是作者造出来的，意在强调这个论证形式上的有效性不依赖内容。

215 　《几何原本》是非形式化公理理论的典范。在一个公理化的几何学里，某些基本的叫作"公理"的陈述被确定下来，这些陈述拥有简单和明显的本质，人们只要理解了它们就可以直接确定它们是真的。从这些公理出发，我们可以推论出进一步的陈述，这些就是几何学的"定理"。虽然欧几里得（大约出生在公元前 300 年）大约和亚里士多德的孙子是同时代人，但是人们通常认为，他帮助将一个在他之前就已经存在的公理系统固定和书写下来。认识到分散的几何学观念可以围绕几个基本的几何学观念组织起来（这就是公理体系的核心），可以回溯到毕达哥拉斯（大约出生在公元前 582 年）。毕达哥拉斯学派的成员推动了将几何学公理化的进程，而不是追求分散的几何学成果，因为他们认为这种组织解释了自然的根本和谐。后来的注疏者提到，毕达哥拉斯因为发现了公理方法而向神献祭公牛。事实上毕达哥拉斯并不信仰这样的献祭，但是我们可以看到，发现这么多分散的几何学结果可以被如此简单地组织起来，引起了人们的敬畏之情。

　　如果一个人想要达到更高程度的严格性，他就应该只承认那些在公理里面明确表达的东西。只允许使用有效的推理，也就是结论是那些已经得到确认的前提的逻辑结果。那么一个纯粹公理化的几何学就只包括那些可以通过纯粹逻辑手段从公理里面推论出来的陈述。这很可能就是欧几里得的目标。有证据表明，他想要让一切假设都像公理和定义一样明确，然后仅仅用逻辑推出定理。

　　如果这是欧几里得的目标，那么他失败了。[①] 因为虽然毫无疑

[①] 在这里我受益于查尔斯·帕森斯对公理方法的清晰讨论，参见 Charles Parsons, "Mathematics, Foundations of," P. Edwards ed., *Encyclopedia of Philosophy*, Macmillan, 1967, vol. 5, pp. 190-192。

问欧几里得试图将所有非逻辑的假设都归入公理，但是在一些地方他无意地假设了一些几何学命题，它们既不在公理里面，也没有得到证明。比如欧几里得给出的第一个证明。这个证明非常简单，它意在表明我们可以从一条确定的直线做一个等边三角形。简单来说，我们首先有一条直线 AB，然后以 A 为圆心，以 AB 为半径做一个圆。

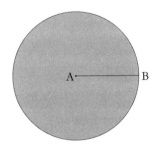

接下来，我们以 B 为圆心以 AB 为半径做一个圆。

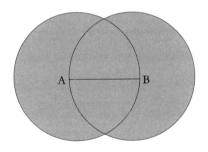

根据公理，这两步都是合法的。接下来我们要从 A 到 C（两个圆的交点）做一条直线，然后从 B 到 C 做一条直线。

---

① 译注：在原书第 217 页，作者收录了欧几里得《几何原本》开头的 5 个公设、5 个公理、3 个定义，以及第一个定理和对它的证明全文。中译本从略。

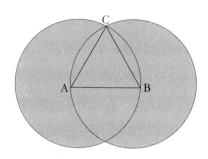

公理允许我们过任意两点做一条直线。由于新构造的三角形 ABC 的三个边的长度都是这个圆的半径，因此这个三角形必然是等边三角形。证毕。

还有什么能比这个更严格吗？在欧几里得的公设里，没有什么让我认为存在这样一个两圆相交的 C 点。欧几里得没有注意到他必须设定两个圆相交的时候会出现两个交点。他的公设允许线和圆的存在（或者被做出），但是在他的公设里并没有提到当两个圆形像他所描述的那样被做出来之后，存在一个可以作为三角形顶点的 C。或许 C 点的存在非常明显，只要看看图形就知道，但是使用图形本应当只是出于教学目的。使用图形可以帮助我们集中注意力，从教学上讲也可以让我们更容易跟上或者发现证明；但是如果我们仅仅因为某些定理看起来很显然就接受它们，其实就在公理里面增加了内容。

这就带来了一个普遍性的问题：我们如何能够避免这样的失败？我们如何确定一个证明没有依赖尚未明确陈述的重要假设？一个方式就是对证明使用的词汇的含义做高度的抽象，使得这个论证的有效性不依赖使用的那些词汇的有效性，而是依赖论证的形式。比如下面这个论证：

> 所有单身汉都是没结婚的男人。
> 所有没结婚的男人都是会死的。
> 因此，所有单身汉都是会死的。

即便不知道"单身汉""没结婚的男人"或者"会死"的意思，这个论证也是有效的。而欧几里得的论证依赖我们对圆形、直线、三角形和点的了解。（因此危险就是一个人可能没有明确表达他理解的东西，或者一个人认为他理解了某些他其实还没有理解的东西。）

亚里士多德的计划是找到这个形式推理的系统，将所有有效的推理都表达出来。他的想法是任何非形式化的有效推理，比如欧几里得的证明，都可以被改写成一系列**形式**上有效的推理。如果能够实现，它就能给我们提供非形式化推理有效性的检验。如果它们能够被转换成形式上有效的推理，那么这个推理的有效性就不再依赖对这个领域的知识。我们可以仅仅根据形式就判断一个推理是否有效。如果我们的计划是呈现存在的普遍结构，这一点就非常重要。因为不同的学科构成我们对这个世界的知识，这些学科关于不同的主题。比如，几何学关于三角形、圆形以及它们的空间关系；生物学关于生物有机体。但是如果这两个学科都是严格组织起来的，论证的**形式**就应当是共同的。在一开始都应该是一些基本的公理来表达定义，比如三角形是什么、人是什么。这些陈述显然彼此不同，但是亚里士多德认为它们都有相同的形式：所有的 a 都是 b。因为前提有共同的形式，能够以形式化的方式推论出来的结论也就必然有相同的形式。因此通过将不同的科学形式化，我们可以理解将它们联系起来的更高的统一性，也就是一种共同的形式化结构。

假如亚里士多德实现了自己的目标，那么公理化方法这种代表高水平抽象思考的标志，就能够在欧几里得写作《几何原本》之前两代人开花结果了！但是亚里士多德没有成功。事实上，他所建构的形式上有效的推理，也就是**三段论**，并没有达到足够精细的程度，无法表达任何一个欧几里得的证明。但是亚里士多德认为自己成功了，而且用一个论证来支持自己，不过很遗憾，这个论证是失败的。但是亚里士多德的失败不应该让我们忽视这个尝试本身的光芒，这是第一次将公理方法建立在坚实基础上的尝试。他的失败也不应该让我们忽视形式逻辑的诞生。

《前分析篇》的第一句话表明，这项研究的主题是证明。① 但是亚里士多德首先给出了他关于三段论的理论，因为这是更加普遍的：任何证明都是一个三段论，但并非每个三段论都是一个证明。② 亚里士多德将**三段论**定义成"一种言辞（logos），在其中某些事情被确定下来，某些不同于被确定下来的事情因为它们是这样而必然跟随而来"。③ 这听起来像是我们之前对有效推理或者逻辑后果的定义。在三段论的定义里没有提到形式，也没有提到任何我们熟悉的亚里士多德的三段论，比如：

所有 a 都是 b。

所有 b 都是 c。

因此，所有 a 都是 c。

---

① 《前分析篇》I.1.24a10-11。

② 《前分析篇》I.4.25b28-31。

③ 《前分析篇》I.1.24b18-20。我使用了"确定"，而不是牛津译本里的"陈述"，因为这里的希腊语表达的意思比简单的陈述更强，意思是主张、确定或者假设。

三段论可以是**任何**论证，只要某些事情被（作为前提）确定下来，其他事情从它们推论出来。① 亚里士多德确实给出了一个形式推理的复杂系统，我们通常称之为三段论。但是这个形式三段论系统的重点在于表明，任何符合那个宽泛定义的三段论（比如欧几里得的任何演绎）都可以被表达成一系列形式化的三段论。

一个三段论是"**完美的**"就是说，除了被说出来的东西之外，不需要任何别的东西，就能很明显地推论出必然的结论。② 从 X 是一个正方形推论出 X 是一个矩形，就是一个非形式化的完美三段论。我们只需要知道正方形和矩形是什么就能知道这个推理是有效的。下面这个三段论就是一个形式化的完美三段论：

所有 a 都是 b。
所有 b 都是 c。
因此，所有 a 都是 c。

一个三段论是"**不完美的**"，就是说虽然结论确实跟随前提，但是需要补充一个或者更多的陈述（它们是这些前提的必然结果）才能很清楚地表明结论确实成立。比如说，一个人简单地陈述了欧几里得几何学的公理，然后说"因此，一个三角形内角和是 180 度"。这就是一个不完美的非形式化三段论。结论或许确实来自前提，但是缺少了它确实来自前提的证明。

---

① 这就是我们为什么不能将三段论等同于演绎。如果我们说出一个理论里面的公理和任意一个定理，那么这就是一个三段论，但是说这是演绎就比较牵强了。事实上，在这种情况下，从公理演绎出定理正是这里缺失的东西。

② 《前分析篇》I.1.24b22-25。

亚里士多德说在一个三段论里，结论必然跟随前提而来。"必然得出"是什么意思呢？亚里士多德从来没有做过解释。但是要确定这个形式逻辑系统，他并**不是一定要解释**这一点。①因为确实有一些完美的形式三段论系统，他可以指出一些有代表性的例子，在其中结论必然跟随着前提而来。亚里士多德使用的完美推理是：

所有 a 都是 b。
所有 b 都是 c。
因此，所有 a 都是 c。

所有 a 都是 b。
没有 b 是 c。
因此，没有 a 是 c。

一些 a 是 b。
所有 b 都是 c。
因此，一些 a 是 c。

一些 a 是 b。
没有 b 是 c。
因此，不是所有 a 都是 c。

---

① 我在《亚里士多德与逻辑理论》(*Aristotle and Logical Theory*) 第一章里，更详细地讨论了这一点的意义。

因为这些推理是完美的，我们很容易就能看到结论来自前提。亚里士多德没有给出"必然得出"的定义，然后用三段论表明这是对的。相反，他开始就给出了一些明显有效的推论，然后请你认可，在这些情况里面结论必然从前提得出。①

亚里士多德引入了一种谓述的逻辑（logic of predication），研究谓述关系如何从其他关系中得来。这种逻辑对亚里士多德来讲非常重要，因为他关心的并不是将几何学公理化，而是将存在整体公理化。基本的公理表达了本质，比如说"人是理性的动物"，三段论会从这些本质中演绎出结论。

亚里士多德认为，完美的三段论都是**第一格**的，在第一格里面，谓述关系都是相同的：

_____a 是 b。
_____b 是 c。
因此，_____a 是 c。

但是，只要改变谓述的顺序，我们就可以得出其他的三段论。第二格的三段论就是把"所有""没有""一些""不是所有"应用在下面的谓述关系上：

_____a 是 b。
_____c 是 b。
因此，_____a 是 c。

---

① 《前分析篇》I.4.25b37-26a2, 26a23-27。

第三格三段论的形式是：

　　　　_____b 是 a。
　　　　_____b 是 c。
　　因此，_____a 是 c。

亚里士多德尝试将"所有""没有""一些""不是所有"这些数量词应用在所有三个格的三段论上，他考虑了各种前提的组合。除了完美的第一格三段论之外，他还通过反例排除掉了其他格里的大多数三段论，只留下 10 个有效的，其他都是无效的。下面就是亚里士多德如何表明，一对前提得不出三段论的结论。比如下面这对前提：

　　没有 a 是 b。
　　所有 b 都是 c。

亚里士多德表明，从这些前提里推不出任何"_____a 是 c"这种形式的有效结论。他是这样做的。① 他首先找到了一些词项，让两个前提都为真，然后得出一个形式是"所有 a 都是 c"的真结论：

　　没有马是人。
　　所有人都是动物。
　　以及，所有马都是动物。

---

① 《前分析篇》I.4.26a2-9。

这个推理有如下形式：

> 没有 a 是 b。
> 所有 b 都是 c。
> 以及，所有 a 都是 c。

既然所有句子都是真的，那么就没有任何用这些前提组成的三段论可以得出否定性的结论，比如"没有……"，"不是所有……"。因为我们刚刚看到一个例子，在那里前提和一个普遍的肯定结论（"所有马都是动物"）都是真的。如果这种推理形式有可能出现两个前提是真的，一个普遍的肯定结论也是真的，那么很显然，前提就不是**必然得出**一个否定性的结论。但是如果这是一个三段论，就要必然得出一个结论。

与此类似，如果我们可以找到某些词项，让前提为真，同时让一个形式是"没有 a 是 c"的结论为真，那么从这种形式的前提推论出一个肯定的结论"所有……"，或者"有些……"的可能性就被排除掉了。因为

> 没有石头是人。
> 所有人都是动物。
> 以及，没有石头是动物。

这三句话都是真的，而这些句子的形式如下：

> 没有 a 是 b。

所有 b 都是 c。

以及，没有 a 是 c。

由此我们就知道，从前提里并不是必然得出一个肯定性的结论。排除掉这两种可能性就保证了下面这两种形式的前提推不出三段论的结论：

没有 a 是 b。

所有 b 都是 c。

亚里士多德在其他格的三段论里留下了 10 个，他不能将它们当作无效的排除掉。我在这里只给出第二格的两个例子：

所有 a 都是 b。

没有 c 是 b。

因此，没有 a 是 c。

没有 a 是 b。

所有 c 都是 b。

因此，没有 a 是 c。

亚里士多德认为，这两个三段论是**不完美的**。它们是有效的，但并不是明显有效的。那么我们怎么能确定它们的有效性呢？亚里士多德认为，所有不完美的推理都可以变成完美的。也就是说，任何有效但不是明显有效的推理，我们可以用另一组推理从相同的前提推论出相同的结论，并且在这里每个推理都是明显有效

的。为了实现这个目的，亚里士多德引入了三条转换规则：①

从"没有 b 是 a"可以推论出"没有 a 是 b"。
从"所有 b 都是 a"可以推论出"一些 a 是 b"。
从"一些 b 是 a"可以推论出"有些 a 是 b"。

亚里士多德给出了例子"如果每个快乐都是好，某些好一定是快乐"，但是他想要让读者看到，这些规则是明显有效的。我在这里给出一个例子说明一个不完美的三段论如何可以被转换成完美的：

所有 a 都是 b。
没有 c 是 b。
因此，没有 a 是 c。

这里的第二个前提，"没有 c 是 b"可以转换成"没有 b 是 c"。这样我们就形成了一个完美的第一格三段论：

所有 a 都是 b。
没有 b 是 c。
因此，没有 a 是 c。

亚里士多德的策略是，分离出几个明显有效的推理，然后去证成其他有效的推理，表明我们可以只用明显有效的推理从前提

---

① 《前分析篇》I.4.25a5-26。

得出结论。在《前分析篇》的开篇，亚里士多德给出了一套全面的谓述关系，表明每个推理或者是无效的（因此可以被排除掉）或者是有效的，有效的推理或者是完美的或者是可以变成完美的。①在他形式化的推理系统里，所有不明显的有效推理都可以被还原为明显有效的推理。这一点很重要，因为两个原因。首先，亚里士多德保证人们可以看到每个形式上有效推理的合理性。因为每个形式上有效的推理或者是完美的或者是可以变成完美的，形式上的有效性就不可能超越人的理解能力。一个人不仅可以理解每个形式上有效的推理的合理性，还可以理解他是一个可以这样做的存在者。其次，亚里士多德用一种非常漂亮的策略去证成所有形式上有效的推理。他挑出了几个明显有效的推理，根本没有试图去证成它们。他仅仅提出了它们，希望读者认识到它们是明显有效的。而对于那些并不明显的推理，他表明它们是有效的，但并不是构造抽象的论证，而是表明我们可以不依赖它们就从前提得出结论。严格说来，它们是多余的，虽然我们可以使用它们从前提更快地跳到结论。②

我们需要认识到，亚里士多德是在证明一个**关于**他的逻辑系统的真理。他在这里不是在用他的逻辑系统去构造证明，而是将逻辑系统本身当作研究的对象，并且证明关于它的真理。对于逻辑系统的研究被称为**元逻辑**。很显然，亚里士多德是第一个元逻辑学家，因为在他之前还没有形式推理的严格系统可供的研究。

---

① 参见《前分析篇》I.1-7, 13, 23。我不会在这里讨论所有的细节。有兴趣了解更多的读者，可以参考我的《亚里士多德与逻辑理论》第一章，以及 J. N. Keynes, *Studies and Exercises in Formal Logic*, Macmillan, 1928。

② 译注：在原书第 226 页，作者收录了全部有效的三段论、转换规则和一些注释，中译本从略。

因此亚里士多德开启了一个全新的思想领域，他可以去研究证明和结果的本质，而他的前人做不到这一点。① 格外吸引人的是，一旦元逻辑成为可能，它立即得到了应用：逻辑的诞生同时也是元逻辑的诞生。我猜测，这是因为亚里士多德需要元逻辑去证明存在的整体结构是可理解的。通过将所有有效的推理区分为明显有效的和不明显有效的，并且表明所有不明显有效的推理都可以是完美的，也就是将它们转化成一系列明显的推理，亚里士多德证明了存在的整体结构是可知的。元逻辑与亚里士多德的形而上学渴望构成了一个整体。

正是因为亚里士多德对逻辑的研究是更大计划的一部分，他没有满足于证明形式逻辑里面的那些定理。亚里士多德证明了第二格和第三格的不完美三段论可以通过明显有效的第一格三段论以及转换规则变成完美的。② 但是在《前分析篇》I.4 的开头，亚里士多德说他可以说明**所有的**三段论如何产生。③ 在《前分析篇》I.23 中，他论证，**所有的三段论毫无例外都来自这三个格**。④ 亚里士多德的意思是，任何演绎论证，即便是一个非形式化的证明，都可以被表述为一系列形式化的三段论推理。⑤ 亚里士多德宣称任何非形式化的演绎，比如三角形内角和是 180 度，都可以被转化成形式化的演绎。假如亚里士多德的论证是成功的，就能将所有严格的

---

① 亚里士多德作为一个元伦理学家的重要性，是我在《亚里士多德与逻辑理论》一书中的一个核心论点。

② 个别时候他不得不使用略微复杂一些的手段：参见我的《亚里士多德与逻辑理论》，p. 5 以下。

③ 《前分析篇》I.4.25b27。

④ 《前分析篇》I.23。

⑤ 亚里士多德排除了所谓的"假言三段论"。对这一点的讨论，参见我的《亚里士多德与逻辑理论》，第三章。

推理都纳入他的形式三段论系统。

亚里士多德没有尝试将具体的演绎形式化，而是为他的这个论题给出了一个抽象的论证。他假设每一个非形式化演绎推理的结论，也就是广义上的每个三段论，在本质上都有一个三段论的公式。比如，他认为"三角形内角和是 180 度"这个结论，在本质上的形式是"所有 a 都是 c"。随后他论证，这个结论能被直接推论出来的唯一方法就是通过一些前提，这些前提就像一个形式化的三段论那样将词项联系起来。① 也就是说，这个证明始于一个公理，它陈述了所有的三角形都有某种属性，"所有 a 都是 b"，之后表明，这个 b 属性有内角和 180 度的属性，即"所有 b 都是 c"。当然，我们可能需要一系列推理才能得出结论：

所有 a 都是 b。

所有 b 都是 d。

因此，所有 a 都是 d。

但是，所有 d 都是 e。

因此，所有 a 都是 e。

但是，所有 e 都是 c。

因此，所有 a 都是 c。

这里 b、d、e 都是"中项"，它们的作用就像将三角形与内角和 180 度的性质联系起来的证明。在亚里士多德看来，结论的词项可以用三个格的形式三段论通过"中项"联系起来。②

---

① 《前分析篇》I.23.40b30-41a20。

② 《前分析篇》I.23.41a4 以下。

亚里士多德的论证看起来过于乐观了。这个论证太框架性了，他没有意识到非形式化的几何学证明需要一个极其复杂的形式系统，几千年之后才有人能够发明它。亚里士多德的逻辑学直到19世纪末一直作为毫无争议的典范统治着逻辑学。但是他的这个系统还没有精巧到可以实现他的梦想。如果亚里士多德不分析"必然得出"这个概念就想给出一个统一的和前后一贯的逻辑理论，那么所有的演绎，不管是形式化的还是非形式化的，就都要系统地与完美的三段论推理联系在一起。首先，亚里士多德分析了三个三段论的格，它们可以将不完美的推理还原成完美的；其次，亚里士多德给出了一个论证，表明三段论的三个格足以表达所有的非形式化演绎。假如那个论证是有效的，那么从任何一组前提得出的任何演绎结果，都可以通过一系列明显有效的推理得出。因为任何演绎在理论上都可以表述成一系列三段论的推理，而那些形式化的推理都可以变成完美的。在实际的演绎中，我们会前进得很快，做出很多推理上的跳跃，或许只是随便提一下那些已经得到证明的定理。亚里士多德可以允许这样的做法，并不是通过分析结果，而是通过保证在那些可疑的例子里，任何非形式化的演绎都可以得到形式化，任何形式化的演绎都可以被完美化，也就是被转化成每一步都明显能够推出的论证。

这是一个非常壮丽的景观，亚里士多德认为自己实现了它，由此认为自己有可能为存在的整体结构奠定基础。在这个结构的顶点就是一些本质，以及表达本质的谓述。从这些本质而来的，是一些通过严格推理得出的结论。假如一个人可以沿着这些思路确定存在的结构，存在的秩序和人们关于存在知识的秩序，就是同一个秩序。事实上，正是通过了解存在的整体结构，**对我们来**

讲最可知的东西最终与**无条件**最可知的东西重合。

亚里士多德的三段论并不是要给出一个单纯的逻辑理论，而是给出一个关于证明的理论，记住这一点非常重要。正如我们看到的，《前分析篇》的第一句话就告诉我们这项研究的对象是证明。① 他首先讨论三段论，是因为这个理论更具有普遍性，每个证明都是三段论，但并不是每个三段论都是证明。②《后分析篇》的任务是表明，需要做什么才能把一个三段论变成证明。亚里士多德说，证明的要点在于给我们提供无条件的理解。当我们把握了一个事物的解释或者原因，并且理解了这个就是解释，我们也就无条件地理解了它。③ 但是一个证明要真正具有解释性，它就不能依赖本身需要解释的前提。一个证明最终的前提必然是依据它们自己可知的，灵魂直接把握到它们，而且它们必须是存在论上基本的。④ 否则，它们就不能形成一个真正的解释的基础。一个证明的前提最可知，是因为它们准确地表达了一些关于存在非常根本的东西。知道了它们，我们也就知道了存在的基础。因此了解了证明，我们的知识也就显示了存在的结构。

这一点指引和启发着亚里士多德对存在的本质进行的最抽象的研究。如果在研究存在的整体结构时，我们知识的秩序再现了存在的秩序，那么研究的主体和客体就在一个重要的意义上重合了。直到这一刻之前，研究的对象还被认为与我们有一定的距离。对自然的研究将这个世界揭示为可以被认识的，而对人类灵

---

① 《前分析篇》I.1.24a10-11。
② 《前分析篇》I.4.25b26-31。
③ 《前分析篇》I.2.71b10-19。
④ 《前分析篇》I.2; II.19。

魂的研究将人揭示为认识者。人与世界是为彼此而生的。但是此时，在人开始理解存在的整体结构时，在认识世界的"主观"灵魂与显示真理的"客观"世界之间就没有任何确定的区分了。现在，我们知识的秩序与存在的秩序重合了。在**对我们来讲**最可知的东西与无条件最可知的东西之间不再有任何鸿沟。世界是由本质构成的，我们的思想也是。事实上，是同一些本质构成了世界和灵魂。此外，我们对这个世界的研究变成了对我们自己的研究。与我们发现的本质对应的是我们变成的本质。这就是理解的渴望引领我们到达的地方。存在的本质结构与人的本质之间的区分开始消失。这样，我们的研究就同时是关于人和世界的，因为在这个层面，在人的本质与世界的本质之间有了一种内在的一致性，理解了世界，人也就理解他的本质。

二、亚里士多德的数学哲学[①]

对亚里士多德来说，要研究存在的整体结构，不可能不遇到数学在其中的作用问题。对于他的老师柏拉图来说，数学提供了深入理解存在的钥匙。但什么是数学呢？数学看起来是一种理解，带有悖论色彩的是，它研究的是不变的对象，但同时又可以被应用在物理世界。几何学里的球形、三角形和立方体，算术里的数字，看起来都是不变的，但是几何和算术又可以用在建筑房屋、丈量土地、贸易交换之中。数学家从事数学活动，而哲学家则要去问：这个活动如何可能？简单来说，柏拉图的答案是，存

[①] 本节相关阅读：《物理学》II.2，《形而上学》XIII.2-3。对于这些文本的阐释有很多困难的问题，我在这里不得不忽略。如果有兴趣，可以参见 Lear, "Aristotle's Philosophy of Mathematics," *Philosophical Review*, 1982。

在一个分离的理想数学对象的领域，也就是纯粹的数字和形状，数学就是要研究这些对象。对柏拉图的这个回答，我们立即就可以提出两个问题。第一，我们在灵魂上如何通达这个数学领域？肯定不是通过感觉，因为感觉只能让我们通达物理世界。第二，数学如何能够应用到物理世界之上？如果数学关于一个由纯粹的、不变的对象构成的分离的世界，它如何能够被用在自然的可变世界之上呢？假如一个人是坚定的柏拉图主义者，他可能会这样回答这两个问题：如果灵魂拥有某种特殊的类似视觉的能力，它就能够感知到这个领域，而亚里士多德决定采取截然不同的策略。

亚里士多德认为，数学直接关乎自然世界中的那些变化的对象。并没有一个数字和几何对象构成的分离的领域。我们将会看到他认为这如何可能，但是我们应该立即就能看到这是多么天才的策略：因为它让亚里士多德绕过了困扰柏拉图的两个问题。我们不需要特殊的思想通道就可以通达数学的领域，因为根本就没有特殊的数学领域，而只有一个自然的领域。也不存在数学对象如何应用在物理世界的问题，只有当数学关乎一个分离的领域，这个问题才会出现。如果数学就是直接关于自然世界的，那么它当然可以应用在这个世界上。

亚里士多德说，数学家确实与物理学家不同，但并不是因为他们研究的对象不同，而是因为他们的研究方式不同：

> 下一个要考虑的问题是，数学家在什么意义上不同于自然的研究者［即物理学家］。因为自然物体包括表面、体积、线和点，这些是数学的对象……数学家虽然也处理这些对

象，但并不是将它们**作为**（as）自然物体的界限，他也不是把这些性质**作为**这些物体的性质。这就是他为什么会将它们分离开，因为在思想中，它们确实是与变化分离的，把它们分离开并不会带来任何不同，也不会造成任何错误的结果。理念论的支持者也做了同样的事情，但是他们没有意识到这一点……①

我们可以从这段文本里很清楚地看到亚里士多德数学哲学的一些根本特征。第一，自然物体确实包含表面、长度、点这些几何学的对象。第二，数学家确实研究自然对象的表面、体积、长度和点，但他不是将它们**当作**自然对象的表面、长度，等等。几何学确实研究自然的长度，但并不是**作为**自然对象。第三，数学家可以在脱离它们的自然表现的情况下，研究表面、体积、长度和点，因为他可以将它们**在思想中**分离开来（至于用什么样的方式需要解释）。在亚里士多德看来，柏拉图主义者将进行抽象这种思想活动与感知到一个分离的领域混淆了。事实上，柏拉图主义者做的也不过是在思想中分离。第四，在思想中进行分离之后，数学对象就不再有自然对象所经历的那些变化了。第五，这个分离不会造成任何错误（至于为什么也需要解释）。

很显然，亚里士多德允许某些合理的分离（不同于柏拉图分离出一个理想对象的领域），如果我们理解了这个分离是如何产生的，以及它为什么是合理的，我们也就理解了数学是如何可能的。但是亚里士多德说，数学家研究自然物体，但并不是将它

---

① 《物理学》II.2.193b23-36（强调是我加的）。我将 kinêsis 翻译成"变化"而不是"运动"。

们**作为**自然物体，他是什么意思呢？亚里士多德在《形而上学》XIII.3 里面说的更多一些：

> ……关于可感的大小，可以有论述和证明，但并不是**作为**可感的对象，而是**作为**拥有某些确定性质的对象。就像关于**作为**变化的事物可以有很多论述，不管每个事物的本质或者偶性是什么，但是并不一定因此就有与可感物分离的变化的事物，或者在可感物里面有分离的实体；与此类似，有关变化的事物，也有一些论述和科学，不是将它们**作为**变化的对象，而是作为物体，或者仅仅作为平面，或者仅仅作为线，或者作为可分的东西，或者作为拥有位置的不可分的东西，或者仅仅是作为不可分的东西……
>
> 很多性质因为事物自然拥有它们而在它之中，比如动物之中就有雌性或雄性的性质，但是没有与动物分离的雌性或雄性。因此也有一些性质仅仅**作为**长度或者**作为**平面而属于事物……
>
> 因此，如果我们认为事物与它们的性质分离，并且由此进行研究，我们并不会因此犯错，就好像一个人在地上画了一条线，然后说它有一尺长，实际上并没有，在这个命题中并没有包括错误。
>
> 每个问题最好都是用这种方式来进行研究，也就是将那些并不分离的东西设想成分离的，就像算术学家和几何学家所做的。因为一个人**作为**人是不可分割的东西；算术学家设定了一个不可分的事物，然后考虑是否有任何性质属于**作为**不可分之物的人。而几何学家不是把他**作为**人，也不是**作为**

不可分的，而是**作为**一个立体。因为很显然，即便他不是不可分的，也还是有一些性质属于他。因此几何学家说的就是正确的，他们讨论存在的事物，他们的对象确实存在……①

这个论证的要点在于，与柏拉图的看法不同，我们可以允许数学存在，而无需承认理想对象存在。亚里士多德指出了我们从自然对象中进行抽象，并且独立于物体的其他特征去思考它的能力。比如，我们可以将自然对象仅仅**作为**变化的物体看待，独立于它们的其他性质。芝诺的飞矢作为**一支箭**，在亚里士多德论述它如何从一个地点运动到另一个地点的过程中毫无特殊之处。但是假如亚里士多德在一个弓箭作坊工作，想要设计一支更好的箭，那么他就要考虑这支箭的细节了。但是亚里士多德只是想去解释自然物体如何改变位置，于是这支箭就只能**作为**一支箭而非自然物体来理解。

亚里士多德似乎在说，我们可以从不同的角度去考虑存在。给定一个自然对象，比如说一个人、一匹马、一张桌子或者一颗行星，我们可以孤立地考察这个对象的某些特征。设想在你的书桌上，有一个铜制的等边三角形作为镇纸。我们可以仅仅将这个镇纸**作为**三角形来看待。我们可以抽象掉它是铜做的，甚至也可以抽象掉它的三条边长度相等，我们可以仅仅考虑它作为一个三角形有什么性质。说"这个三角形是铜制的"是正确的，但是说"这个被**作为三角形考虑**的三角形是铜制的"就错了。因为这个三角形虽然是铜制的，但是"铜制的"并不是从它是三角形得来的。

---

① 《形而上学》XIII.3.1077b21-1078a31（强调是我加的）。

甚至说"这个**被作为三角形考虑**的三角形是等边的"都是错的。虽然这个三角形是等边的，但是并不是因为它是三角形所以是等边的。因为它同样可能是一个等腰的或者不等腰的三角形。但是说"这个被作为三角形考虑的三角形内角和是 180 度"就是正确的。因为这个对象的内角和是 180 度直接来自它是一个三角形。在欧几里得那里，所有三角形的内角和都是 180 度，对此的证明仅仅依赖三角形是三角形这个事实。①

普遍而言，有人或许会说，亚里士多德引入了"作为"这个变量。假设 b 是一个自然对象，"b 作为 F"表示 b 被当作一个 F。那么性质 P 对"b 作为 F"而言是真的，当且仅当 b 是一个 F，并且从它是一个 F 必然可以得出它具有 P 性质。② 这样，将"作为"当作一个变量就将我们置于一个无知之幕后面，我们允许自己只知道 b 是一个 F，然后仅仅在那个知识的基础上去确定必然还有什么其他的性质。③ 比如，亚里士多德认为，天体必然是由一种特殊的质料构成的，这种质料不同于水、火、土、气，并且比它们更加神圣；他还认为天体必然是不可毁灭的。④ 但是如果我们将太阳这样的天体仅仅看作是球体，那么其他所有不能从它是球体得来的性质（比如由特殊的质料构成、不可毁灭，等等）从这个角度看就**都是一样的**。这就相当于说我们给具有某些几何特征的对象

---

① 参见欧几里得：《几何原本》I.32。
② 要把这个形式化，我们可以让 P(b as F) 表示作为 F 的 b 拥有性质 P。我用 ≡ 表示"当且仅当"，用 ⊢ 表示"必然得出"。那么就有：P(b as F) ≡ P(b) & (F (x) ⊢ P(x))。
③ 如果我们考虑 b 是一个 P，那么任何对于它是 P 来讲非本质的谓述都被认为是偶然的，即便它对于 b 那个实体来讲是本质性的。这就是为什么在 P (b as F) 的定义中，我们需要在等式的右侧出现 (F (x) ⊢ P(x))，而不是 F(b) ⊢ P(b)。因为我们可能因为 b 是什么而非因为 F 和 P 是什么而有 F(b) ⊢ P(b)。
④ 《论天》I.2.10。

加了一个谓述的过滤网（predicate filter），我们过滤掉了所有和这个对象的物质构成有关的谓述。因此，几何学家就能够研究可感的物质对象，事实上，这也是他研究的全部，但是他并不是将它们**作为**可感的或者物质性的对象来研究的。

到这里，亚里士多德已经论证了，研究几何学我们只需要研究自然对象，而不需要研究柏拉图主义的对象，不过这种研究又是独立于它们具体的自然表现的。他论证的第二个主要步骤是说，如果有人设定和研究那些独立于偶性的对象，他并不会因此犯错误。① 为什么是这样呢？比如说，我们设想有这样一个对象：

> 对于全部性质 P 来讲，P 对 c 成立，当且仅当 P 在 c 作为三角形的时候成立。

也就是说，我们在设想这样一个对象的存在，它仅有的属性就是那些三角形的逻辑结论。这就是设想了三角形这样一个几何对象，独立于任何物质性的表现。假设我们需要证明 c 的内角和等于 180 度，我把它符号化为 2R(c)。因为根据假设，c 的全部性质都是来自它是一个三角形的逻辑结论，那么我们就可以从 2R(c) 论证出：

> 对于所有对象 x，如果 x 是一个三角形，那么 2R(x)。

这样我们就可以对任何三角形 b 做出 2R(c) 的推论。

---

① 这个论证从《形而上学》XIII.3.1078a17 开始（前引）。

之所以说我们不会因为假设了分离的对象而犯错误，是因为在亚里士多德看来"错误不在前提之中"。①这个类比就像一个人（在黑板上或者沙地上）画了一条线，然后说"假设线段 AB 的长度是一尺"。亚里士多德正确地看到，画这条线是为了教学的目的，而不是证明的一部分。这个类比怎么样呢？

在上面这个证明里，我们假设了一个分离的几何对象 c，但事实上从这个证明的角度看，c 与任何作为三角形实际存在的三角形对象并没有差别。我们可以证明，属于 c 的性质不过就是那些可以证明属于**作为三角形的 c** 的性质。从"作为"这个变量的定义，我们很容易证明，这些性质也属于**作为三角形的 b**，不管我们如何选择 b，只要它是三角形就可以。为了教学的目的，我们可以说 c 是一个分离的三角形，而不仅仅是某个作为三角形的 b。这是一个无害的假设，因为不管 c 真的是一个分离的三角形，还是将 b 设想为三角形，对于证明来讲都是一样的。在这个意义上，错误并不在前提之中。

亚里士多德很确定，设定一个分离的对象具有教学上的价值。他认为，过滤掉越多的谓述，我们的知识就会越确切和单纯，因为我们过滤掉了多余的信息。②因为我们已经证明了（1）2R(c)，所以可以由此推论出，任何具体的三角形内角和都是180度。相反，如果我们只是证明了（2）b 作为一个青铜等边三角形可以推出 2R(b)。那么，对于一个蜡做的、不等边三角形 d，我们就不能推论出（3）2R(d)。因为我们并不清楚（2）依赖哪些性质。但是（3）是（1）和 d 是一个三角形这个事实的显然结论。

---

① 《形而上学》XIII.3.1078a20-21。

② 《形而上学》XIII.3.1078a9-13。

设定分离的几何对象，使得我们可以到达更普遍的知识。正是通过这个普遍的知识，我们可以发现某些事情为何如此的解释。通过抽象，我们可以看到对一个三角形内角和是180度这个性质的解释完全在于它是一个三角形，而不是铜做的或者等边的。①在某种有限的意义上，这个抽象的证明并不是必要的。因为对于任何具体的物质性的三角形 d，我们都可以证明它的内角和是180度，而不需要首先证明 c，我们可以直接证明 d 拥有这个性质。通过证明一个纯粹几何对象拥有某种性质，来证明一个自然物拥有这种性质，是有用但不必要的绕远。但是，如果我们想要知道某个对象为什么拥有某个性质，那么抽象的论证就具有至关重要的意义。

这样看来，研究几何学最好的方式就是将对象中的几何性质分离出去，然后将对象设想成仅仅满足这些性质。这虽然是一种虚构，但是一种有用而非有害的虚构，因为说到底，几何学家在讨论存在的事物和它们真正拥有的性质。②

这样阐释亚里士多德的几何哲学，是因为我们假设亚里士多德认为，自然对象确实体现了几何性质。这乍看上去似乎有些奇怪，因为我们通常都认为，自然对象不完美地体现了那些数学性质，一个自然的球形并不是真正的球形，一个自然中的直角也并不是真正的直角。但是这并不明显。我们有很强的证据表明，亚里士多德确实认为，自然对象完美地体现了数学性质。我们已经讨论过的《物理学》II.2 和《形而上学》XIII.3 的文本，反复强调，几何学家研究自然对象，但并不是**作为**自然对象。亚里士多德从

---

① 参见《后分析篇》I.5。
② 《形而上学》XIII.3.1078a21-22, 28-29。

来没有说过自然对象并不拥有几何性质，假如他确实这样认为，我们就应该预见到他会提到这一点。此外，在亚里士多德的作品里，会零散地提到铜做的球，或者铜做的等腰三角形，但是他从来没有暗示，这些对象并不真正是球形的或者并不真正是三角形的。①

当然，在一两个地方，亚里士多德看起来是在否认自然对象体现了几何性质。但是眼见不一定为实。比如说我们可以考虑下面这段出自《形而上学》III.2 的文本：

> 天文学也无法处理可见的大小，或者我们头上的天空。**因为可见的直线并不是几何学家谈论的那种线（因为没有可感的对象以那种方式是直的或者弯的；因为一个圆环与一个平直的表面并不是相切于一点，就像普罗塔戈拉［Protagoras］用来反驳几何学家时说的那样）**，天空上的运动和复杂的轨道不像天文学处理的那样，几何学里的点也和实际的星星不同。②

阅读亚里士多德的作品可能会很麻烦。一段话有时候读起来好像是亚里士多德在明确表达一个看法，但是如果我们看到他说这些话的语境，就会明白他完全不是在表达自己的看法。这段话就是这样的例子之一。《形而上学》III.2 是从不同角度给出的哲学疑难（aporiai）的目录，里面的任何内容都不应该被认为是亚里士多德自己最终的看法。那只是一个疑难的列表，亚里士多德会在回应

---

① 参见《形而上学》VII.8.1033a28-b10, VII.10.1035a25-b3, VII.11.1036a31-bb2；《论灵魂》403a10-16。

② 《形而上学》III.2.997b34-998a6（强调是我加的）。

这些问题的过程中形成自己的哲学立场。在上面引用的这段话之前，亚里士多德刚刚给柏拉图主义者提出了一个问题：相信理念那样的数学对象会造成很多困难。① 因此上面引用的这段话可以被看作是一个想象出来的柏拉图主义者的回应："是的，相信特殊的数学对象确实存在问题，但是放弃它们也有问题。"这是一个想象出来的柏拉图主义者在讲话，并不是亚里士多德。因此亚里士多德并没有接受普罗塔戈拉的观点，他提到普罗塔戈拉只是将他的观点当作需要解决的两难中的一支。我们已经看到了亚里士多德提出的解决方案：即某些自然对象完美地拥有几何性质。②

有人可能会问："这是否意味着亚里士多德会说，作为圆形的环与一个平直的表面相切于一点？"直截了当的回答是："确实如此。"但是这并不像乍一听那么奇怪。普罗塔戈拉的反驳看起来是合理的，因为我们看到的圆环并不是完美的圆形，那个平直的表面也不是完美的直线，因此它们显然不能相切于一点。但是亚里士多德并不是想说在这个世界上存在完美的圆环。他只想说这样两点：（1）就这个环是一个圆形而言，它会和一个平直的表面相切于一点；（2）存在一些圆形的自然对象。（这些圆形的对象不一定是环。）（1）是真的，就一个圆环无法与平直的平面相切于一点而言，它必然不是一个完美的圆形。我们也有证据表明亚里士多德相信（2）。他认为恒星是球形的，并且按照圆形轨道运行。③ 我们也有证据表明，他认为月下世界的自然对象也可能会完美地体

---

① 《形而上学》III.2.997b12-34。

② 其他几个亚里士多德看起来否认自然对象体现几何性质的段落（比如《形而上学》XI.1.1059bb10-12）也可以用相似的方式处理。参见我的论文"Aristotle's Philosophy of Mathematics," pp. 178-179。

③ 《论天》II.11.8。

现几何对象。他提到过很多次，匠人有能力制作铜球，而从来没有提过匠人制作的铜球不是真正的球体。

但是这里依然有一些空间留给怀疑论者。即便我们同意，在自然世界也有完美的球体，我们是不是一定要承认每一种几何形状都有完美的自然体现呢？怀疑论者会反对说，亚里士多德当然不应该认为存在完美的三角形青铜物品；怀疑论者还会继续说，即便有完美的三角形自然物体，自然中也没有几何学家构造出来的用来证明定理的那些复杂的形状。我认为亚里士多德会如何回应非常清楚。在《形而上学》IX.9 最后，他说：

> 几何构造也是通过实现（actualization）被发现的，通过划分给定的图形，人们发现了它们。假如它们已经被划分了，那些关系就已经明显了；但实际上那些划分只是潜在的。三角形的三个角为什么等于两个直角？因为在一个点上的角[即平角]等于两个直角。假如画出了一条平行于一边的直线，那么任何看到这个图形的人都会认为这个定理非常明显……因此很显然，潜在的关系是通过实现被发现的（因为思考是一种实现）。①

亚里士多德说，几何学家可以在思想中进行几何作图，思考的实现活动制造了实现出来的图形，这些图形在思考发生之前只是潜在地存在。

那么亚里士多德是不是斩断了纯数学对象与自然世界之间的

---

① 《形而上学》IX.9.1051a21-31。

联系呢？几何学家思考的纯粹数学对象难道不是从自然世界进行的抽象吗？我不这么认为。因为要保留几何学与自然世界之间的联系，亚里士多德只需要认为，几何图形里面的基本要素是自然世界的抽象就够了。并不是每一个几何图形都要体现在自然对象之中。在欧几里得的几何学里，图形是由直线、圆形和球形之类的要素构成的。我们已经看到，亚里士多德认为存在完美的圆形自然物，我们也有证据表明，他相信存在拥有完美的平直表面的自然物体，我们来看下面这段来自《论灵魂》的文本：

> 如果有任何方式可以让灵魂施动或者受动，灵魂就是能够分离存在的；如果没有这样的方式，它的独立存在就是不可能的。后者就像是直的，从直的性质里面可以产生很多性质，比如**与一个铜球相切于一点**，虽然独立于一个直的东西的其他构成要素的直本身不可能以这种方式相切；它不可能独立，因为直总是在一个物体里面。①

亚里士多德认为与铜球相切于一点的，是一条自然中的直线，因为抽象的直线是无法与任何自然对象相切的。②因为一个几何学里面的三角形可以在思想中从直线构造出来，亚里士多德就不一定要说一个具体的铜制形状是完美的三角形。再加上他认为存在自然的平直表面，他就没有理由否认可能存在自然中的三角形，这

---

① 《论灵魂》I.1.403a10-16。
② 《论灵魂》III.7.431b15-17, III.8.432a3-6。我们可以注意塞克斯都·恩皮里柯（Sextus Empiricus）的说法："但是亚里士多德说，几何学家那种没有宽度的长度并非不可能想象：'事实上，我们理解一堵墙的长度而无需感觉到它的宽度……'"（《驳学问家》[*Adversus Mathematicos*] IV.412）

样我们就可以应用"作为"这个变量，证明那些将这个对象**作为三角形**的定理。如果不是这样，那些对三角形来讲成立的性质，对它来讲就或多或少是成立的，取决于它与完美的三角形有多接近。这样，我们就可以放宽一些要求，不说**作为一个三角形**这个对象的内角和是 180 度，而是说就它是一个三角形来讲具有内角和是 180 度的性质。

这里重要的是，我们保留了几何学与自然世界之间的直接联系。即便是几何学家在思想中构造一个图形，这个图形根本没有体现在自然世界里，构成这个图形的要素也还是从自然世界里抽象出来的。否则，对亚里士多德来说，我们就无法解释几何学如何能够应用在自然世界了。亚里士多德确实有一个很难理解的说法，说数学对象拥有"可知质料"（intelligible matter）。有人可能会怀疑，这是一种特殊的质料，构成了纯粹数学对象的分离领域。①在我看来，这样的怀疑放错了地方。亚里士多德只是想要正确理解数学思维的本质，也就是说，当我们做几何证明的时候，在头脑中似乎确实有一个特殊的对象。为了证明关于三角形的一个普遍定理，我们好像选择了任意的一个三角形。②这样看来，一个人就不只是有三角形的形式在头脑之中，亚里士多德提到可知质料就是为了解释我们思考某个具体的对象。

但是亚里士多德并没有设定一个纯粹数学对象的分离领域。因为他不需要设定一个不存在于自然世界的对象存在，它才能成

---

① 提及"可知质料"的地方包括《形而上学》VII.11.1036a2-12, 1036b32-1037a5, VIII.6.1045a33-35；另参见《形而上学》XI.1.1059bb14-16, IX.3.1061a26-31。

② 参见欧几里得：《几何原本》I.32, 以及 III.3 以后由后人插入的内容；另参见《后分析篇》II.11.942a24-35,《形而上学》IX.9.1051a26；T. Heath, *Mathematics in Aristotle*, Clarendon Press, 1970, pp. 31-39, 71-74, 216-217。

为思想的对象。他只需要解释我们如何思考存在于这个世界上的对象就行了。我们确实既可以感觉到又可以思考一个球体。事实上，我们可以抽象掉它的质料（比如说铜），来思考它。我们甚至可以在思维中构造一个我们或许从来没有感知到的形状。但是即便在这种情况下，我们还是用直接从自然世界抽象出来的要素在思想中构造一个图形。我们可能会问，根据这种阐释，通常的可感对象是不是也包括了可知质料呢？答案是，就它们是思想而非感觉的对象而言，它们确实有可知质料。因为亚里士多德说，可知质料"在可感事物中，但并不是**作为**可感对象，而是存在于数学对象之中"。①

亚里士多德的算术哲学非常不同于他的几何哲学，虽然他自己并没有意识到这个区别。在古希腊占主导地位的数学是几何学，因此他的数学哲学主要是几何哲学也就不足为奇了。

亚里士多德没有提出很成功的关于算术的论述，这其中一个主要的障碍就是，数字不是某个对象的性质。② 同一个东西可能是**一本**书，**两个**故事，**三十**页，**十亿**个分子，等等。要给出一个数字，我们必须首先将对象放在一个概念之下。这样，我们就不能合理地将数字看作一个对象不同性质中的一个，可以在思想上与这个对象分离。但是我们还是可以看到亚里士多德在这个问题上奋力拼搏：

> 每个问题最好都是用这种方式来进行研究，也就是将那些并不分离的东西设想成分离的，就像算术学家和几何学家

---

① 《形而上学》VII.10.1036a11-12。
② 参见弗雷格（G. Frege）：《算术基础》(The Foundations of Arithmetic)。

> 所做的。因为一个人**作为**人是不可分割的东西；算术学家设定了一个不可分的事物，然后考虑是否有任何性质属于**作为**不可分之物的人。而几何学家不是把他**作为**人，也不是**作为**不可分的，而是**作为**一个立体。因为很显然，即便他不是不可分的，也还是有一些性质会属于他。①

我认为，亚里士多德的立场是，自然物都有一个概念，是它们最自然的归属。一个人首先是一个人。因此当我们将一个人看作人时，我们就没有对他拥有的很多属性进行抽象，而只是选择了一个计数单位。②亚里士多德允许羊、人、狗各不相同，但是数量相同。③原因在于，个体的人（或者羊、狗）就是基本的单位，对每一组的计数都会得出相同的结果。算术学家将人设定成不可分的，因为他将人设定成单位，也就是当作人的最小数量。④

这样看来，亚里士多德就在两个不同的意义上使用"作为"。在几何学里，它用来表示一个自然物体的性质被从其他性质以及质料中抽象出来。在算术里，它被用作计数单位。我们很容易看到这两种用法可能会被混淆。如果不严格地说，它们都可以被表达成"将 x 作为 P 来考虑"。在一个情况下，我们可以把一个铜球作为一个球体来考虑，在另一个情况下，我们可以将苏格拉底作为一个人来考虑。事实上，在这两个情况下，我们都可以说是在进行"抽象"。在前者，我们从这个球是铜的进行抽象；在后者，

---

① 《形而上学》XIII.3.1078a22-28。
② 用弗雷格的话说，我们就是在将对象置于"第一级概念"之下。
③ 比如可参见《物理学》IV.12.220b8-12, 223b1-12, 224a2-15。
④ 参见《物理学》IV.12.220a27-32；《形而上学》XIV.5.1092b19。

我们从这个人有四肢、有一个塌鼻子之类的性质中进行抽象。但是混淆这两个用法就可能有误导性。因为在前者，我们从对象的很多性质中选出了一个，将它在思想中分离出来；而在后者，我们是把对象本身挑出来，置于它最自然的描述之下，将它当作计数单位。如果我们认为，严格说来，抽象是将对象的一个性质分离出来，那么在算术里面就根本没有抽象。假如亚里士多德不是出于本能，在讨论算术的时候使用描述自然种类的词汇，他本可以避免混淆这两种用法。假如亚里士多德让我们考虑**一个作为球体的球**，这么说本身并不能告诉我们，我们是将这个球看作一个单位来进行计量，还是将这个球的球体这个方面从其他性质中抽象出来。

亚里士多德的数学哲学确实有它的局限性，但是令人赞叹的是，即便是从当代的视角看，它依然有很多优点。局限很明显。在算术里面，他只给了我们一种选择计数单位的方法，在亚里士多德的时代之后，发展出了抽象数学思考的整体领域，他当然不可能考虑到那些问题。

但是亚里士多德论述的一个优点是，他花了很大的力气给出了一个关于数学真理的论述，这个论述与我们对于自己如何获得数学真理的理解是一致的。[①] 柏拉图设定了一个独立的数学对象的领域，原因之一就是它给了我们一些数学知识可以描述的对象。我们可以将数学命题看作是真的，因为这些命题确实描述了那些对象。但是问题在于：我们如何才能认识这些神秘的对象呢？这个问题从来没有得到过很好的回答。但是亚里士多德则试图表

---

① 柏拉图：《美诺》73e-87c；《理想国》521b-527d；另参见 Paul Benacerraf, "Mathematical Truth," *Journal of Philosophy*, 1973。

明，**即便**分离的数学对象（比如三角形和数字）是一个虚构，几何和算术也依然可以被认为是真的。① 亚里士多德认为几何学是真的，因为它提供了一条清晰的道路，从自然世界到达（虚构的）几何对象的世界（然后再回到自然世界）。可能没有纯粹的几何对象，但它们是**有用的**虚构，因为它们是从自然世界的特征里**抽象**出来的。我们已经看到，如果想要证明某个具体的铜制的等边三角形 b 的内角和是 180 度，我们可以"跨到"纯粹几何对象的领域，去证明有关三角形 c 的定理。内角和 180 度的性质在三角形 c 上得到了证明之后，对于任何三角形就都成立了，之后我们可以"回到"自然世界，得出结论说 b 也具有这个性质。这个"跨越"严格说来并不是必需的，我们可以直接证明这个铜制的三角形具有内角和 180 度的性质。"跨越"很有意义是因为我们由此证明了一个普遍定理，可以用在所有的三角形上，而不仅仅在一个具体的三角形上证明了一个具体的性质。

亚里士多德的看法似乎是，数学之所以既是真的又是可知的，是因为在自然世界和（虚构）的数学对象的世界之间有一个桥梁。亚里士多德用"作为"来提供铜制的三角形和几何学中的三角形之间的桥梁。这保证了数学可以应用在自然世界之中，因为要让数学可以应用在**这个世界**之中，它就必须要复制这个自然世界里的结构性特征（至少要以某种近似的方式复制）。此外，还需要有一个桥梁，让我们能够从这个世界的结构特征跨越到数学

---

① 我用"柏拉图主义"（Platonist）来描述那种柏拉图和他在学园中的弟子所持的数学哲学立场；用"柏拉图式的"（platonist）来描述那些认为数学陈述为真是因为存在外在于时间和空间的抽象对象的人。我们说"数学实在论者"（mathematical realist）是那些认为数学命题的真假独立于我们对它们的知识的人。这样我们就可以说，亚里士多德主张的是某种数学实在论，但他否认"柏拉图主义的"或者"柏拉图式的"立场。

的对应物上，然后还能回到自然世界。① 这个桥梁让我们可以将数学看作真的，而无需像有些人认为的那样设想一个数学对象的领域。

亚里士多德这个论述的另一个巨大优点不是针对数学本身的，而是对于研究存在的整体结构的。亚里士多德的数学哲学揭示了用抽象的方法如何思考这个世界。抽象地思考三角形是很美妙的，它并不迫使我们把这种思考看作有关一个在这个世界之外的由三角形构成的领域。正如亚里士多德说的，数学研究自然世界，但并不是**作为**自然世界研究它。这就从概念上打开了对这个世界其他形式的抽象思考的可能性。抽象思维具有某种纯粹性和美感，这当然不意味着它关于另外一个世界，而是因为它从这个世界的不纯粹之中进行了抽象。一旦亚里士多德认识到了抽象思考可以关注这个世界，下面这个问题就必然会产生：人可以多么抽象地思考这个世界？形而上学就是他对这个问题的回答。

三、形而上学：研究作为存在的存在②

人是一种研究者，他可以从现实的某些特征中进行抽象，从

---

① 哈特利·菲尔德（Hartrey Field）认为，一个这样的桥梁是希尔伯特（Hilbert）对欧几里得几何学提出的表示定理（representation theorem）；参见 Hartrey Field, *Science Without Numbers*, Blackwell, 1980, ch. 3; David Hilbert, *Foundations of Geometry*, Open Court, 1971。对表示定理的证明表明，给定希尔伯特几何学公理的任何模型，都有从空间上的点到实数的方程。这样就可以表明，标准的欧几里得定理等同于那些有关实数关系的定理。因此，如果我们认为空间模型是一种抽象，从自然世界到数学世界就是两个步骤。第一个阶段是亚里士多德式的，我们从自然世界过渡到欧几里得式的空间模型；第二个步骤是从欧几里得的模型过渡到实数里面的欧几里得空间模型。这样同形方程（homomorphic function）就提供了第二个桥梁，就像亚里士多德的抽象提供了第一个桥梁。或者，我们可以将自然空间看作公理的模型（设想这些公理对于自然空间成立），之后我们就只需要同形方程作为桥梁了。

② 本节相关阅读：《形而上学》IV.1-3。

而深入思考其他特征。正如我们刚刚看到的,当数学家将一个三角形**作为**三角形考察,他就从它是铜制的之中进行了抽象,仅仅考虑它作为三角形的性质。亚里士多德认为这个抽象过程还可以继续:最终,它会带来一种对存在的非常抽象的研究。他说,"有一种科学,研究**作为存在的存在**(being as being)。"① "作为存在的存在"听起来非常奇怪,但是亚里士多德的意思是,人可以就存在的整体结构进行研究,而不仅仅关注存在的具体领域,比如说像天文学关注天体或者生物学关注有机体。人可以从构成事物的所有具体性质中进行抽象,仅仅将它们看作存在物。这就是说,人可以研究存在本身。对理解的欲求促使人们首先探索他身边的环境,然后去试图解释这个世界为什么是这样的,最后意识到人可以超越对这个或那个现象的解释,开始研究存在的整体结构。亚里士多德发现,有一门研究存在本身的学科:有一个单独的科学研究作为存在的存在。

在亚里士多德眼中,存在拥有某种经过组织的结构。虽然一个事物可以在很多不同的意义上被说成存在,但是它们都指向一个起点:实体。② 对于现代读者来讲,亚里士多德说实体是"起点"或者"原理"很奇怪。③ 难道不是某些前提或者思想才是起点吗,怎么会是某种存在呢? ④ 但是当我们的讨论进入现在这个阶段,在思想的秩序和存在的秩序之间就已经没有重要的区分了。因此,存在本身的某个部分,也就是实体,就可以被认为是

---

① 《形而上学》IV.1.1003a21。
② 《形而上学》IV.2.1003b5-19;另参见《形而上学》VII.1。
③ "起点"和"原理"都是对希腊语 archê 的翻译。
④ 《形而上学》IV.2.1004a2-4。

起点。某些事物是实体，其他是实体的性质，或者指向实体的过程，等等。所有的存在要不是实体，要不依赖实体，或者与实体相关。因此对存在本身的研究就是对实体的研究。亚里士多德称这项研究为"第一哲学"。后来的注疏者称这项研究为"形而上学"（metaphysics），说明这项研究在自然研究（物理学）之后（meta）。①

我认为在哲学上有一个非常重要的理由来解释形而上学在物理学之后。到目前为止，我们研究的对象都在我们身边。对自然的研究解释了这个世界就是要被认识的，对人类灵魂的研究解释了我们就是一种要进行认识的存在。人与世界是彼此适应的。但是当人要去理解存在的整体结构时，就不再有研究世界的"主观的"灵魂与展现真实的"客观的"世界之间的截然区分了。我们知识的秩序与存在的秩序重合了。对于形而上学的研究者来讲，不再有对我们来讲最可知的事物与无条件的最可知的事物之间的鸿沟。这个世界是由本质构成的，当我们做形而上学思考的时候，我们的认识也是由本质构成的，事实上，是同样的本质构成了世界和我们的思想。我们现在就有可能理解，理解本身不仅仅是存在的一部分，而且在存在的整体结构中扮演着构成性的角色。与此同时，我们可以看到，我们对世界的研究也是对我们自己的研究。我们发现本质，也成就自己的本质。这就是理解的欲求将我们引向的地方。存在的本质结构与人类的本质之间的对立消失了。形而上学的研究同时关于人和世界，因为在这个层次的研究

---

① 还有一个故事，说的是《形而上学》这个名字仅仅是来源于某些图书管理员将它编目和上架在《物理学》之后。"《物理学》之后"这个名字仅仅是因为它放在《物理学》之后。我不相信这个故事，如果说图书管理员将《形而上学》放在《物理学》之后，那也是因为他是一个非常聪明的管理员，有很深入的理由这样做。

中，人的本质与世界的本质之间有一种内在的等同。此外，我们看到，在寻求理解的过程中，人成为了某种不仅仅是人的东西。这种超越比我们成为政治的动物影响更为深远。在伦理生活中，个人超越了自然赋予他的那种欲求缺少组织的状态，他的欲求变成了有组织的，可以去促进在社会中的幸福生活。但是有了对存在整体结构的研究，人就彻底超越了"人"的视阈。

四、关于存在最确定的原理①

认识关于存在最基本的原理是哲学家的任务：

> ……研究存在的人一定要能够论述关于一切最确定的原理。这就是哲学家，最确定的原理就是绝不可能出错的原理，这个原理一定要既是最可知的（因为所有人都可能在他们不知道的事情上犯错），又不是假设的。因为如果一个原理是每个对存在有所认识的人都拥有的，那么它一定不是假设。如果这个原理是知道任何东西的人一定知道的，那么他一定在进行特殊的研究之前就已经拥有它了。显然，这样的原理就是最确定的。我们就是要说明这是什么原理。**它就是：一个性质不会在同一个方面同时既属于又不属于同一个对象。**面对来自辩证法的反驳，我们一定要预设任何可能在这之上添加的限定。这就是一切原理中最确定的，因为它回答了上面给出的定义。因为一个人不可能认为同一个东西既是又不是，就像有人认为赫拉克利特说的那样，因为一个人

---

① 本节相关阅读：《形而上学》IV.3-7。本节中论证的一部分来自我的《亚里士多德与逻辑理论》第六章。但是我现在对这个论证的看法和当时大不相同。

说出来的话他自己也不一定相信。如果相反的性质不可能同时属于同一个对象（我们需要给这个命题加上通常的限定），如果与一个意见相反的意见就是与它矛盾的，那么很显然，同一个人不可能同时相信同一个东西既是又不是。因为假如一个人在这方面犯了错误，他就同时拥有了相反的意见。因此，任何想要进行证明的人，都把这一条当作终极的信念，因为很自然它是其他所有公理的起点。①

最确定的原理就是同一个性质不可能同时在同一个方面既属于又不属于同一个对象。我们通常将这个原理称为"**不矛盾律**"。虽然亚里士多德说这个原理是最确定的，他的意思并不是我们拥有某种可以被称为"笛卡尔式的确定性"的东西，即只要在思想里一想到它，我们就立即认识到它是真的。比如说，赫拉克利特可能就很真诚地宣称不矛盾律是错误的。如果一个原理是最确定的，它必须要满足两个条件。第一，我们不可能在它上面犯错。②第二，任何人只要理解任何事情就理解这个原理。③乍一看，这两个条件确实要求笛卡尔式的确定性，但是这样的表象带有误导性。亚里士多德认为，不矛盾律满足这些条件，那么如果赫拉克利特真诚地宣称不矛盾律是错误的，他的主张就不可能在这个原理上犯错，也不能表明他不理解这个原理。因为赫拉克利特显然理解很多事情，因此他必然理解这条最确定的原理。因此，在这个原理上犯错或者没有理解这个原理，必然不同于真诚地宣称这

---

① 《形而上学》IV.3.1005b8-34。
② 《形而上学》IV.3.1005b12。
③ 《形而上学》IV.3.1005b16。

个原理是错误的。但是亚里士多德怎么能说赫拉克利特相信不矛盾律，理解它，也不可能弄错它，而同时又宣称这个原理是错误的呢？

亚里士多德关注的似乎是一种更深层次的信念，不仅仅是一个人认为他相信什么。赫拉克利特**认为**他相信不矛盾律是错误的，但是亚里士多德的意思是他搞错了自己的信念。否认不矛盾律，赫拉克利特表明他并不理解自己思想的内容。这个看法对我们来讲应该并不陌生。不自制的人认为他知道对他来讲什么是最好的，比如说不受诱惑，但是他的行为揭示了他并没自认为拥有的知识。而赫拉克利特确实拥有他认为自己并不拥有的知识。他其实知道不矛盾律是真的，虽然他认为自己相信它是假的。什么样的"信念"和"知识"概念，能够让一个人相信他真诚地宣称是假的东西呢？想要理解这个信念的概念，我们就需要去研究亚里士多德如何论证每个人都必然相信不矛盾律。他的策略并不是想要去说服某个不相信不矛盾律的人改变想法，根本没有这样的人去运用这样的论证。这个论证是为了向我们表明，我们所有人（即便是那些否认它的人），都相信不矛盾律。

乍看起来，亚里士多德的论证似乎犯了乞题的错误。因为亚里士多德假设，"**相信某个性质属于某个对象**"本身就是一个性质，这个性质属于拥有那个信念的人。信念是相信者的性质。同时，他说相反的信念，"**相信这个性质不属于这个对象**"是相反的性质。因此，如果赫拉克利特事实上相信相同的性质既属于又不属于某个对象，那么相反的性质就同时属于**他**了。既然相反的性质不能同时属于同一个对象，那么他实际上就不可能相信不矛盾律是错的。至少亚里士多德是这样认为的。但是让我们假设赫拉克利特是对的，也就是假设同样的性质可以同时既属于又不属于同一个对象，那么我们就没有理由认为相反的性质不可能同时属于**他**，也就没有理由认为他不可能相信不矛盾律是错误的。这么看来，亚里士多德关于所有人都必然相信不矛盾律的证明，就依赖不矛盾律本身。

通常来讲，乞题的指控是很难裁决的。我们通常指控对手乞题，当我们认为他在自己的论证里假设了他应该去证明的东西。但是从对手的角度讲，这个指控通常是没有根据的，因为这个指控指向了一种基本的、（对他来讲）自明的原理，这样的原理是没法论证的。对于一方来讲是乞题，对于另一方来讲就是自明的真理。

就亚里士多德的论证而言，我认为情况是这样的。如果不矛盾律是真的，那么亚里士多德并没有乞题；如果这个原理是假的，那么他就犯了乞题的错误。别忘了，亚里士多德并不是在试图证明不矛盾律，他只是在表明这是最确定的原理而已。他的方法是表明任何人都必然相信它，不管他认为自己相信什么。这个论证可能使用了不矛盾律，但远非乞题，这就是亚里士多德策略的核心特征。因为他不仅是在研究存在的基本结构，还试图表明我们能够进行这样的研究。亚里士多德的论证确立了在思想与存在之间的基本和谐。虽然不矛盾律是限定存在结构的基本原理，但是它也相应地限定了我们思考存在结构的方式。但是这个和谐的本质是什么呢？有人可能会问：是因为不矛盾律是关于**存在**的一条基本原理，所以它限定了我们思考存在的方式吗？还是因为它是一条**可理解性**的原理，支配一切思想，这个世界要想被理解就一定要符合它？到现在，我们应该清楚了，这是一个错误的二分。通过研究逻辑得出的一个非常核心的洞见就是，可能有一个结构，它同时是存在的秩序也是思想的秩序。事实上，我们将会看到，思想在最高的层次上构成了存在。①

但是如果不矛盾律同时渗透在思想和存在之中，那么不可避免的结果似乎就是，在任何对它的论证中，我们都必然依赖它。亚里士多德当然认识到自己在论证中运用了这个原理："我们现在设定了，一个东西不可能同时既是又不是，用这个方式我们表明这是所有原理中最不容置疑的一个。"② 但是，如果不矛盾律是错误的，那么我们就可以说亚里士多德是在乞题，因为一个人不能同时既相信又不相信一个性质属于某个对象，依赖他相信不矛盾律。假如不矛盾律并不是普遍正确的，它就可能无法应用在这个相信不矛盾律错误的人身上，因此他就可以相信相反的性质属于同一个对象。一个论证是否乞题，不是取决于论证的结构，而是取决于这个论证里面的说法是否为真，这么说看起来很奇怪。我们倾向于认为乞题是论证的失败，而不是没有把握到真理。但这就是为什么乞题很难裁决，以及通常指控对手乞题并不公平。情况很可能是，一个人根本就没有理解他心目中基本的真理是什么。亚里士多德很自信，不矛盾律是一个关于存在的基本原理，因此他论证所有人必然相信它并没有乞题。

不过这里还有一个说服力的问题。对手指控亚里士多德乞题的原因可能是认为他的论证，至少到目前为止，完全缺乏说服力。即便亚里士多德是对的，他的对手仅仅是**认为**他相信不矛盾律是错误的，从对手（错误）的角度出发，亚里士多德只不过是自说自话地认为这个原理是真的。但是一个好的论证应该是有说

---

① 参见本章第七节。
② 《形而上学》IV.4.1006a3-4。

服力的吗？它应该能够说服那些不是已经被说服的人吗？对手可能会承认，如果这个原理是真的，那么这个原理就是最确定的，他不可能不相信它。但是他可能会否认这个原理是真的，而且可能会将自己认为这个原理是错误的这个信念本身，当作证据表明不矛盾律并非最确定的原理。因此，即便亚里士多德没有乞题，如何能够说服一个人相信不矛盾律的确定性也依然是一个严重的问题。

我们也应该小心应对"一个好的论证应该有说服力"这个说法。一个好论证应该有说服力，确实没错，但是从这里并不能推论出，它应该说服那些没有被说服的人。比如说，亚里士多德关于伦理生活是好生活的论证。这个论证只是说给那些已经过上了伦理生活的人听的，亚里士多德认为，在一个很重要的意义上，这个论证对坏人来讲是无效的。这并不是论证的失败，而是真理的适用性有限，这是一个事实。理性的领域比伦理的领域要大，它将我们所有人都包括进去。但是虽然所有的理性存在者都服从不矛盾律，但是从这里并不能推出所有的理性存在者都理解这一点。但是，作为理性的存在者，我们应该可以理解我们思想的理性特征。因此，亚里士多德论证的目的就不仅是向我们显示不矛盾律的真理性，而且要让我们认识到这个论证本身是一个好论证。

亚里士多德认识到需要某种辩证法上的严谨。他承认直接证明是错误的策略：

> 某些人甚至要求这个［即不矛盾律］要被证明，但提出这样的要求是因为缺少教养，因为他们不知道应该对什么事情要求证明，对什么事情不能要求，这完全就是缺少教养。

> 因为不是一切事情都可以证明，这样就会出现无穷倒退，因此最终还是没有证明。如果有一些事情不能要求证明，那么这些人也说不出有什么原理比这个更无法证明。
>
> 然而我们可以用否定性的论证表明，即便是这个看法也是不可能的，只要我们的对手还想说点什么；如果他什么都不说，那么跟一个不想对任何事情进行推理的人论证事情就很荒谬，因为他拒绝进行推理。这样的人比一株植物强不到哪儿去。否定性的论证与严格意义上的论证不同，因为在一个论证中，我们可以设定正在讨论的问题，但是如果是另一个人提出了这个设定，我们就要用到否定性的论证，而不是论证。这样，论证的起点就不是要求我们的对手说某个事情是或者不是（因为有人可能会认为这是设定要讨论的问题），而是他要说某些对于他自己或者对别人来讲有意义的东西，如果他还想说点什么，这个原理就是必需的。①

证明有它的局限。就本质而言，证明让我们基于关于前提的知识获得关于结论的知识。但问题不是从更基本的原理出发证明不矛盾律，因为没有更基本的原理了，而是如何去回应那些看起来否认不矛盾律的人。否定性的论证，或者驳论，是亚里士多德确立不矛盾律确定性的间接策略。否定性论证是为了表明只要你还想说点什么，就需要依赖不矛盾律，即便不矛盾律是错的。如果一个人要否认不矛盾律，那么他就只能去主张**这个原理是错误的**。和一个什么都不说的人进行论证是没有意义的，因为他和一株植物没有什么差

---

① 《形而上学》IV.4.1006a5-22。

别。①但是亚里士多德并不是在和一株植物进行论证，他要和一个人论证，这个人可以给出一个虽然错误但可以理解的论证，来表明不矛盾律是错误的。这个原理的反对者虽然放弃了理性，但是还听从理性。②他可以用一种理性的方式去反对不矛盾律，而进行这个论证的可能性依赖对不矛盾律的认可。

因此，一个人显示了他对不矛盾律的信念，并不是通过他说了**什么**，而是通过他**说话**本身。他对这个原理的信念显示在他用一种可理解的方式说话和行动上。这就是为什么说任何人都必然相信不矛盾律。因为这个信念在一切语言和行动中得到表现，如果一个"人"真的不相信不矛盾律，"他"就无法说话或行动。但是一个无法说话和行动的人也就没有资格说自己是一个人，因此我们认为"他"和一株植物差不多。不矛盾律正是在这个意义上是最确定的，它绝对不容置疑，说话、思想和行动的可能性都依赖人们对它的接受。

如果一个人想要**说任何东西**，即便是说不矛盾律错了，他也必然是在说一些对他自己和他人来讲有意义的东西。③说出一些有意义的东西是什么意思呢？在亚里士多德看来，在一个陈述中，一个人或者肯定或者否定一个主体的什么东西。④这样的话，说话者必须能够**挑出或者指出**某个主体，然后对它进行肯定或者否定。我们进行肯定的前提是主体挑出了一个对象，之后才能对它进行肯定。普遍而言，我认为一个表达同时对应于这个表达所指

---

① 《形而上学》IV.4.1006a15。
② 《形而上学》IV.4.1006a26。
③ 《形而上学》IV.4.1006a21-22。
④ 参见《解释篇》17a25 以下；另参见 16b26, 16b33, 17a8。

的东西，以及它的含义。①一个人说出某些有意义的东西，在这里一个很重要的部分就是挑出或者指出一个主体，然后对它进行肯定或否定。②因为所有的陈述都是对一个主体的肯定和否定，因此很显然，如果说话者想要说出什么东西，他必然要挑出或者指出一个主体。

一个典型的亚里士多德式的陈述的主词是一个实体。但是"**表达一个实体**"（signify a substance）不仅仅是指出它，而是指出它是什么，即它的本质。③我们在后面会看到，亚里士多德最终要论证，首要实体与它的本质是同一的。④因此，指出一个实体就是指出它的本质。但是我们现在思考它的方法是，一个实体词（substance-term）不仅仅是**碰巧**挑出了一个实体，就好像"两足无毛动物"碰巧挑出了人，一个实体词挑出一个实体，是因为那个实体是什么。比如"人"挑出了人这种实体，是因为人是什么："如果**人表达某个东西**，比如说两足动物。我说'表达某个东西'的意思是，**如果这是一个人，那么不管什么东西是一个人，那个东西就是人之所是。**"⑤如果一个主体表达某个东西，那么它指的既是实体又是本质。现在我们假设"**两足动物**"表达了人的本质，然后考虑这个说法"人是（一种）两足动物"（我把不定冠

---

① 当然，我们不能认为亚里士多德做出了学者们近来才做出的语义上的细致区分。他关于"表达某物"（signifying something）的说法，会让现代哲学家心痛，因为后者会试图将这个说法纳入意义（sense）或所指（reference）的范畴，至少是就人们对这两个概念的通常理解而言。然而缺少精确性并不会否定主词表达某个东西的部分含义就是要去指称它。

② 就像亚里士多德在《范畴篇》5.3b10-13 里说的："每个实体似乎都表达了'这个某物'。"就首要实体而言，说它们每一个都表达了'这个某物'毫无疑问是正确的；因为它揭示的东西是不可分的，在数量上是一。"

③ 参见《后分析篇》I.22.83a24-25。

④ 参见《形而上学》VII.6，以及下面的第六节。

⑤ 《形而上学》IV.4.1006a28-34。

词放在括号里，因为希腊语里面没有不定冠词。）根据亚里士多德的理论，如果"人"表达了一个东西，那么他指的既是人的实体，又是人是什么，也就是人的本质。但是如果"人"表达一个东西，那么"人"这个表达所指的人的实体和人的本质就不可能是两个不同的东西。因此人的实体和本质必然是同一的。上面的说法是正确的，因为那是一个同一性陈述。两足动物不是人的一个属性，而是人之所是。①

亚里士多德区分了"**表达某物**"与"**谓述某个主体**"：

> 是一个人不可能表达不是一个人，如果"人"不仅仅谓述一个主体，而且还表达一个东西（因为我们并不将"表达一个东西"与"谓述一个主体"看作相同的，因为假如是这样，甚至"懂音乐的""白色的"和"人"也可以表达同一个东西，那么所有的东西就都是同一个了，因为它们就都是同名同义的）。同一个东西不可能既是又不是，除非是模棱两可的表达，就好像我们称为"人"的东西，别人却说是"非人"。但是我们要讨论的并不是一个东西能不能在名义上同时既是又不是一个人，而是它是否可以在事实上如此。②

即便"人""白色的""懂音乐的"可以谓述同一个主体，这些词也不是表达同一个东西。只有像"人"这样的实体词，才表达了

---

① 参见 Alan Code, "Aristotle: Essence and Accident," in R. Grandy and R. Warner eds., *Philosophical Grounds of Rationality: Intentions, Categories and Ends*, Clarendon Press, 1985。在这篇论文中，他区分了一个事物**拥有**某种性质的谓述，和表达一个事物**之所是**的谓述。

② 《形而上学》IV.4.1006b13-22。

一个东西，因为它挑出了某个既是实体又是本质的东西。

亚里士多德说，如果"人"和"懂音乐的""白色的"都表达同一个东西，那么"所有的东西就都是同一个了，因为它们都是同名同义的"。① 在亚里士多德看来，是**东西**而非词语，才是同名同义的。两个东西是同名同义的，如果它们不仅有同一个名字，而且与那个名字相应的"实体的 *logos*"也相同。② 一个实体的 *logos* 不应该仅仅被认为是语言上的：③ 这个 *logos* 可能是本质的秩序或者组织。说一个两足动物是人的 *logos*，并不是说"人"这个语言上的表达意思是**两足动物**，而是说只要是一个人就意味着它是一个两足动物。与此类似，如果两足动物是"人"所要表达的，"两足动物"就不是"人"名义上的定义。④ 如果"人""白色的"和"懂音乐的"表达的是同一个东西，那么"人""白色的"和"懂音乐的"就分享了同一个 *logos*。亚里士多德说这样一来所有的东西就都成了一，因为它们都是同名同义了。他的意思是，如果不同的东西不仅分享了同一个名字，而且分享了同一个 *logos*，那么它们在本质上就是同一个东西：

> 因此如果正确地描述任何是（一个）人的东西，它必定是一个两足动物；因为这就是"人"的含义；如果这是必然的，那么同一个东西就不可能不是（一个）两足动物，因为

---

① 《形而上学》IV.4.1006b17-18。
② 《范畴篇》1a7。
③ 参见 J. L. Ackrill, *Aristotle's Categories and De Interpretatione*, Clarendon Press, 1963. pp. 71-91。
④ 一个不同的阐释，参见 R. M. Dancy, *Sense and Contradiction: A Study in Aristotle*, Reidel, 1975, 尤其是 p. 46。丹希认为一个词代表的是它的意义，并由此出发提出了一些我认为无法成立的批评。

这就是"必然"的含义，即一个事物不可能不是这样。那么就不可能同时说一个事物是（一个）人又不是（一个）人。①

因为希腊文缺少不定冠词，这个论证可以在两个层次上理解。第一个层次，我们可以不要不定冠词，将这个论证理解为关于人这个实体。因为人表达的是两足动物，那么任何被说成是人的东西都必然是两足动物，因为"人"表达的是它的本质，而本质就是人之所是。第二个层次，我们可以加上不定冠词，从而将这个论证理解为关于某个人，比如说苏格拉底。如果说苏格拉底是一个人，那么他必然是一个两足动物。因为既然"人"表达的是两足动物，那么苏格拉底的所是就是一个两足动物。因此他不可能不是两足动物，他只要是人就一定是两足动物。但是如果我们不可能说他不是两足动物，我们就不可能说他不是人。

亚里士多德的这个论证如果要有说服力，我们必须要接受他关于实体和本质的观点。亚里士多德似乎意识到了这一点，因为他指控那些否定不矛盾律的人毁掉了实体：

> 普遍而言，使用这个论证的那些人取消了实体和本质。因为他们必然会说一切性质都是偶性，没有什么东西是本质上的人或者动物。因为如果有什么东西是本质上的人，就不会有"非人"或"不是人"（这些是对它的否定）；因为它表达了一个事物，而这是某个事物的本质。表达一个事物的本质意味着这个事物的本质不是其他东西。②

---

① 《形而上学》IV.4.1006b28-34。

② 《形而上学》IV.4.1007a20-27。

如果"非人"可以用来描述"人"所描述的同一个对象，那就没有实体了，因为就不会有人这个东西了。在亚里士多德看来，这就相当于破坏了言辞的可能性，因为不再有一个主体，我们可以对它进行肯定或否定：

> 但是如果所有的陈述都是偶然的，就没有任何首要的东西可以做出这些论述了，如果偶性总是意味着对一个主体的谓述。①

但是偶性也是一个主体的性质。一个白色的事物是懂音乐的，一个懂音乐的事物是白色的，这都是因为它们是人的性质。② 如果偶性总是一个主体的性质，那么一个持续存在的主体对于任何谓述来讲都是必需的。因此在亚里士多德看来，任何会破坏实体的论述都必然是错误的。

> 即便在这个情况下也必然有某些东西代表实体。我们已经表明了，如果是这样，那么相反的东西就不能同时谓述一个对象。③

261　真正反对不矛盾律的人被剥夺了说任何东西的可能性。因为根据亚里士多德的论述，说什么东西就意味着对一个主体做肯定或否定。如果我们试图说一个主体既是人又不是人，我们不但没有成

---

① 《形而上学》IV.4.1007a33-b1。
② 《形而上学》IV.4.1007b2-17。
③ 《形而上学》IV.4.1007b16-18。

功地做出两个陈述，而且连一个陈述都没有做出：

> 由此进行推论我们就会得出，一切都是正确的，一切也都是错误的，我们的对手本人也会承认他自己是错的。同时我们和他进行的讨论显然毫无意义，因为他什么都没有说。他既没说"是"也没说"否"，同时既说"是"又说"否"，同时他又否认了这两者，说"既不是是也不是否"。①

这就是反对不矛盾律的人为什么不可能说任何东西的终极原因。这个反对者（如果他是前后一致的）必须承认他说的是对的同时也是错的。这似乎是驳论的典范，也就是迫使对手说他说的是错的。

但是这个反对者为什么要担心这个结果呢？他说的全是错的并没有排除掉这样的可能性，即他说的全部也都是对的，他也可以坚定地相信这一点。事实上，他应该很高兴地承认他说的全部都是错的，而且他还应该指责我们没有看到那是错的（或者是对的）。亚里士多德关于不能同时说一个事物既是人又不是人的论证，也是同样的。② 反对者为什么不能同意这不可能，同时又认为这可能呢？反对者为什么要反对我们做出的任何推论呢？他不是应该接受我们接受的所有推论，而仅仅批评我们没有认出全部有效的推论吗？（当然，他还应该说我们已经认出了全部有效的推论。）事实上，这个反对者为什么不能接受亚里士多德的全部论证，而只是批评他还没有认识到故事的另一面呢？他甚至可以指控亚里士多德乞题，因为亚里士多德的论证只有在一个人已经接

---

① 《形而上学》IV.4.1008a28-33。
② 《形而上学》IV.4.1006.b28，参见上文的讨论。

受了不矛盾律的前提下，才对他的立场构成了反驳。

但是亚里士多德的驳论并不仅仅是想让这个狡猾的反对者承认错误，他还有更深刻的目的。他这个论证的首要目标并不是这个不矛盾律的"反对者"——不管他是谁，这个论证是写给读者的。构建这个驳论是为了向**我们**揭示反对者处在一种自相矛盾的立场上。乍看上去，揭示一个人处在自相矛盾的立场上，对于那个反对不矛盾律的对手来讲并不是那么具有摧毁性。但是亚里士多德并不是在努力说服他，这个论证是为了我们，而不是为了他。亚里士多德不认为有任何人不相信不矛盾律。因此他采取的策略是让我们看到对手立场的自相矛盾。

要实现这个目的，仅仅让对手承认自己错了还不够。即便他承认了这一点，我们依然没有认识到他的立场存在前后不一致。驳论是为了向我们表明如果对手可以说出任何东西，即便他说的是他反对不矛盾律，那么他进行肯定或否定，以及普遍而言他的行为，都一定要符合不矛盾律。如果有人头脑混乱到宣称他不相信不矛盾律的程度，那么他的行为比他所说的话更能够将我们引向他真正的信念。他会走到麦加拉而不是站在原地，他会做一件事而不是另一件，这些行为都决定性地显示了他并不像自认为的那样反对不矛盾律。① 假如他真的反对不矛盾律，他不会认为亚里士多德的论证是摧毁性的，他也不会这样看待任何其他事情，他就会变成一棵植物。即便如此，我们也没法在严格意义上说他反对不矛盾律，因为我们无法将任何信念归给他。不矛盾律的反对者试图用理性论证我们不该接受这个原理。亚里士多德想要指出

---

① 《形而上学》IV.4.1008b12-27。

的是，根本没有这种理性讨论的概念空间。靠论证说服他"接受不矛盾律"是毫无用处的，不管"接受不矛盾律"在这里是什么意思，但是他进行论证的能力本身，就显示了这个所谓的反对者并不是真正的反对者，虽然他可能认为自己是真正的反对者。这个反对者可以很高兴地承认他说的一切都是错的，我们可能暂时会认为那很好玩、富有挑战性，但是在这个驳论之后，我们应该不会认为那真的很有趣。

对于亚里士多德的驳论更严肃的反驳是，它依赖亚里士多德关于实体和本质的理论。这难道不是他这个论证的一个主要弱点吗？因为那个宣称不相信不矛盾律的反对者极有可能也不相信亚里士多德的实体和本质理论。这个反对者可能还会反对亚里士多德的语言哲学。亚里士多德论证，反对不矛盾律的人必然会取消实体，这样他的陈述也就没有对象了。但是要得出反对者不能**说出任何东西**的结论，我们就必须要接受亚里士多德关于语言使用的前提，即说任何东西就是要么肯定要么否定一个主体。事实上，亚里士多德定义矛盾的方式，以及反驳不矛盾律的方式，都预设了一种关于事物的存在论，而我们的语言正是谈论它们的。在一个矛盾中"否定必须要否定同一个东西，就像肯定也要肯定同一个东西"。① 与此类似，亚里士多德心目中的那个不矛盾律的反对者并没有彻底放弃关于实体与性质的存在论，而是某个主张相反原理的人，即同一个东西有可能同时并且在同一个方面既属于又不属于一个对象。② 一个更难缠的对手为什么不能完全否定这种世界观和这个关于语言的理论呢？他难道不能认为，既然不矛

---

① 《解释篇》7.17b38。
② 《形而上学》IV.1005b23。

盾律是错误的，那么亚里士多德的论证就仅仅表明了我们必须要放弃这个世界是由实体和性质构成的观点呢？这样，句子的真值就不需要诉诸实体的存在就可以解释了。

面对这个反对，有人可能会奇怪，亚里士多德为什么没有给出一个更加抽象的论证，一个独立于他特有的实体理论的论证呢？当然，这样的论证非常现成。在他驳论的细节之中，就有一个有效的论证，可以超越他的实体理论和语言哲学。陈述某个事情就是将这个世界做了划分，陈述某物是这样，就意味着同时要排除其他的可能性。缺少了不矛盾律就无法进行这个排除，即便是在最普遍的意义上理解：

对于任何陈述 S，不可能既是 S 又不是 S。

我们不能既主张 S 又直接主张非 S，除非否定第一个主张，否则就无法做出第二个主张。这个论证并不依赖任何实体理论，或者任何关于陈述内在结构或语义学的理论。这是一个关于肯定与否定陈述的非常普遍的观点。既然亚里士多德想要让自己的证明尽可能强有力，他为什么没有关注这样一个普遍性的论证呢？

如果这个反驳看起来很强，那是因为我们忘记了亚里士多德的计划。他的目标既不是证明不矛盾律，也不是说服反对者改变想法。在亚里士多德看来，根本就没有这样的反对者。他试图做的是表明存在的结构如何限制了思维的结构。这个世界由实体和性质构成，这个事实本身就迫使我们用特定的方式思考、讲话和行动。在一个由实体构成的世界上，任何思考者都必然相信不矛盾律。正是因为我们思想的结构回应或者说表达了存在的结构，我们这些思考者才能够对存在本身做非常普遍的研究。因为实体是存在的基础，我们这些思考者可以对实体进行普遍性的研究。也就是说，我们可以成为研究形而上学的哲学家。

亚里士多德的下一步是表明实体与本质是等同的。因为如果实体与本质等同，那么对实体的研究就不可能是一个不同于这个研究本身的领域。因为正如我们看到的，当灵魂研究本质的时候，它就变成了它在沉思的本质。只有当亚里士多德表明了实体就是本质之后，他才最终将形而上学确立为研究的主体与客体等同的学问。这正是《形而上学》这本书核心卷的核心任务。

五、什么是实体？①

我们是可以对存在的整体结构进行研究的存在者，理解的欲求促使我们前进。只要我们还没有理解实体是什么，就还没有完成这项研究，也就还没有满足我们的欲求。因为实体是基本的，其他事物的存在都依赖它。但是我们可以知道实体是基本的，而并不知道它**是什么**。我们可以知道实体是最真实的存在，同时依然要去研究它到底是什么。这就是亚里士多德的立场。他从来没有质疑过，存在有一个组织起来的结构，一切存在的东西要么是实体要么依赖实体。但是在他的一生中，对于什么应该被认为是实体的思考是发展的。亚里士多德改变过自己的看法，人们认识到这一点是非常晚近的事情。直到20世纪，学者们都认为亚里士多德的哲学形成了一个前后一致的整体，因此那些表面上的不一致一定要被解释掉。问题是，亚里士多德关于实体的某些看法确

---

① 本节相关阅读：《范畴篇》，《解释篇》7。

实和其他看法存在矛盾。当然，一个可能性是，亚里士多德犯了错误，自相矛盾。但是另一种看法，也是最近提出来的、更有趣的看法，是亚里士多德论述中的那些看起来不一致的地方，其实是他的思想随着研究的深入和成熟发生了改变。这个看法主张，我们应该放弃亚里士多德关于实体的著作完全前后一致的假设；同时也不是简单接受不一致和矛盾，我们可以从这些不一致里面找到一个成熟思想家的发展轨迹。

这样问题就变成了，我们如何去追踪亚里士多德思想的发展？最著名的尝试使用了这样一个论题：亚里士多德年轻的时候，处在柏拉图的巨大影响之下；而当他更加成熟之后，看到了柏拉图形而上学中的更多问题，同时发展出了他自己独特的观点。[①] 根据这个看法，那些观点上更接近柏拉图的文本就早于那些更少柏拉图主义色彩的文本。这个看法的一个问题是，到底什么是"柏拉图主义"本身也是一个争议很大的问题，因此我们并不清楚亚里士多德什么时候更加接近柏拉图，什么时候不那么接近柏拉图。另一个问题是，情况也有可能正好相反，亚里士多德年轻的时候想要尽可能远离和区别于柏拉图，但是当他成熟之后，开始意识到柏拉图形而上学深刻的真理性。如果是这样，根据某种对柏拉图主义的理解，那些不那么柏拉图主义的文本就应该早于那些更加柏拉图主义的文本。

我更同情后一种阐释，我在下面也会给出一个与之协调的阐释。但是，读者应该记住，这只是对亚里士多德思想发展的一种

[①] 经典的文本是 Werner Jaeger, *Aristotle*, Clarendon Press, 1948。对于耶格尔论题的批评，参见 G. E. L. Owen, "The Platonism of Aristotle," *Proceedings of the British Academy*, 1965。

阐释，还有其他的。① 这很自然，因为有关亚里士多德思想发展的看法本身就很新。我们很容易认为，对亚里士多德的研究几乎是一个没有时间性的活动，自从古代开始就用几乎相同的方式进行。因此，亚里士多德随着时间的推移改变自己的想法是一个非常新的观点，意识到这一点令人兴奋。由此，亚里士多德成熟的实体观是学者们激烈辩论的问题。读者还需要记住，虽然根据我的阐释，亚里士多德在某些方面变得更加柏拉图主义，但是在另外一些方面，他一生都坚定地反对柏拉图主义。但是我们如何看待亚里士多德与柏拉图的辩论是一个严重的问题。他是不是应该被认为给出了一种对柏拉图主义的根本批判，提供了一种截然对立的世界观？还是说，我们应该认为他是在柏拉图的整体研究框架里工作，进行批评和改进，但是保留了整体的进路和策略？我倾向于认为他保留了柏拉图的整体进路：他像柏拉图一样相信这个世界从根本上说是好的，是以目的论的方式组织起来的，并且是哲学研究可以通达的。他们的论证都是在这个框架下进行的，即这个目的论的世界观里面的具体结构。

在他关于谓述的研究中，亚里士多德关注的是一种特殊的类型，也就是用本质来谓述实体。我们假设人的本质是**理性的动物**。那么像"人是（一个）理性的动物"这样的谓述就不仅仅谓

---

① 我在这里的阐释极大地受到了阿兰·寇德两篇开创性文章的影响：Alan Code, "On the Origins of Some Aristotelian Thesis about Predication," in J. Bogen and J. McGuire eds., *How Things Are: Studies in Predication and the History of Science*, Reidel, 1985; "Aristotle: Essence and Accident"（前引）；另参见 John A. Driscoll, "EIΔH in Aristotle's Earlier and Later Theories of Substance," in Dominic J. O'Meara ed., *Studies in Aristotle*, Catholic University of America Press, 1981。不同的阐释可参见 Michael Frede, "Individuen bei Aristoteles," *Antike und Abendland*, 1978; Roger Albritton, "Forms of Particular Substances in Aristotle's Metaphysics," *The Journal of Philosophy*, 1957。

述了主体的一个性质,它还告诉我们人是什么。我们可以称之为**本质谓述**(essential predication),也就是给出一个主体本质的谓述。亚里士多德称这类谓述为"就它本身(kath'hauto)为真"①。这种谓述不是一个性质谓述一个独立存在的主体,而是表达这个主体本身的所是。在一个非本质谓述里,一个通常的性质谓述主体,比如"苏格拉底是白的"只有当苏格拉底碰巧有白色的皮肤时才是真的。但是即便苏格拉底的皮肤很白,这个性质也绝不是苏格拉底的本质。白色的皮肤并没有参与构成苏格拉底之所是。亚里士多德称之为"偶然的谓述"(kata sumbebêkos)。不仅有这两种不同的谓述,谓述还可以在两个不同的层面上发生,在存在的层面,以及在思想或语言的层面。一个语言上的谓述,比如"人是(一个)理性的动物"之所以是真的,是因为某个谓述真实存在。"人"这个词命名了人这个物种,"理性动物"这个表述命名了人的本质,而**理性动物**这个本质,是人的本质谓述。普遍而言,实体的定义既表述了它的本质,又**表达了它**。但是我们看到,一个像"人"这样的实体词还表达了什么是一个人,也就是人的本质。由此可知,"人"这个表述以及"理性动物"这个表述表达了同一个事物。②这样我们或许会说,人是一个**完全可定义的**存在。因为人的定义表述了本质,而那正是"人"这个词所表达的。在"人是(一个)理性的动物"这个谓述中,主词"人"所表达的东西和谓述"理性动物"表达的东西是同一的。

---

① 关于其他类型的"本身"谓述,参见《后分析篇》I.4.73a34-b4, I.6.74b6-10。

② 虽然"人"所表达的与"理性动物"表达的是同一的,但是这并不意味着"人是理性的动物"有一个同一性陈述的形式,即"人=理性动物"。它可以是一个通常的谓述,只是主词与谓述同一。

我们需要将这种谓述与另一种本质谓述区别开来，比如"苏格拉底是（一个）理性的动物"。在这里"苏格拉底"这个名字表达的是一个个体，如果"理性动物"是人的定义，那么它表达的是人的本质。这个句子之所以是真的，并不是因为它的主体和谓述表达了一样的东西，而是因为它表达了一个存在于现实中的本质谓述。"理性动物"这个人的本质，从本质上谓述了苏格拉底这个个体，理性的动物正是苏格拉底之所是。① 苏格拉底和他的本质并不是同一的，但是他的本质是他最真正所是的东西。因此我们可以说，苏格拉底的本质是理性的动物，这是苏格拉底最真实的所是，但并不是他的**全部**。正如我们刚刚看到的，除了本质谓述之外，我们也可以对苏格拉底做出一些偶性的谓述，比如"苏格拉底是白色的"。这个语言上的谓述是真的，因为在现实中存在某种谓述关系。普遍的白色，可以用来谓述很多不同的东西，比如说阿尔西比亚德，也可以谓述苏格拉底。② 这个谓述在苏格拉底这里是正确的，但并不是他本质的一部分。而定义陈述了本质。因此除了表达本质的定义之外，还有很多事情都适用于苏格拉底。苏格拉底不同于人这个物种，并不是完全可以定义的存在。③

亚里士多德与柏拉图的不同在于，他认为自然世界中的具体事物也可以体现本质。而柏拉图认为自然世界中的事物不可能成为本质谓述的承载者。④ 苏格拉底确实是一个人，但是苏格拉底

---

① 事实上，亚里士多德就使用了这样一个表达：hoper to...estin。参见《范畴篇》3b6，《形而上学》VII.4.1030a3；另参见《后分析篇》73b8-9, 83b9, 89a35, 83a28-30。

② 《解释篇》7。（我出于简化的目的，没有提到《范畴篇》在谓述某物和某物在主体中的区分，有兴趣的读者可参见《范畴篇》2。）

③ 这就是为什么当我给出一个偶性谓述的例子时，只能用具体的苏格拉底，而不能继续用"人"。因为人是完全可定义的，所有对它来讲为真的谓述都是本质谓述。

④ 至少亚里士多德理解的柏拉图是这样认为的；参见《斐多》74。

就像其他人的个体，没有达到（一个）人的所是。① 柏拉图设定了一个独立的理念领域，将本质谓述局限在它们之中。对柏拉图而言，只有存在论上分离的理念，也就是"人本身"才能被说成是就它本身而言是人。我们可以说像苏格拉底这样的个体是一个人，但是柏拉图认为，那仅仅是因为他与人本身发生了某种关系（分有或者模仿）。对柏拉图而言，只有完全可以定义的存在才是本质谓述的承载者。亚里士多德不同意这一点。在亚里士多德看来，自然世界中的事物就有本质，因此我们可以对它们进行本质谓述。苏格拉底是一个人，并不是因为他与分离的柏拉图的理念有什么关系，而是因为他本身就有本质。如果理性的动物是人的本质，那么我们不仅可以说"人是理性的动物"，还可以说"苏格拉底是理性的动物"。这个谓述说出了苏格拉底本质上是什么。亚里士多德与柏拉图在有形体的本质以及本质谓述上的分歧，是他一生都坚持的东西，而且这个分歧对他认识人类理解如何发生产生了深远的影响。因为如果本质就在自然世界*之中*，那么只要更深入地研究这个世界，我们就可以超越它。

我认为《范畴篇》是一部早期著作，在这本书里，第一实体是个体的人、动物、植物等等。"首要实体"或者说"首要意义上的实体"的意思是实体的范本。如果宽泛地说，有很多不同的东西都可以被称为"实体"，但是当我们进行有关首要意义上的实体是什么的哲学研究时，我们就要努力回答这些问题：什么是最真实的？什么是

---

① 在这里我用亚里士多德的词汇去表达一个柏拉图的观点。我之所以这样做，是因为我们在这里的首要目的是理解亚里士多德以及他与柏拉图有什么不同。我还是将不定冠词放在括号里，不仅因为希腊语里没有不定冠词，而且因为如果我们不带不定冠词去理解这句话，柏拉图的立场就显得比较合理了。

存在论上基本的？什么是其他事物的存在依赖的东西？亚里士多德在早期选择了具体的人、动物或者植物作为首要实体，主要的原因在于，这些东西是性质的承载者，性质都谓述它，而它不去谓述其他东西。① 我们可能认为（非本质）谓述表达了某种依赖关系。普遍的"白色的"可能存在，但只能存在于谓述某个主体。因此普遍物不可能是存在论上基本的东西。"白色的"必然是作为某个苏格拉底这样的个体的颜色存在，既然苏格拉底不谓述任何其他东西，他的存在也就不依赖任何其他东西。因此像苏格拉底这样的个体就是存在论上基本的东西。

因为像苏格拉底这样的个体是一个有本质的具体事物，因此他是某个确定的东西，亚里士多德称之为"这个某物"（tode ti, this something）。有些译者甚至将 tode ti 翻译成"具体事物"或者"个体"，而不用更像是生造出来的"这个某物"。但是我认为这样的话就错失了亚里士多德的要点。亚里士多德用"这个某物"作为占位者（placeholder），代表的是一个确定的、存在论上基本的东西。因此，他甚至可以在确定首要实体是什么之前，就认为首要实体必然是"这个某物"。我们不应该在亚里士多德研究实体之前，就预设亚里士多德对"什么是实体？"这个问题的回答，这一点非常重要。将 tode ti 翻译成"具体事物"就做了这样的预设。我们不该这么翻译，而应该认为《范畴篇》将具体事物当作首要实体，**来尝试回答**"什么是存在论上基本的东西？"这个问题。概括来讲，亚里士多德的推理是这样的：首先，首要实体是谓述的主体，而它自己不能谓述任何其他东西；其次，具体事物就其本

---

① 《范畴篇》5.2a11-14。

质而言，不能谓述其他东西。① 因为具体事物本身是谓述的主体，因此就可以得出首要实体是具体事物。

但是，当亚里士多德写作《范畴篇》的时候，他还没有发展出后来的概念系统，还不能将苏格拉底这样的具体事物看作形式与质料的复合物。他知道苏格拉底有一个本质，但是他还不认为这个本质就是苏格拉底形式的方面，而他的身体就是质料。在《范畴篇》里，亚里士多德没有对任何首要实体进行形式与质料的分析。事实上，亚里士多德还没有发展出"质料"这个技术性的概念，这个概念只是到了他解释变化如何可能的时候才出现。② 一旦他有了质料的概念，就可以发展出形式的概念了。早期的"形式"概念相对而言还没有很确定的含义，它指的是某物的形状或结构。但是，一旦他发展出了质料的概念，就有可能将形式理解为与质料互补的东西。他就可以将具体的动物或植物看作是一个潜在的活的身体（质料）与灵魂（形式，或者这个潜在地活着的身体的第一实现）。我们可以看到"形式"概念发生了什么变化：它不再仅仅是一个东西的形状，而是变成了生命的原理。这个变化一定重新开启了什么是首要实体的问题。因为如果一个像苏格拉底这样的具体事物是形式与质料的复合物，那么下面这个问题就变得不可避免了：苏格拉底是其所是，难道不是依赖他的形式或质料吗？如果是这样，那么苏

---

① 《解释篇》7。

② 引入这个概念是为了帮助解释某物在变化中的持存。当然，本质变化是最难解释的情况，因为没有持存的主体（参见《物理学》I.7；《论生成与毁灭》）。但事实上，所有的自然变化都要求有质料参与。比如说，一个工匠把一块金子塑造成球形，我们想说之前在金块里的黄色现在在这个球形。（我们想说的不仅仅是同一种黄色在金块和金球里，而是同一类性质［property token］）。但是因为黄色是一种性质，要让那种性质在变化中持存，就必然要有一个东西在变化中持存，这个东西就是性质表述的对象。它就是质料。（参见 Brian O'Shaughnessy, *The Will*, Cambridge University Press, 1980, vol. 2., pp. 172-174。）

格拉底就不再能够被看作是首要实体了。

此外，亚里士多德成熟的"质料"概念，看起来好像是《范畴篇》里定义的首要实体，这一点让人觉得有些不舒服。因为质料是性质的主体，而且它本身不能进一步谓述其他东西。但是质料不可能是实体，因为它不是确定的东西、不可理解，在存在论上也不是独立的。正像亚里士多德说的，质料不是"这个某物"。他的意思不是质料不是具体事物，而是质料不是存在论上确定的、独立的东西。因此，一旦亚里士多德发展出了互补的形式和质料概念，他就不得不重新思考整个首要实体的问题了。

这个重新思考就是《形而上学》第七卷的任务。这一卷代表了亚里士多德关于实体问题的成熟思考，但是想要理解他的思想却极其困难。就像经常出现的情况一样，这一卷并不是完成的作品，而是未经打磨的笔记，而且这些笔记还非常难懂。之所以这么困难有一些理由。第一，在这一卷开始的地方，亚里士多德已经很深入地研究了实体的问题，这项复杂的研究时断时续地占据了他大部分的成年生涯。他把之前的研究当作现成给定的。假如用这些笔记授课，那么他就预设了听众了解柏拉图和他自己之前关于实体的研究。或许这里面最难以参透的篇章，就是亚里士多德和柏拉图主义的对手进行的辩论，虽然我们不清楚亚里士多德攻击柏拉图的具体学说是什么。当然，任何听亚里士多德讲课的人，很可能都已经很熟悉关于实体的那些辩论了，因此不需要给他们讲这些背景。但是那些当时流行的辩论，对于今天的人们来讲就非常陌生了，我们这个时代最好的亚里士多德学者也只能猜测那些辩论是什么样的。第二，亚里士多德的这些研究使用了一种非常普遍化的语言，我们经常不清楚亚里士多德是在哪个层次的普遍性上讨论问题。比如，有时候从希腊语和论证的内容上，我们都很难判断，亚里士多德是在讨论一个具体的人，还是人这个物种，或是人这个物种的形式。因为这些候选项里哪一个是首要实体本身就是一个严肃的问题，因此确定亚里士多德在说哪个对象就变得至关重要。第三，对于那些阅读《形而上学》第七卷译本的读者来讲，大多数译本都没有严肃看待亚里士多德在首要实体的问题上改变想法这个观点。① 因为在《范畴篇》里具体的动物和植物显然是首要实体，对《形而上学》的翻译有时候就会迫使我们将这些东西依然理解成实体。

因为《形而上学》第七卷非常困难，关于亚里士多德的论证也有很多截然不同的观点。我很清楚，如果要提供一个确定无疑的阐释，需要一部小百科全书的篇幅。虽然如此，我并不准备给出任何截然不同的阐释，我甚至也不准备对所有困难的篇章都做出阐释。我心中的读者是第一次或者第二、第三次阅读《形而上学》第七卷的人。我不指望读者理解那里说的全部内容。下一节的内容就是给读者一个导引，告诉他们核心问题、论证，以及亚里士多德关于实体的成熟讨论得出了什么样的结论。

六、《形而上学》第七卷的旅行指南②

在亚里士多德的思考中，有两种关于世界的思想贯穿其中。

---

① Montgomery Furth, *Aristotle, Metaphysics Books Zeta, Eta, Theta, Iota*, Hackett, 1986 是一个例外，但是他的阐释与我的不同。

② 本节相关阅读：《形而上学》VII。不要认为你一定要进行这个旅行。这是《形而上学》中非常技术化的一卷，虽然我会尽量将这里的核心观点用一种尽可能清晰和简单的方式呈现出来，但是我的讨论也不可避免地带有一些技术性。对于不想细致考察这些论证的读者，只需要阅读这一节的第一和最后一段，然后跳到下一节，在那里我讨论了亚里士多德对神的论述。

一个是这个世界是可理解的。另一个是存在有一个等级，在最基础的地方是实体，它在存在论上是独立的，其他一切存在都依赖它。亚里士多德在《形而上学》第七卷中的任务就是找到一个实体的候选项，满足这两个信念。就像他说的，实体必然是"这个某物"，还必然是"是什么"（what-it-is）。① 说一个东西的存在"是什么"指的是它完全可以定义，因此是可知的；说一个东西的存在是"这个某物"指的是它在存在论上是基本和确定的。只有当一个东西既是"是什么"，又是"这个某物"，才能保证实体的可理解性和存在论上的基础性。如果亚里士多德不能表明存在论上基本的东西同时又是可理解的，这个世界最终的可理解性就受到了威胁。

亚里士多德在开始《形而上学》第七卷的探究之前，这个世界的可理解性看起来受到了威胁。因为在第三卷亚里士多德罗列哲学研究者面对的疑难时，他问过实体是个体还是普遍物。② 看起来答案一定是"既不是个体也不是普遍物"。因为如果实体是个体，它就不可知；我们已经看到了一个像苏格拉底这样的个体，不是一个完全可定义的存在；他如果不能定义，就不可知。③ 但是实体不可知是不能接受的。另一方面，如果实体是普遍物，那么

---

① 《形而上学》VII.1.1028a11-18。在 G. E. L. Owen, "Particular and General," *Proceedings of the Aristotelian Society*, 1978, pp. 1-21 中指出了这两个要求对于亚里士多德在《形而上学》第七卷的论证来讲具有核心意义，但是欧文预设了"这个某物"必然是具体事物，在我看来他因此无法理解亚里士多德论证的实际结构。

② 《形而上学》III.6.1003a5-17；另参见《形而上学》XIII.9-10；Alan Code, "The Aporematic Aproach to Primary Being in *Metaphysics Z*," *Canadian Journal of Philosophy*, 1984；我在 "Active *Epistêmê*," in A. Grasser ed., *Mathematik und Metaphysik bei Aristoteles: X Symposium Aristotelicum*, Haupt, 1987 更详细地讨论了这个问题。

③ 参见《后分析篇》I.8, 31, 33。

它就是可知的,但是无法独立存在,因为普遍物可以谓述很多个体,因此看起来在存在上依赖那些个体。① 但是实体应该是存在论上独立的。这么看来,实体要么是可知的,要么是存在论上基本的,而不可能二者兼备。但这是站不住脚的。

亚里士多德想要解决这个难题,但是他既没有选择个体也没有选择普遍物作为首要实体。在《形而上学》第七卷中,他意识到,个体和普遍物并不是全部选项。他发现了一种"这个某物",既不是个体又不是普遍物。② 这就是为什么我们不应该预设"这个某物"是个体。每个物种的形式或者本质也是"这个某物",但是它既不是个体也不是普遍物。③ 我们很快就会看到它为什么两者都不是。首先,我们要理解一个种(species)的形式是什么。一旦亚里士多德发现,像苏格拉底这样的个体可以被看作是形式与质料的复合体,距离认识人这个种是一个普遍物,但是它本身也有形式和质料的方面,就只有一步之遥了。人这个种可以被理解成人类灵魂在这样一种肉和骨头构成的身体之中。**人的灵魂**就是**人**这个种的形式。④

每个种都有这样一个形式。你和我在质料上有所不同,但是我们在形式上是同一的,我们每个人都是人类灵魂在这个或那

---

① 参见《解释篇》7。

② 参见 Joseph Owens, *The Doctrine of Being in the Aristotelian Metaphysics*, Pontifical Institute of Mediaeval Studies, 1957, ch. 13。

③ 种-形式作为首要实体的思想来自 Alan Code, "Aristotle: Essence and Accident",虽然他并不同意下一步的说法,即种-形式既不是个体也不是普遍物。

④ 我们需要注意,亚里士多德用同一个词 *eidos* 表示"种"和"形式"。因此有一些乍看在讨论人这个种的段落,如果仔细考察,其实是关于**人**这个种的**形式**。

个质料之中。①这种对灵魂的看法非常不同于我们关于灵魂的习惯看法,我们的看法受到了基督教两千多年的影响。亚里士多德认为,严格说来,只有**一个灵魂**让数量上不同的人类肉体获得生命。如果亚里士多德愿意,他也可以讨论你的灵魂或者我的灵魂,比如他可以主张是我的灵魂而非你的灵魂,是我这个生命的原理。②但这只是一种省略的说法,完整的说法应该是人类的灵魂在这些肉和骨头之中,从而成为我生命的原理。

如果一个种的形式可以是"这个某物",那么这个形式就可以被算作是存在论上基本的东西。比如说**人类灵魂**是人这个种的形式,因此它可以被算作是一种基本的存在。每一个种-形式都是永恒的,亚里士多德认为每一个生物体,以实现它形式的方式最大限度地分有了存在论上基本和神圣的东西。③但是每个种的形式或本质又是可定义的,因此完全可以理解。种-形式满足了首要实体的两个限定,既是基本的又是可理解的,因此存在的等级性和可理解性就都得到了保证。

亚里士多德是如何达到这个观点的呢?他确定了一系列肯定和否定的限制,首要实体的任何成功候选项都要满足它们。事实上,只有形式能够满足所有的限制。人们经常说《形而上学》第

---

① 《形而上学》VII.8.1034a5-8。我还想提到另一种阐释,每个个体都有它自己的独特形式。对于这种立场的论述,参见 Michael Frede and Günther Patzig, *Aristoteles, Metaphysik Z*, Beck, 1987。

② 有人可能会首先想到《形而上学》XII.5,在那里亚里士多德说个体而不是普遍物才是原因,这个地方可能对我的观点构成问题。但是,种-形式并不是普遍物,因此那段文本并不会影响我的论题。我认为我们应该从更早的《范畴篇》中将个体与普遍物对立起来的存在论角度理解这段话,在那里首要实体是个体。这完全不适用于亚里士多德在《形而上学》第七卷发展起来的新的存在论框架。

③ 参见《论灵魂》II.4.415a26-b7(在第四章第一节有引用)。我们还需要去发现这个行动的神圣方面。

七卷是问题性的（aporematic），这个判断是否正确取决于我们如何理解"问题性"这个词。人们通常的意思是，亚里士多德在这里对实体提出了一些相互矛盾的要求，任何东西都没有办法实现，因此这一卷是未完成的、没有解决问题的、前后不一致的。但是我不这么认为。对于实体的限制乍看起来好像前后不一致，但是那并不是因为它们事实上就是不一致的，而是因为它们提出的要求非常之高，最终只有一个首要实体的候选项能够脱颖而出，即实体的形式。但是这一卷在亚里士多德的意义上确实是问题性的。他确定了一系列有关实体的疑难（aporiai）和要求，他从自己和其他有声望的信念出发，试图解决这些疑难。① 《形而上学》第七卷就是在解决那些疑难。

亚里士多德开始考虑的一个有声望的意见是，实体是在各种性质之下的基底（to hupokeimenon）。② 当然，这个看法一度吸引了亚里士多德。在他撰写《范畴篇》的时候，像苏格拉底这样的个体被当作首要实体，因为他是各种性质的主体，而他本身不能谓述任何其他东西。但是现在，亚里士多德有了质料的概念，更早的《范畴篇》里首要实体的标准就不那么清晰了，特别不清晰的是质料是不是首要实体。因为如果首要实体是在各种性质之下的东西，那么如果我们在思想中"剥离"各种性质，剩下的就是质料。③ 这是旧的实体概念，也就是性质的最终基底，它在一个包括质料在内的世界里被翻新了。质料是各种性质的最终基底。

---

① 比如可参见《形而上学》VII.3.1029a33-b12；Code, "The Aporematic Approach to Primary Being in *Metaphysics Z*"。

② 《形而上学》VII.3，尤其是 1028b36-1029a1。

③ 《形而上学》VII.3.1029a10-26。

这样理解质料的困难在于，它看起来是一个本身不确定、不可知的材料："质料的意思是**就它自身而言**既不是一个个体，也不是某个数量，也不能因为是某个确定的东西而被归入其他范畴。"①这并不是说质料没有性质，只是说质料**就它自身而言**没有性质。质料就它之所是而言没有性质。就它本身而言不是一个确定的东西，它仅仅是性质的基底而已。现在，亚里士多德要将这个基底的概念排除出首要实体的考虑范围。而他的方式是引入两个对实体的限定：②

（1）实体必然是"这个某物"，一个确定的东西；
（2）实体必然是分离的，也就是存在论上独立的。

质料既不能独立存在，也不是一个确定的东西，因此不可能是实体。

亚里士多德之后好像直奔结论而去。因为他说在实体的三个候选项里即形式、质料和形式质料的复合物，质料和复合物都可以被排除掉了。③我们已经讨论完了质料，而复合物在存在论上排在形式与质料之后，但是亚里士多德在《形而上学》第七卷的一开始就提出了这个标准：

（3）实体在任何意义上都是在先的：在 *logos* 上、在知识

---

① 《形而上学》VII.3.1029a20-21（强调是我加的）。
② 《形而上学》VII.3.1029a27-28，参见 VII.1.1028a33-34。我这里给出的序号在某种意义上带有任意性。我们可以认为（1）和（2）构成了一个限制，（2）解释了（1）。
③ 《形而上学》VII.3.1029a29-30。

上、在时间上。①

一个像苏格拉底这样的复合物依赖他的形式成为他之所是，因此《范畴篇》里作为范例的首要实体不得不被排除掉。

这样看来，亚里士多德好像已经得出了结论，形式必然是新的首要实体。但是我们还在《形而上学》第七卷的开头。事实上，在这一卷的开头，亚里士多德就说："首要的东西是'是什么'，这表达了事物的实体。"② "是什么"给出了一个事物的形式或本质。那么亚里士多德在《形而上学》第七卷剩下的部分里做了些什么呢？他向我们表明，形式如何可以是首要实体。他要讨论形式需要满足的其他限定，如果它配得上"首要实体"这个头衔的话。他还要表明，其他实体的候选项，比如属（genus，而非种），或者柏拉图的理念，都是不充分的。他要表明形式在存在论上是基础性的和可知的。他还要解决实体是个体还是普遍物的问题，而他解决问题的方法是发展出一种基本的、可理解的实体观念，这种实体既不是个体也不是普遍物。事实上，他要做的是给我们这些学生讲述他对于实体的探索：如果我们想要自己发现形式或者种的本质为什么是首要实体，就需要跟随他的脚步。

在亚里士多德看来，实体显然与本质有关，《形而上学》VII.4-6的任务就是找出这个关系到底是什么。在《形而上学》VII.4-5，亚

---

① 《形而上学》VII.1.1028a31-b2。说一个实体在 logos 上在先的意思是：（1）在存在的**秩序**上，其他事物的存在依赖实体，但是实体不依赖任何其他事物；因此（2）如果要给出其他事物的**论述或定义**，我们最终一定要提到它们依赖实体，并因此包括实体的 logos。实体在知识上在先的意思是，如果我们的知识反映了存在的秩序，也就是说对我们而言最可知的东西就是无条件最可知的东西，那么实体就是被当作存在上在先的东西而被认识。参见《后分析篇》I.2；《形而上学》IV.11；《范畴篇》12。

② to ti esti：《形而上学》VII.1.1028a13-15。

里士多德将定义和本质限定在实体之上。① 他的理由是，只有实体可以因为它自己而被说成是某个东西。其他事物只能通过与实体的关系而被说成是某个东西，因为其他事物的存在都依赖实体。但是一个事物的本质是对它自己而言的。② 因为只有实体才就它本身而言是什么东西，本质就只能限定在实体之上。定义是对本质的陈述，而本质是定义在存在论上的对应物。③ 由此亚里士多德又确定了一条标准：

（4）严格说来，只有实体是可定义的。④

但是，虽然亚里士多德的结论是"定义和本质在首要和没有限定的意义上属于实体"，⑤ 但是实体与本质的关系依然不清楚。是不是只有首要实体才**有**本质，还是说只有首要实体才**是**本质？

在《形而上学》VII.6，亚里士多德论证了：

（5）每个首要实体都和它的本质同一。

我们应该意识到，这是一个我们可以预见到的实体的条件。因为在条件（4）亚里士多德已经论证了实体是可定义的，这个条件

---

① 《形而上学》VII.4.1030a28-31, b4-6, VII.5.1031a1-2, 11-14。事实上，甚至在这个较早的阶段，亚里士多德也说到，只有某个属的种才有本质，因为只有它们才是首要的，并不涉及一个事物谓述另一个事物的问题（《形而上学》VII.4.1030a10-14），但是在这里还没有给出对这个说法的论证。

② 《形而上学》VII.4.1029b14。

③ 《形而上学》VII.4.1030a6-7, VII.5.1031a11-12；另参见《论题篇》I.5。

④ 《形而上学》VII.5.1031a1-2。

⑤ 《形而上学》VII.4.1030b4-6。

是要确保实体有终极的可理解性。因为一个事物的定义陈述了本质，理智把握的就是本质。一个像苏格拉底这样的个体拥有本质，但他并不是可定义的，因为我们已经看到，他有一些不属于本质的性质。他是形式与质料的复合物，但是他的质料不是他的形式或本质的一部分。这样看来，要成为一个可定义的存在，一个事物必须要等同于它的定义所表达的东西。因为定义表达了一个事物的本质，那么首要实体如果是可定义的，那么它必然要和它的本质同一。

亚里士多德自己的论证是一系列复杂的对柏拉图理念论的反驳。① 为了简洁，我只想从中抽取一个核心观点，对于我们来讲也就足够了。为了进行归谬，我们假设一个首要实体 X 与它自己的本质不同。假如是这样，那么 X 本身就是不可知的，因为理智把握的是本质。理智可以理解 X 的本质，但是因为本质与 X 不同，理智在理解本质的时候就没有理解 X。但是这样一来，X 就没有满足对实体的一个基本限定，即它是可理解的。因此，如果 X 是首要实体，它必然**是**它的本质。亚里士多德的结论是："每个首要的事物，因为它本身而是其所是的事物，都与它的本质同一。"②

这迫使亚里士多德极大地修正自己的实体概念。因为虽然苏格拉底**有**一个本质，但是他与本质并非同一，他是某个本质存在于某个质料中。这样，《范畴篇》中首要实体的典范，像苏格拉底这样的具体事物，就不再被当作首要实体了。普遍而言，亚里士多德认为：

---

① 《形而上学》VII.6.1031a28-b22。
② 《形而上学》VII.6.1032a4-6，参见 VII.6.1031b18-20。

（6）没有任何质料性的个体是首要实体。①

这是对他写作《范畴篇》时立场的彻底反转。在发展出了质料和与之对应的形式概念之后，像苏格拉底这样质料性的个体就不能在无条件的意义上继续被当作性质的基本主体了。苏格拉底本身是一个形式与质料的复合物，因此他在存在论上位于形式与质料之后。此外，将基底作为首要实体的标准也因为质料的概念受到了质疑。因为在某种意义上，质料确实是性质的承载者，但是我们已经看到，它缺少存在论上的独立性和确定性。最后，苏格拉底这样质料性的个体可以被看作是某个形式存在于某种质料之中，这个观点将这个世界根本上的可理解性又提高到了一个新的层次。因为形式或者本质是可理解的，因此如果形式是首要实体，那么这个世界是可理解的就有了一个新的含义。存在论上最基础的东西和最可知的东西就重合了。

《形而上学》VII.7-9 关于自然世界中的事物，既包括自然有机体，又包括技艺的产品。每个事物都是某种形式在某种质料中实现出来。形式本身既不能被创造也不能被毁灭。在自然的生成中，雄性将他的形式传给后代。因此同一个物种的每个成员都有相同的形式或本质。②

> 当我们有了整体，某个形式在这个肉或者那些骨头之中，这就是卡利阿斯或者苏格拉底；他们在质料上不同，但

---

① 参见《形而上学》VII.11.1037b3-7。
② 《形而上学》VII.7.1032a24-25。

是在形式上相同……①

281　人造物也依赖此前存在的形式和质料。工匠在灵魂中有形式，这是他创造活动的主动原理和起点。② 这个形式是完全无质料的实体：

> ……从技艺产生了各种东西，它们的形式在灵魂之中。（我说的**形式是每个事物的本质和它的首要实体。**）……因此在某个意义上，健康来自健康，房子来自房子，**从没有质料的东西产生有质料的东西**：医学和建筑是健康和房子的形式，**我称本质为没有质料的实体。**③

创造活动就是将形式在质料中实现出来。④ 在匠人的灵魂中有房子的形式，因此可以将这个形式加到恰当的质料上。形式和质料在创造活动之前都存在。当然，在某种意义上，我们可以创造质料。比如，一个建筑师可以用稻草和泥制造砖，然后再用砖造房子。亚里士多德的观点是，即便是制造砖，也是将某种形式加到之前存在的质料（泥和稻草）之上。被制造出来的砖就可以作为之前存在的质料，服务于另一个创造活动。这样看来，创造活动就依赖某些之前存在的质料或其他东西。形式从来都不是被创造出来的。⑤

这样看来，"房子"这个词就是有歧义的。它可能指建筑师

---

① 《形而上学》VII.8.1034a5-8。
② 《形而上学》VII.7.1032a320b1, b21-23。
③ 《形而上学》VII.7.2032a330b14（强调是我加的）。
④ 参见《形而上学》VII.8。
⑤ 《形而上学》VII.8.1033b5-7, b16-17; VII.9.1034b10-19。

灵魂中完全没有质料的形式，也可以指人们居住其中的形式与质料的复合物。亚里士多德认为，在建筑师灵魂中的形式本身并不是**一个个体**。我们不需要柏拉图的理念，即房子本身，去解释那些物质性的房子如何存在。① 亚里士多德将建筑师灵魂中的形式称为"某种"（such）。② 因为没有在任何质料中实现，建筑师灵魂中的形式没有任何个体性。它仅仅代表了建筑师将那个形式加在恰当的质料之上的能力。当建筑师将这样一个形式加在某些砖和木头之上，就是个体的房子，亚里士多德称之为"这种"（this such）。③ 正是从**房子**的形式，这个形式与质料的复合物获得了它的名字。④ 因此，当我们说，"这是一个房子"时，我们可能是在谓述形式，也就是说这个个体的房子拥有房子的形式；也可能是在谓述一个由形式和质料构成的**普遍的复合物**，也就是说，我们可能在谓述对某个主体成立的普遍物，因为这个主体就是这样一个复合物。我们可以说**这个**房子是房子的形式在某种质料中实现出来。

但是也有一些词汇是毫无歧义地指在某种质料中实现出来的形式。比如"人"表达了人这种形式在血肉中实现出来的复合物。⑤ 根据《范畴篇》，**人**是第二实体，是苏格拉底这样的个体从属的种。但是，一旦亚里士多德认识到了苏格拉底是形式与质料的复合物，对这个谓述就有了不同的理解。种本身现在可以被看作是形式和质料两个方面：人类灵魂存在于血肉和骨头之

---

① 《形而上学》VII.8.1033b19-29。
② *toionde*：《形而上学》VII.8.1033b22。
③ *tode toionde*：《形而上学》VII.8.1033b23-24。
④ 《形而上学》VII.8.1033b17-18。
⑤ 《形而上学》VII.10.1035b27-30。

中。现在说"苏格拉底是一个人",就是用一个普遍物谓述苏格拉底,这个普遍物表达了他的形式和质料。亚里士多德现在说**人是一个"普遍的复合物"**。人是一个**普遍物**,因为它可以用来描述个体的人,比如苏格拉底或者柏拉图。说**人**是一个**复合物**,因为它可以表达人的形式和质料,它表达的是存在于血肉和骨头之中的**人的灵魂**。但是如果人是一个普遍的复合物,那么人的本质就不再能够被认为与人同一了。在这里,亚里士多德再一次被迫改变想法。**人的本质是人的灵魂**,是人这个普遍复合物的形式。

但是这引起了一个问题,就是人的定义是否应该包括血肉和骨头,人的灵魂正是存在于它们之中。一方面,很难想象我们能够给出一个人的定义却不提他特殊的质料;另一方面,定义应该是表达本质或形式的,而质料并不是形式的一部分。《形而上学》VII.10-11 的任务正是要解决这个难题。我们可以给出一个关于人的论述,包括形式和质料两个部分,但是亚里士多德坚持认为,严格的定义并不是关于人,而是关于人的灵魂,也就是人的形式。这个定义不会提到质料。当然,我们很难想象人的灵魂不是体现在特定类型的质料之中,也就是血肉和骨头之中。但是亚里士多德认为,我们无法想象一个东西在哲学上并不重要:

> **定义是对普遍物和形式的。**[①] 如果说哪些部分是关于质料的哪些不是并不清楚,那么一个事物的 logos 也是不清楚的。对于那些可以出现在不同材料里的事物,比如一个圆形可以出现在铜里、石头里或者木头里,铜和石头很显然不是圆的

[①] 《形而上学》VII.10.1035b34-1036a1。

本质的一部分，因为圆与它们是分离的。对于那些**不是分离**的事物，我们没有理由认为不能出现同样的情况，比如即便我们看到过的所有圆都是铜的，但是不管怎样，铜不是形式的一部分；但是我们很难在思想里做这个分离。比如人的形式总是在血肉和骨头，以及这种东西的部分之中。这些也是形式或者 *logos* 的一部分吗？不是，它们是质料；但是因为我们不能在其他质料里看到人，我们就无法做出这个分离。①

因为一个圆形可以存在于不同种类的质料里，我们很容易意识到圆形的定义不需要提到质料。事实上，我们可以用"圆形"去指称无质料的圆的形式，这是和它的本质同一的：

> 只有形式的部分是 *logos* 的部分，***logos* 是关于普遍物的**，因为**是一个圆**与圆是同一的，**是一个灵魂**与灵魂也是同一的。但是当我们面对具体的事物，比如**这个圆**，即某个个体的圆……这些个体的圆是没有定义的。②

现在的情况是这样的。③ 我们可以定义人类灵魂、圆形或者房子，因为这些都是无质料的形式。定义会陈述本质，本质与形式同一。**人类灵魂与什么是人类灵魂**同一，圆形与什么是圆形同一。

---

① 《形而上学》VII.11.1036a28-b3（强调是我加的）。我没有翻译 *logos*，而牛津译本用的是"公式"（formula）。在我看来很奇怪的是，亚里士多德没有利用质料是一个相对的概念这个观点，血肉和骨头本身就是形式与质料的复合物。这样亚里士多德就可以允许人类灵魂的定义包括血肉和骨的**形式**方面。参见第二章第四节。

② 《形而上学》VII.10.1035b34-1036a5（强调是我加的）。

③ 参见《形而上学》VII.11.1037a21-b7。

我们不能定义人这个形式与质料的普遍复合物，我们也不能定义个体的人，除非说我们可以定义它的首要实体，即人类灵魂。首要实体是无质料的，并且与本质同一。因此只有首要实体是可定义的，只有它才是定义陈述的东西。

但是，如果定义只关于形式，我们就很难理解亚里士多德如何能够避免自相矛盾。因为在《形而上学》VII.13，他论证了：

(7) 没有实体是普遍物。

普遍物是可以表述很多事物的东西。① 亚里士多德已经说过，定义是关于形式和普遍物的，② 但是**只有**实体才是可定义的。③ 那么怎么可能出现：(a) 没有实体是普遍物，但是 (b) 只有实体是可定义的，以及 (c) 定义是关于普遍物的。④ 如果没有实体是普遍物，形式怎么可能是首要实体呢？为了回答这个问题，我们必须要考察亚里士多德说没有实体是普遍物的语境，如果我们关注了语境，那个自相矛盾的表象就会消失。

亚里士多德在《形而上学》第七卷中的一个主要发现是，一个种的形式可以被看作是"这个某物"。⑤ 一旦他发现了这一点，他就可以说实体不是普遍物，因为"普遍物"的意思与"这个某物"非常不同。因此随着"这个某物"概念的发展，我们或许会期待

---

① 参见《形而上学》VII.13.1038b11-12；《解释篇》17a38-40。
② 《形而上学》VII.11.1036a28, VII.10.1035b34-1036a1。
③ 参见上面提到的限定 (4)；《形而上学》VII.5.1031a1-2。
④ 参见 J. H. Lesher, "Aristotle on Form, Substance, and Universals: A Dilemma," *Phronesis*, 1971, pp. 169-178.
⑤ 关于亚里士多德把形式说成是"这个某物"，参见《形而上学》V.8.1017b21-26, VIII.1.1042a28-31, VII.12.1037b27。

他对于普遍物的理解随之发生变化。如果我们仅仅认为"这个某物"是个体，就无法跟上亚里士多德思想的发展。亚里士多德从来没有定义过这个概念，因此我们并不是很清楚"这个某物"是什么。但是，他用来说明"这个某物"的例子随着思想的发展发生了变化。在《范畴篇》里，像苏格拉底这样的个体是"这个某物"的典范。我们已经看到，这导致人们普遍认为"这个某物"一定是个体。但是没有任何语言学的证据表明"这个某物"的意思是"个体"。① "这"确实指出了"某物"，但是它指出的是不是个体取决于"某物"代表什么。比如"这个动物"在动物园里可以用来指一只个体的狮子，柏拉图主义者可以用它来指一个理念——人本身，它还可以被用来指人这个物种，或者（亚里士多德的）人这个物种的形式。这个词组本身并没有对怎么使用它给出指导。它到底指什么取决于语境。

虽然亚里士多德从来没有定义这个概念，但是"这个某物"通常与另外两个形而上学概念相伴，一个是存在论上独立的（*chôristos*），另一个是确定的（*horismenos*）。② 在亚里士多德形而上学的核心处，是这样的信念，即实体必然是既独立又确定的。但是独立和确定是什么意思呢？我们设想亚里士多德采取了下面的研究策略。关于实体的研究要在一个很高的抽象层面上进行。他相信，

---

① 事实上，在《形而上学》IX.7，亚里士多德说形式或者"这个某物"谓述质料（1049a34-b1）。因此"这个某物"不可能是个体。

② 参见《形而上学》VII.1.1028a12, 25-28, VII.3.1029a28-30, VII.13.1039a1, VII.14.1039a30-32, VIII.1.1042a29, b3, IX.3.1070a35, XIII.10.1087a15-18, V.8.1017b23-26；另参见 VII.4.1030a5-6, XI.2.1060b1；《范畴篇》5.3b10；《后分析篇》I.4.73b7。（*chôristos* 经常很字面化地被翻译成"分离的"或者"可分离的"。问题是我们不清楚"分离"是什么意思。我认为"存在论上独立"对我们来讲更容易理解，也把握了实体是 *chôristos* 这个说法的核心含义。）

实体必然以某种方式独立和确定，但是即便是这两个概念本身也是研究的对象。我们可以在找到首要实体的同时发现独立是什么意思，这样亚里士多德就需要一个抽象的表达方式来表达存在论上的独立和实体的确定性，但同时又不确定这两个概念到底是什么意思。"这个某物"（不管它是什么）就完美地履行了这个功能。我猜测，这就是亚里士多德的策略。但是如果我们预设"这个某物"是个体，那我们甚至都看不到这个可能的策略了。

我们也无法理解亚里士多德如何解决《形而上学》里的一个重大难题。[①] 我们看到，亚里士多德似乎提出了一个两难的问题：实体既不可能是个体也不可能是普遍物。如果实体是个体，它们就不可知，因为知识是关于普遍物的。这是无法接受的，因为实体必须是可知的。另一方面，如果实体是普遍物（并因此可知），它就无法独立存在。这也是不可接受的，因为实体必然是能够独立存在的。如果我们认为"这个某物"是个体，我们就很难理解亚里士多德怎么可能成功地解决这个难题。我们会很自然地看到，亚里士多德被两种合理的要求拉扯，一方面是个体的要求，另一方面是普遍物的要求。[②]

这样的话我们就会错过亚里士多德天才的解决方案。他并没有被这个两难束缚手脚，也没有将首要实体的头衔归给个体（从而忽略非个体作为实体的合理诉求），或者归给普遍物（从而忽略非普遍物作为实体的合理诉求）。他发现了用一种方式理解"这个某物"就既不是个体也不是普遍物。亚里士多德在貌似穷尽了所有可能的两极之间发现了一个空隙。

[①] 参见《形而上学》XIII.10.1087a13 以及第三卷中提出的那组问题。

[②] 这是 Owen, "Particular and General" 中的分析。

要理解种-形式为什么是"这个某物",我们必须要考察《形而上学》VII.12 的论证。在那里,亚里士多德回到了一个之前就困扰他的难题:如果我们可以给实体一个定义,实体为什么应该是一个统一体?比如,如果人(的形式)的定义是"两足动物",那么人为什么是一个东西,而不是多个东西,即**两足的**和**动物**?① 这个问题是:定义是组合起来的,而"实体是某种统一体,代表了'这个某物'"②。简单来说,亚里士多德的答案是我们不能认为实体的形式由两个在先的要素构成,**两足的**和**动物**。**动物**这个属并不能独立于种-形式存在,属可以被认为是某种质料,在它之上种-形式提供了形式。③ 虽然定义是组合起来的,但是它并没有表述以神秘的方式构成整体的各个要素。因此,当我们从属开始下降,用恰当的顺序寻找种差从而形成一个定义,这个过程不应该被认为是从更真实的东西前进到更有依赖性的东西,事实上恰恰相反。最终的种差是种和实体的形式。④ 它包含了更高层次的种差和属,因为它们都是谓述这个形式的普遍物,但是它们并不是构成这个形式的要素。亚里士多德由此解释了种-形式是一个原子式的形式:一方面它不是由在先的要素构成,另一方面它本身就是最终的种差,因此不能被进一步划分成种差。⑤

我们或许会认为,亚里士多德使用了和《范畴篇》里相同**种类**的论证,只是升高了八度。苏格拉底不再能够被当作首要实

---

① 《形而上学》VII.12.1037b8-14。
② 《形而上学》VII.12.1037b27。
③ 《形而上学》VII.12.1038a5-9。
④ 《形而上学》VII.12.1-38a19-20, a25-26, a28-30。
⑤ 注意,《形而上学》VII.8.1034a5-8 支持同一个原子式的形式可以是不同个体的形式。卡利阿斯和苏格拉底有相同的形式,但是质料不同。

体,因为他依赖他的形式,即人类灵魂。但是如果我们将这个论证升高八度,将人类灵魂看作基本的,那么亚里士多德的论证可以被重新应用。动物这个属可以存在,但是它的存在依赖很多种-形式,而动物是它们的属。

这样的话,种-形式就通过了所有关于"这个某物"的测试。首先,它是一个真正的统一体,因此可以被称为"这个"。其次,它在这个意义上是存在论上独立的:不管我们是向更普遍的方向移动,还是向个体的方向移动,这两个方向都依赖它。形式与质料在个体中的复合依赖形式。① 而当我们沿着种差向上移动,我们就会进入更普遍的对象,它们无法独立存在,而是依赖并且谓述种-形式。最后,种-形式也是确定的。在自然世界中,它是最确定的东西。不管我们是向个体还是向普遍物的方向移动,我们都是在移向质料或者**类似**质料的东西,也就是不那么确定的东西。因此种-形式是"这个某物"。

但是,虽然种-形式是"这个某物",它并没有个体性。任何两个人都有同样的形式。个体的核心特征就是它的个体性。亚里士多德在《形而上学》VII.15 论证了,个体中的这种个体性,是定义无法把握的。在亚里士多德看来,最困难的问题是那些独特的、永恒的、不可毁灭的对象。② 亚里士多德说,像太阳、月亮这种独特和永恒的对象,我们很难认识到它们也是不可定义的。他的想法大概是这样的:对于独特和永恒的对象,我们可以在原则上提出一系列条件,只有它能够满足。因为这个对象在相关的意义上不发生变化,它也就永远不会不满足这些条件。那么这为什

---

① 比如《形而上学》VII.3.1029a27-32, VII.11.1037a27-30;参见 VII.17.1041b6-9。
② 《形而上学》VII.15.1040a8-b2。

么不是一个定义呢？

亚里士多德用了一个非常天才的思想实验回答了这个问题。设想"绕着地球旋转"是对太阳的一个可能的定义。亚里士多德让我们考虑两个反事实的条件句：

即便太阳停住了，它依然是太阳。

假如另一个天体开始绕着地球旋转，它依然不是太阳。

亚里士多德认为，这两个说法都是真的。第一个条件句是真的，原因在于"太阳"代表了某个实体，而这里讨论的实体是一个个体。① "代表"至少有部分含义是"指称"，亚里士多德论证的是像"太阳"这样的实体名字，并不是一个缩略版的或者隐藏的描述。它直接指称太阳这个实体，而与太阳可能满足的任何描述性条件无关。因此，"绕着地球旋转"不可能是太阳的定义，因为它不可能指明太阳是什么，它不可能解释为什么即便太阳不满足那个条件，它依然是太阳。第二个条件句也是真的，因为假如某个其他对象开始绕着地球旋转，它也不会因此变成太阳。太阳是一个个体，而个体的个体性不可能由一个 *logos* 把握，因为我们也可以设想其他对象满足这个 *logos*。

注意，这两个条件句的条件部分不仅是反事实的，而且在亚里士多德看来是不可能的。我们会看到，他认为天体的运动本身是在表现这个世界与神的关系。② 对他来讲，它是不可能停止的。

---

① 《形而上学》VII.15.1040a32-33, b1。

② 参见《物理学》VII；《形而上学》XII.7-9；《论天》I.10。我在下面的第七节进一步讨论这个问题。

289　这完全就是一个思想实验，里面的条件不可能实现，虽然我们可以设想它们。通过设想，我们认识到，即便可以给出一个条件，某个个体事物会永远满足它，绝不存在不满足的可能性，这个条件依然不是这个个体的定义。

　　与此不同，种－形式就是可定义的。它没有个体事物的那种个体性，但它是"这个某物"。如果有某种方式可以是"这个某物"，同时又不是个体事物，那么我们应该期待普遍物的范本也有所变化。亚里士多德说，普遍物是依据自然属于很多事物的。① 因此"普遍物"的概念就和普遍物所属于的"事物"一样模糊或者说有歧义。② 比如，在《范畴篇》里，普遍的**动物**可以谓述**人**这个种，也可以谓述个体的人。③ 因此**动物**谓述的"事物"就既包括了人、马和**鲨鱼**的种，也包括了个体的人、马和鲨鱼。普遍物定义的模糊性是一个优点，因为亚里士多德可以用它捕捉谓述关系的全部范围。

　　但是毫无疑问，这里也有一种作为典范的谓述关系：普遍物谓述"这个某物"。在这里，普遍物谓述一个真正的主体。在《范畴篇》的框架内，个体的人或马被确定为首要实体和"这个某物"。④ 因此在《范畴篇》的存在论里，普遍物的典范就是谓述很多个体。

---

① 《形而上学》VII.13.1038b11-12；参见《解释篇》7.17a38-40。
② 这个事实被《解释篇》中带有误导性的定义遮蔽了，在《解释篇》里，个体被用普遍物定义。在那个定义里，亚里士多德对个体给出了一个否定性的定义。普遍物是依据自然可以谓述很多事物的东西，而个体就是不能这样做的东西（17a39-40）。在这里个体与普遍物之间的二分是真实的，但是任何否定性的描述都存在一个问题，那就是它以否定性为代价威胁到了穷尽性。如果我们有对于个体的肯定概念，这里总有一个危险，就是这个肯定性的概念无法与这个否定性的描述等值。有一些非普遍物可能无法分有对个体的肯定描述。
③ 《范畴篇》3.1b10-15。
④ 《范畴篇》5.3b10-18。

但是在他成熟的形而上学里，亚里士多德认为一个种的形式也可以被看作"这个某物"。① 这里作为典范的谓述关系就是普遍物谓述"这个某物"。但是既然种 - 形式在《形而上学》第七卷里被当作"这个某物"，我们就应该预见到这里讨论的普遍物是属。就像"这个某物"升高了八度，普遍物也同样升高了八度。

如果我们将《形而上学》VII.13 从它的语境中抽出，亚里士多德好像就是在论证，个体必然是实体。因为他论证没有普遍物可能是实体。但是，因为他在其他地方论证过个体是不能被定义的，而实体可以，我们就会被迫得出结论认为，《形而上学》第七卷是没有结论的。但是《形而上学》VII.13 跟随 VII.12 中的证明，形式是"这个某物"，而普遍物被明确与"这个某物"而非个体对立。② 亚里士多德还将本质与普遍物对立。因此在 VII.13 的语境里，本质不是普遍物。③

此外，普遍物是实体的学说不仅仅是一个本身需要进行研究的抽象学说，它也有很多的信奉者。④ 因此我们需要用更多细节恢复这个学说的内容。亚里士多德的目标是某种类型的柏拉图主义者，他们相信随着我们在普遍性的阶梯上走得更高，我们就会走向更真实的存在。⑤ 对他们来讲，属比种更加真实，人的理念应

---

① 亚里士多德没有就此放弃这样的观点，像苏格拉底这样的个体可以被认为是"这个某物"（参见《形而上学》VIII.1.1042a25-31；《论灵魂》II.1.412a8-9），但是他现在的首要关注是将形式看作"这个某物"。
② 《形而上学》VII.13.1039a1-2。
③ 《形而上学》VII.13.1038b3。
④ 《形而上学》VII.13.1038b7-8。
⑤ 这是亚里士多德在《形而上学》VII.13-17 里面的主要对手。但是他们在《形而上学》III 里也扮演了重要的角色：参见 III.1.995b27-31, 996a4-11, III.3.998a21-25, b3-8, III.4.999a24-b4, b24-1000a1；另参见 VIII.1.1042a13-16。

该包括了动物这个属和两足的这个种差。① 事实上,《形而上学》VII.13 研究了与 VII.12 相反的立场。在 VII.12 里,亚里士多德论证了如果我们恰当地自上而下进行划分,从属到种差,那么在这个划分的**最下面**,我们会发现实体。而 VII.13 讨论了我们要沿着阶梯上升从而发现实体的看法。如果亚里士多德的对手是这样一个柏拉图主义者,那么他在《形而上学》里说的任何内容,都不会妨碍我们将种-形式看作首要实体。因为他已经在 VII.12 里说明了种-形式是"这个某物"。事实上,在 VII.13 开篇的几行里,他将普遍物与本质做了区分,他只攻击了那些认为(作为典范的)普遍物(即谓述"这个某物"的东西)是实体的观点。实体形式不是普遍物,不是属,而是"这个某物"。②

---

① 《形而上学》VII.13.1038b16-18, b33-1039a19, VII.14.1039a24-b15, VII.15.1040a16-25, VII.17.1041b11-17, b25-33, VIII.6.1045a14-22。

② 《形而上学》VII.13 的论证结构极其复杂。如果想要探索这个问题,可参见 M. F. Burnyeat, ed., *Notes on Book Zeta of Aristotle's Metaphysics*, Oxford: Sub-faculty of Philosophy, 1979; M. J. Woods, "Problems in Metaphysics Z, Chapter 13," in J. M. E. Moravcik ed., *Aristotle: A Collection of Critical Essays*, University of Notre Dame Press, 1968; Driscoll, "EIΔH in Aristotle's Earlier and Later Theories of Substance"(前引)。我在这里只能给出两个线索。第一,牛津版对 1038b10-11 的翻译带有误导性。那里的译文是"因为首要实体是**个体**特有的,它不属于任何其他事物,而普遍物是共同的"。对希腊文的忠实翻译是:"**每个事物**的实体是**每个事物**特有的,不属于其他事物,而普遍物是共同的。"如果我们忽略这个论证的语境,并且认为亚里士多德说的"每个"一定是指个体事物,那么看起来他就是在说每个个体都有自己的形式。但是亚里士多德对"每个"的使用总是有歧义的,取决于语境。他经常用它来指不是个体的事物,事实上,在一些例子中他显然指的是种(参见《后分析篇》II.13.97b28-31;《动物的部分》I.4.644a28-33;我要感谢 John Cooper, *Reason and Human Good in Aristotle*, Harvard University Press, 1975, p. 29 提到了这些引文)。在 VII.12 中出现的最具体的东西就是种-形式,种-形式显然对于它是实体的这个种而言是特有的,并且不属于其他种。而像"动物"这样普遍的属-形式则是共同的(1038b11),它可以表述人、狮子,等等。第二,不要认为在 VII.13 里亚里士多德一直在表达自己的观点,在 1038b16-30,亚里士多德在讲一个柏拉图主义者可能提出的反对,而他一定要对此做出回应。这一点在上面提到的文献中得到了细致的讨论,我也在"Active *Epistêmê*"进一步讨论了这个问题。

因此当亚里士多德说：（7）没有实体是普遍物的时候，他真正的意思是：

（7*）没有实体是属。

亚里士多德也可以相应地放松之前对于定义只能针对普遍物的要求。这个要求里面真正重要的是定义必然是对非个体的，因为我们已经看到了，定义无法把握个体事物的个体性。但是现在亚里士多德发现有一种"这个某物"是完全非个体的，于是他就可以给"这个某物"下定义了。那个表面上的矛盾也就化解了。①

《形而上学》第七卷的结论是形式是实体。亚里士多德论证，当我们研究某物为什么是其所是时，我们实际上是在研究它的本质或形式。②但解释了一个事物是其所是的是它的实体，也就是它存在的首要原因。③此外，如果我们回溯《形而上学》第七卷的论证就会看到，形式满足了所有关于实体的限定。唯一可能会引起困难的是：

（2）实体必然是分离的，也就是存在论上独立的。

有人可能会问，形式怎么可能独立存在呢？亚里士多德显然没有放弃这个限定，因为在《形而上学》第七卷的最后他说，他

---

① 还有一个独立于《形而上学》VII.13 的理由否认种-形式是普遍物。因为普遍物是可以谓述很多事物的（《解释篇》7）。但是在形式的谓述之前并没有很多事物存在。只有当一个事物已经有了形式之后，苏格拉底、卡利阿斯等等才形成了很多事物。种-形式并不谓述很多事物，而是谓述质料，一旦有了形式的谓述，就和质料一起构成了很多事物（参见 Code, "Aristotle: Essence and Accident"；《形而上学》VII.16.1040b5-9, VII.11.1037a6-10）。

② 《形而上学》VII.17.1041a20-22, b3-11。

③ 《形而上学》VII.17.1041b27-28。

的研究会对"独立于所有可感实体的实体"给出清晰的论述。① 形式能不能以任何方式独立于质料存在呢？到目前为止，我们看到的唯一方式就是被我们的理智沉思。因为理智是非质料的，因此当它沉思形式的时候，它**就是**它在沉思的形式。但是，形式不可能用这种方式获得独立于质料的地位，因为这个代价是它依赖**我们**去沉思它。实体要独立存在，一定不能依赖沉思它的理智，它必然**就是**主动进行沉思的理智。

理智思考的必然是实现程度最高的形式，也就是等同于本质的首要实体。但是这样还不足以确保首要实体的独立性。这个理智自身必然要等同于它的本质；它本身必然**就是**实现程度最高的形式。② 因此，在亚里士多德的世界里，有一个内在的要求，就是存在一个理智，它**就是**实现程度最高的形式。如果亚里士多德的实体理论要获得最终的一致性，这个理智就必须存在。这个理智不可能是（主观的）学习和思考这个（客观）世界的能力。如果实体是主动进行沉思的理智，它就不可能有思考任何东西的**潜在性**，它的本质必然完全在于思考的实现活动。主动的理解不可能仅仅是存在的一部分，它必然要在存在的整体结构中扮演构成性的角色。在这里"主观的"（理智的本质是主动思考）与"客观的"（形式在被思考的时候构成了思考它们的思考本身）是重合的。思考活动与思想，知识与可知的对象必然是重合的。这个重合如何发生呢？要让实体真正成为存在论上独立的，它就必然是沉思实体的理智。但是这个理智如何存在呢？

---

① 《形而上学》VII.17.1041a8-9。亚里士多德在这里使用了完成时分词 *kechôrismenê*，因此很显然他在这里不只是在讨论可以分离的实体，而是实际分离的实体。

② 因此它也能够满足《形而上学》IX.8 中的限定，即现实优先于潜能。

七、自然之外的理智①

亚里士多德的世界需要一个理智，它主动地思考首要实体。这个理智就是它在思考的首要实体。并且它还是实现程度最高的首要实体。如果那个理智永远存在，就可以确立首要实体永恒存在。如果自然世界中的一切都以某种方式依赖这个理智，那么我们就确立了首要实体的首要性和存在论上的独立性。

亚里士多德已经论证了运动或者变化必然是永恒的。② 因为他相信，每个变化都要有独特的原因，他论证了必然有一个变化的永恒原因，它本身是不变的。可毁灭的原因的无穷序列不能满足要求，因为亚里士多德认为它们可能都会毁灭，那样就不会再有变化了。③ 而在他看来，那是荒谬的。事实上，亚里士多德认为，他可以在天体中看到他证明的必然存在的永恒运动，正是因为这个世界是可理解的，我们才能期待感觉经验与理性的命令吻合，我们可以期待理性去解释我们在经验中看到的东西：

> 有某种东西总是被不会停止的运动推动，这种运动就是圆周运动；**这不仅在理论上而且在事实上都是显然的**。因此，首要的天体必然是永恒的。因此也必然有什么东西在推动它们。因为既被推动又推动的东西是居间的，因此有一个推动者是不被推动的、永恒的实体和实现。**欲求的对象和思想的对象就是以这种方式推动的：它们推动但是不被推动。欲求和思想的首要对象是相同的。**显得好的东西是欲望的对

---

① 本节相关阅读：《形而上学》XII.6-10。
② 《物理学》VIII.1-2；参见《形而上学》XII.6。
③ 《形而上学》XII.6.1071b5-6。参见第三章第三、四节，关于运动需要中介的讨论。

象，而真正好的东西是想望的首要对象……①

欲求提供了一种方式，让一个东西可以导致运动，但是自己并不运动。欲求的对象不需要通过自己运动来引起欲求它的东西运动。但是世界与神的关系怎么可能是欲求关系呢？

通常的回答是，神只推动"首要天体"，导致太阳、恒星、行星绕着地球转动。这些天体被认为是活物，因此它们有对神的爱和欲求。②之后，这些天体再将运动传递到自然世界的其他部分。这个标准答案听起来是对的，但是它看起来太过贫乏，很难想象它就是全部答案。首先，它没有解释神对于那些天体来讲为什么格外可爱。其次，神与整个世界的关系太过疏远。好像神只和天体存在特殊的关系，而那些天体与这个世界的其他部分或多或少是一种机械关系。这看起来不大可能，因为亚里士多德认为，神是这个世界**整体**拥有良好秩序的原因：

> 我们还必须要考虑宇宙的自然用两种可能方式中的哪一种包含了好或者最高的好，是作为分离的和它自身，还是作为各个部分的秩序。很可能两者皆是，就像一支军队那样。好既在秩序之中，也在统帅之中，更多是在后者那里，因为他并不依赖秩序，而秩序依赖他。所有的事物都以某种方式被组织起来，但并不是所有的东西都一样，鱼、鸟、植物各有各的方式，这个世界并不是每样东西之间毫无关系，它们都是联系在一起的。因为所有的事物都朝着一个目的被组织

---

① 《形而上学》XII.7.1072a21-28（强调是我加的）。
② 《论天》285a29, 292a20, b1。

起来……所有的事物都分有整体的好。①

这个世界是好的，这一点从它的秩序、和谐以及可理解性就能看出来。神以某种方式为这个世界是一个秩序良好的整体负责。我们很难相信这种责任仅仅表现为让天体运动起来。这样的话，亚里士多德的神就不是一个指挥军队的将军，他并没有直接干预这个世界，或者以任何方式创造它。他没有创造质料或者形式，也没有以任何方式干预它，从而为形式与质料的结合负责。他也不是一个神圣的工程师，他没有目的或者意图，这样的话，在这个世界里发现的目的论秩序就不是神圣目的的表达。尽管如此，这个世界还是显示了一种理性的秩序，神要为这个秩序负责，虽然他并没有设计这个世界，虽然这个世界也不是神的目的的实现。神是目的因，秩序依赖他。这个秩序良好的世界中的秩序必然与这个神有什么关系，如果他要为此负责。

我们需要一种世界秩序的观念，它是对神的**回应**。神并没有干预这个世界，但是这个世界可以被理解成表达了对神的欲求。这个欲求的表达一定要在亚里士多德这个世界的整体框架中去理解。我想在这里给出一个猜测。设想神主动地思考这个世界里的首要实体；再设想他的思想形成了一个有序的整体。这样我们就可以认为这个世界整体上依赖神，因为形式要在自然世界中得以实现，需要依赖形式之前以最高级的实现存在。但是形式或者首要实体实现的最高形式就是神。神引发的欲求无非就是**每个有机体实现自己形式的欲求**。每一个自然有机体在它自身之中都有这

---

① 《形而上学》XII.10.1075a11-25。

样一些欲求,去做实现和维持它的形式所必需的事情。这种欲求是有机体的形式或自然的一部分,形式是有机体中的一种力量,促使它实现和维持它的形式。这就是在每个有机体中都有的维持生命和繁衍的欲求,这些欲求保证了物种的永恒。通过繁衍,个体的有机体可以分有(神圣的)不朽性,但也只是它可能实现的那种不朽,即物种的不朽。① 从物理学家或者生物学家的角度看,一个成长中的自然有机体都是在努力实现它的形式。但是从形而上学的角度看,我们可以看到在试图实现形式的过程中,有机体做了一切可能的事情从而变得可理解;同时也是在尽全力模仿神的思想,从而模仿神本身。神的思想没有复制世界的结构;相反,整个世界的秩序是尝试在自然中实现神的思想。

这是一个猜测。但是这个猜测补全了整个拼图中缺失的东西。因为我们使用了亚里士多德的基本原理——形式、理智、更高的实现层次、实体,我们可以理解神与这个世界的关系。除了世界整体依赖神之外,我们还有另一个证据来支持这个猜测。神的思考在某种意义上和我们的思考相似:

> 天体和自然世界依赖[神]这个原理。**它的生活是我们所能享受的最好的生活,但是只能享受很短的时间。因为它总是在这种状态中(而我们不可能)**,它的实现也是快乐。(因此醒来、感觉、思考是最快乐的,希望和回忆因为指向这些也是快乐的。)思考本身处理那些本身最好的东西,最完满的思考处理那些在最完满的意义上最好的东西。理智思考它自

---

① 《论灵魂》II.4.415a26-b7。

身，因为它分有思想对象的自然。因为在它与对象接触，并思考对象的时候，就变成了思想的对象，因此理智和思想的对象是同一的。**能够**接受思想对象（即实体）的是理智，当理智**拥有**这个对象时它就是**主动的**。因此，后者而非前者似乎是理智包括的神圣的要素，沉思的活动是最快乐的和最好的。神总是处于那个状态中，而我们只能有时候处于那种状态，这让我们感到惊奇；如果还有更好的状态，我们就会更加惊奇。神就处于那个更好的状态之中。神也有生命，因为理智的活动就是生命，神就是那个活动，神的实现活动就是最好的和永恒的生命。因此我们说神是活的、永恒的、最好的，因此持续和永恒的生命和持存属于神，这**就是**神。①

神是天空和自然的原理，亚里士多德说他是一种**生活方式**。② 那是"我们能够享受的最好的"生活，虽然因为我们有限的自然只能很短暂地过那种生活。这种我们只能短暂达到的生活方式显然是《尼各马可伦理学》最后描述的那种沉思生活，③ 人沉思本质或者首要实体的生活。这应该可以给我们一些关于天空和自然原理的洞见。因为我们对神圣之物的理解并不局限于可以通过严格论证揭示的东西，那是所谓的"从外部"达到。我们生活的一部分，也就是沉思的部分，是神圣的。在我们自身之中认识到一种我们有

---

① 《形而上学》VII.7.1072b13-30（强调是我加的）。牛津译本用"思想"（thought）翻译 *noêsis*（我译为"思考"[thinking]）和 *nous*（我译为"理智"）。我将 *energeia* 翻译成"活动"（activity），来强调思考和神的存在的主动本质，牛津译本翻译成"实现"（actuality）也是对的。*energeia* 这个词既有神是一个活动的意思，又有他是实现的意思。

② *diagôgê*:《形而上学》XII.7.1072b14。

③ 《尼各马可伦理学》X.7。

时候能过的生活方式,应该能够促进我们对神的理解。当我们主动进行沉思,我们的理智变得与思想对象同一。① 我们沉思的对象是平时在自然有机体中遇到的本质,因此我们的理智变得与我们沉思的本质同一。当理智沉思一个本质时它自己就是那个本质,是那个本质在最高程度上的实现。

正是**这种**活动,亚里士多德说是快乐或者是最快乐的。我们都经历过伴随哲学活动的快乐。② 在亚里士多德看来,这种快乐不是一种伴随着思考的偶然的魅力,而是内在于思考本身的。这个思考-快乐的活动是本质在最高程度上的实现。亚里士多德说,最值得欲求的和最可知的东西是同一的。③ 对于所有的自然有机体来讲,生存、维持生命、繁盛和繁衍的强烈欲求,从另一个角度看就是努力变得可以理解。但是除了人之外没有其他有机体可以理解这另一个角度。一个青蛙可能会分有青蛙的生活,因此表达青蛙生活的可理解性,但是它永远不可能理解青蛙是什么。因此与青蛙的繁盛相伴,并反映青蛙生活可理解性的快乐,是青蛙满足了它生存和繁衍的欲求之后实现的快乐。人也从生活和繁衍中获得快乐,但是与其他动物不同,人不仅努力变得可以理解,还可以理解体现在这个世界中的可理解的秩序。人不仅是可理解的,他还去理解。因此,人从可理解性里获得的快乐就不仅是伴随着生活和繁衍的快乐(由此体现可理解性),而且是伴随着满足理解的欲求的快乐。这是主动思考的快乐,是比繁衍更高级的快乐。这是我们可以预见的,因为理智沉思形式就是形式处于更高

---

① 参见第四章第三节。
② 我很自信地这么说,因为你已经读到这里了!
③ 《形而上学》XII.7.1072b26-27。

的实现水平，高于它存在于由肉体构成的动物之中。思考和繁衍都是形式的表现，但处于不同层次的实现之中。人的自然的一部分就是去满足理解的欲求。在理解这个世界的同时，人实现了他的本质。在实现自然的过程中，人用一种比其他动物更深刻的方式模仿神。因为人可以从事和神完全相同的沉思活动。在理解世界的时候，我们变得像神，变得神圣。

神的活动就是思考，我们也可以进行这种活动。他的生活方式看起来就是他思考首要实体的生活。当然，在思考首要实体的时候，他**就是**首要实体。他的生活是对我们来讲最好的生活，那么看起来他就是在思考那些我们思考的首要实体。我们思考的首要实体就是自然世界中那些事物的本质或形式。这样看起来，神与这个世界中存在的本质或形式的关系，就像形式更高一级的活动（即沉思）与低一级的活动（即与质料结合）之间的关系。

这个猜测要想成立，似乎还要扫清几个障碍。亚里士多德说神的活动是"对思考的思考"（thinking of thinking），他还主张神是思考自身的理智。但是如果神思考（以一种较低的活动存在于）这个物理世界中的实体，他的思考怎么会是对**思考的**思考呢？亚里士多德为什么不说他思考这个世界，而是说他思考自身呢？要回答这些问题，我们需要去考察它们出现的语境。亚里士多德提出了一些问题，这些问题是任何对神圣之物的描述都要面对的。他提出了一个两难的困境。① 这个神圣的理智思考什么？一方面，如果神什么都不思考，那么它就和一个睡着的人没有差别；另一方面，如果他主动地思考什么东西，那么这个理智看起来就依赖

---

① 《形而上学》XII.9.1074b15-35。

思考的对象。因为我们已经看到了，神只进行思考活动。那么思考的对象是什么呢？如果它比神差，那神不就会因为思考它变差吗？但是还有什么东西比神更好吗？亚里士多德的问题是：是思考的行动还是思考的对象才是最好的？乍看上去，答案似乎是"都不是"。行动本身不可能是最好的，因为思考也可以有坏的对象；思考的对象不管多好看起来也不可能是最好的，那样的话思想就仅仅是一种理解这个好的对象的潜能，而作为潜能无论如何也不可能是完全神圣的。

亚里士多德的回答是，思考活动本身和思考的对象都是最好的。他又在这个两难的困境中找到了一条通道：

> 因此那个理智［即神］必然思考自身，因为他是最卓越的事物，他的思考是对思考的思考。但是显然，知识、感觉、意见和理解总是有某个其他东西作为对象，它们自己只是偶然的对象。此外，如果思考和被思考是不同的，那么理智的好是哪一个呢？因为思考活动与被思考是不同的。我们的回答是，在某些情况下，知识是对象。在生产性的科学中（如果我们从质料中进行抽象），对象是本质意义上的实体；而在理论科学中，对象**就是** logos 或者思考活动。理智和思想的对象在没有质料的事物上是没有差别的，它们是同一的，思考就是思想的对象。①

---

① 《形而上学》XII.9.1074b33-1075a5。当亚里士多德说思考活动和思想对象不是同一的，他的意思是我们对它们的**论述**不同。我们已经看到了，亚里士多德确实相信真正理解之后，思考的活动和思想的对象是同一的。

亚里士多德的解决方案摆脱了这个困境，但这就是全部了吗？神思考他自己是什么意思呢？这是一个空洞的概念，只是为了解决这个难题吗？如果是这样的话，亚里士多德怎么会认为神是这个世界不动的推动者呢？还是说这也是一个空洞的概念，亚里士多德只需要一个不动的推动者去终止被推动的推动者这个无限倒退呢？他是不是用了一个空洞的概念去"解决"两个不同的问题呢？对于这些问题的答案必然是否定的。我们无法想象亚里士多德会让一个辩证法难题的解决方案成为他整个形而上学的基础。神与世界的关系比上面说的要丰富得多。我们的任务就是要表明神思考自身如何能够融入不动的推动者这个概念。

亚里士多德对神的活动的描述，与他对理智是可思想的论述非常接近。① 理智是可思想的，就像任何思想的对象是可思想的（thinkable），因为思考就是理智变成思考的对象。这就是理智在思考过程中的所是。在所有的思考中，理智都是可思想的，事实上，理智就是思想。因为理解和理解的对象同一。我们可能会认为这至少开始给出了一个关于神思考自身的分析：在主动的思考中，神圣的理智和对象是同一的。但是这还不是关于神思考自身的完整分析。困扰亚里士多德的问题是，神的状态可能会因为思考对象的不同而提升或降低。这个问题不能简单打发，我们不能说不管他思考什么（不管多差）他都是在思考自身。因此要想理解神思考自身是什么意思，我们还需要考虑神的思考与我们的不同之处。

这里至少有两个重要的不同。第一，神的活动是永恒的、不被推动的、不受这个世界上的事物影响的（虽然他与这些事物也

---

① 《形而上学》XII.9.1074b33-35，XII.7.1072b19；另参见《论灵魂》III.4.429b22-430a7。参见第四章第三节。

有关系），而我们的思考是零星的、受到外物影响的。我们的理智接受体现在这个世界中的形式。① 而神不会被这个世界中可理解的本质推动。在这个意义上，神的活动超越了这个世界，不会被它影响。但是由此不能推论出他的活动与这个世界没有关系。神的活动是不被推动、不受影响的，也是和可感物分离的，他的永恒活动是一种更高层次的实现，与它相应的更低层次的实现可以在有质料的本质中看到。因此，我们思考可理解的本质与神思考这些本质的关系，同本质自身与存在于质料中的本质关系相似，这两种思考都是形式在更高层次的实现，而有质料的事物只是一种更低层次的实现，对两种关系的解释有所不同。与神不同，我们如果想要沉思本质，就要和这个世界上的本质发生关系。我们沉思本质的能力，是从我们的经验中发展起来的。② 正是在这个意义上，亚里士多德说我们的理智**接受**可理解的形式，并且用蜡板作为比喻。③ 亚里士多德的观点是人与神不同，人只能通过回应这个世界成为主动的思考者。

这种不对称的关系让我们可以补全神对自身的思考。我们主动的思考是两种不同潜能的同一个实现：我们思考的能力和我们是一个有质料的本质。而神在主动的状态中不需要和任何外在的事物发生关系。因为在他那里思想的主体和客体是同一的，因此我们可以说他思考自身。此外，我们还可以说他的活动是对思考的思考，而不是对这个世界中的本质的思考。我们的思考虽然与神的思考在种类上相同，但是依赖我们与世界发生关系，因此不

---

① 《论灵魂》III.4.429a15, a29-b9, b23；另参见《形而上学》XII.7.1072a30。
② 参见《后分析篇》I.8, II.19；《论灵魂》III.7.432a7 以下。
③ 《论灵魂》III.4.429a15-16, b310430a2；另参见 III.7.431a28-29；《形而上学》XII.7.1072b22。

能说我们的思考也是对思考的思考。我们思考这个世界上存在于质料中的本质或者首要实体。但是，使得我们对某物进行思考的并不是思想的**性质**，而是那个思想如何产生的特征。虽然神的思考是这个世界中有质料的首要实体最高层次的实现，但是他的思考并不是关于有质料的实体的。神的活动是思考。因为思考的主体和对象是同一的，神思考的对象就是思考。因此神的活动可以被描述成对思考的思考。

虽然神的思考与我们的思考在这个方面确实不同，但他的思考毕竟是"我们所能享受的最好的生活方式"。当我们理解和沉思时，在一个弱化的意义上，我们也在思考自身。因为我们依据自然就是这个世界的系统理解者。但是在我们知道了完全实现理解能力是什么之前，不可能知道系统的理解者是什么。因此，通过理解世界这个活动本身，我们也在理解自己。将理智的关注仅仅转向内在是无法实现理解我们自己的。只有通过理解和沉思这个世界中的本质，我们才能理解我们是谁。

这样看来，理解的欲求将我们引向这样一种思考活动，它同时是对世界的理解、对我们自己的理解、对神的理解。在对世界的理解中，我们的理智变成了存在于世界中的本质。在那个活动中，我们也变成了我们作为理解者的本质，并且理解了我们的本质。理解这个世界带来了自我理解。这个世界在一个很重要的意义上是对神的回应，在理解这一点之前，我们还没有充分理解这个世界。如果我们对这个世界与神的关系依然无知，就还不理解这个世界为什么是这样的。但是如果我们一定要理解这个世界，才能认识世界的系统理解者是什么，那么在充分理解我们自己之前，就一定要理解神，以及他和这个世界的关系。在理解神、世界以及自我的过程中，我们既实现了我们的本质又模仿了神。我们的理解重现（re-enactment）了我们的理解活动本身。这就是我们为什么要以一种带有悖论的方式超越我们的自然才能实现我们的自然。因为除非我们重现神的思考，从而在我们自己的活动中变得像神，否则就不可能理解神或者这个世界。如果我们想要实现我们作为系统理解者的角色，这个重现就是必要的：要完全成为人，我们就要变得与神相似。

但是如果在理解这个世界及其与神的关系中，人才能理解自身，那么人思考自身的观念就和他理解的这个世界一样丰富。神不需要和这个世界中的本质发生关系，他的思考永远不需要与一个对象发生关系。但是如果他的思考与我们的相似，那么思考体现在这个世界中的本质时，他就是在思考自身。神思考自身的概念并不是空洞的。

神的思考与我们的思考第二个重要的不同是，神的思考是统一的和不可分割的。① 任何没有质料的东西都是不可分割的（adiairetos）。任何第二层次的本质都是不可分割的，因为它被思考为一个整体。② 神本身是没有质料的实体，因此他和他的思想是不可分割的。这是不是有可能会斩断神的思考与这个世界中的本质之间的关系呢？因为如果每个沉思本质的更高层次的活动都是不可分割的，那么，假如神思考这个世界中更低层次的本质，他就要思考很多彼此不同的不可分割的思想。但是，看起来正是因为他思考自身，他的思想才不是复合的，不可变化的；假如他思考整体的不同部分，那么他的思想就成了复合的、可变化的。这

---

① 《形而上学》XII.9.1075a5-11。
② 参见《形而上学》IX.10.1051b26 以下；《论灵魂》III.6。

样看来，我们好像又被迫回到了神思考自身这个观念之中。但是表象可能具有误导性，因为思想的不可分割性不只是由于思考对象的不可分割性。理智的主动思考和它的对象是同一的，这个不可分割性就既是因为思考也是因为它的对象。

亚里士多德说，"不可分割"这个词是有歧义的。它可以指潜在地不可分割，也可以指现实地不可分割。① 说一个对象在现实上不可分割就是理智将这个对象作为一个整体来思考。比如，理智可以现实地将一个长度思考为一个整体，正是因为这种主动的思考，这个长度"现实地不可分割"。这个主动思考的时间也是不可分割的，因为时间是变化的量度，是灵魂做出前后相继的区分。但是理智进行的是一个完整的思考，没有变化或前后相继，因此时间也相应地不可分割。当然，假如我们愿意，也可以先考虑一个长度的一部分，然后再考虑另一部分。这样我们就在思想里分割了这个长度，时间也同时被思想分割了。

这个关于现实的不可分割性的论述，极大地困扰着亚里士多德的注疏者，因为他们无法理解一个长度怎么可能被称为现实的不可分割。毕竟，长度是亚里士多德讨论可分割性的典范。事实上，有人建议把这里的希腊文翻译成"在现实上没有被分割"（actually undivided），而非"现实地不可分割"（actually indivisible）。② 当我们思考一个长度的整体时，它在现实上是没有被分割的，虽然它是**可分割的**。虽然这个建议能够让亚里士多德

---

① 《论灵魂》III.6.430b6-20。
② D. W. Hamlyn, *Aristotle's De Anima, Books II, III*, Clarendon Press, 1968, p. 143. 虽然"没有被分割"是一个可以接受的翻译，但是并不符合亚里士多德对这个词的通常使用，比如可参见《物理学》III.5.204a9-13, a24-28；《论灵魂》III.2.426b23-427a16；《形而上学》XIII.9.1075a7。

的论述更温和,但是我们应该拒绝这种理解,因为亚里士多德这里是在讨论主动的思考。① 当然,我们将一个长度作为整体考虑的时候,它是没有被分割的,因此在这个很明显的意义上,它"在现实上没有被分割"。但是亚里士多德要说的不止于此。在思考活动中,有一种现实性,在思考之前或之后都不存在。正是这种现实性,将一个长度思考成一个整体,亚里士多德称之为"现实地不可分割"。这个主动的思考实际上是不可分割的,而不仅仅是没有被分割的:有什么东西可能分割它呢?地面上的一个长度才是在潜能上既不可分割又可分割的。②

在亚里士多德看来,存在可以从不同的角度考虑。在这个例子中,我们可以从一个长度或者两个长度的角度思考它。但是在实际思考时,两个第二层次的现实性出现了,一个是现实地不可分割,也就是一个实际的整体;另一个是实际被分割了。这个长度可以被认为是一或者多,但是在实际地把它思考成一的时候,一个单独的、不可分的、第二层次的现实性就出现了;而当把它思考为多的时候,就出现了复数的第二层次的现实性,它们每一

---

① 《形而上学》IX.9.1051a29-30。
② 古代和现代的注疏者都曾主张将"不可分割的是……潜在地和现实地"阐释成"不是潜在地可分"以及"不是现实地可分","潜在地"和"现实地"用来限定"可分"而非"不可分"(430b6-7)。参见 Themistius 110.5H, 202.22; Simplicius 251.14; Ross, *Aristotle, De Anima*, Clarendon Press, 1961, p. 301;但是比较 Philoponus 549.5-7, R. D. Hicks, *Aristotle, De Anima*, Cambridge University Press, 1907, pp. 516-517(但是他在 p. 137 的翻译与此不同),他只引用了亚里士多德的一句话(《形而上学》XII.8.1073a23)来支持这种阐释,但是这句话并不能起到支持作用。在地面上的一个长度是**潜在地**不可分的,看起来有些奇怪,亚里士多德会说我们可以称它为"不可分割的"(430b6-7)。我认为,这个奇怪之处来自大多数情况下潜在的 F 都不是 F。如果意识到,在一些情况下,潜在的 F 可以被称为 F,这个奇怪之处就会消失。正如我们已经看到的,"声音""颜色"和"气味"都可以被用来指潜在性和现实性。普遍而言,这个现象之所以会发生,是因为现实性是思想去把握某物,而当它没有把握这个对象时就是潜在性。

个都是不可分割的。

神是没有质料的实体。任何没有质料的东西都是不可分割的，因为神是永恒的现实性，他在现实中不可分割。因为他思考自身，他思考的对象在现实中不可分割。从这里并不能推出他的思想与这个世界没有关系，或者他的自我沉思是贫乏的。因为神是从整体的角度思考（呈现在）这个世界（中的本质）的。这个思考与世界中的本质之间的差别，就像更高层次的现实性与较低层次的现实性之间的差别。我们可以说，较低层次的现实性既是潜在地不可分割又是潜在地可分割。我们可以思考这个本质，然后思考那个本质，于是这个世界中的本质就现实地被分割了。与此不同，神的思考在现实上不可分割。他不是先思考这个本质，然后那个本质，他将这个世界上的本质当作一个整体来思考。神与他的思考同一，他不在这个世界之中。此外，他的思考也和我们在第二层次的现实性中沉思世界的这个或那个方面不同。我们的沉思至少可能去思考复合物并且在时间中发生，但是我们和神都可以沉思相同的本质，在我们这里是分割的，而在神那里是不可分割的。这么看来，神思考自身这个观念，就和思考这个世界整体一样丰富。

我认为，亚里士多德利用这个来解释神与世界的关系。他指出了人类理智或者任何在某个时间段中思考复合物的理智存在的一个问题："理智没有某个部分的好，但是**最好的在某个整体之中，与此不同。**"① 如果最好的是某种整体，那么神的思考必然形成一个整体。自然的整体秩序正是建立在这种思考之上："好既在

---

① 《形而上学》XII.9.1075a7-9（强调是我加的）。

秩序之中，也在统帅之中，更多是在后者那里，因为他并不依赖秩序，而是秩序依赖他。"① 这个世界有一个秩序，因此可以被认为是一个整体。神的思考就是思考这个整体，但是在一种奇怪的意义上，他完全不是在思考这个世界。他的思考是独立于这个世界的；但是因为他的思考，这个世界拥有了秩序。这也就解释了这个世界为什么是好的。

如果这个关于神与世界关系的论述正确地呈现了亚里士多德的观点，那么哲学史上一个通常的看法就不得不修正。人们普遍认为，在康德之前，哲学家倾向于认为理智是自然的镜子。② 但是亚里士多德看起来并不持有这种"镜子论"。认为他持这种理论的原因是从一个角度孤立地看待理智与世界的关系，即人从无知发展到智慧。人生来无知，但是可以通过它与世界的关系获得经验。通过反复的经验和学习，他的理智就会接受他在这个世界里遇到的形式。这是人发展的角度，不是理智与世界关系的角度。

如果我们考虑沉思的物理学，这个角度就要进行修正。一个自然对象的本质表达了这个对象最真实的所是，它是那个对象的实体和实现。但是从理智的角度看，这个对象最真实的所是是一个要被理解的潜能。这个潜能的实现发生在理智之中，事实上就是理智。在亚里士多德的世界里，每个潜能都依赖一个在先的实现。③ 这不可能仅仅是在一个此前存在的自然对象里表现出来的本质，因为本质就其自身而言也还是要被理解的潜能。在先的实现必然是神或者主动的理智，这是本质在最高层次上的实现。因此

---

① 《形而上学》XII.10.1075a14-15。
② 比如参见 Richard Rorty, *Philosophy and the Mirror of Nature*, Princeton University Press, 1979。
③ 《形而上学》IX.8，尤其是 1050a30-b8。

对亚里士多德来讲，说自然尽力模仿理智比说理智尽力模仿自然更为正确。

康德将自己在哲学上的"哥白尼革命"描述成，从"我们的全部知识都要符合对象"转变为"对象必然要符合我们的知识"。① 这个描述的问题在于，它让读者认为康德的独特贡献在于改变了符合关系的方向，而不在于描述了对象所要符合的那个理智。亚里士多德和康德都认为，对象一定要符合知识，而非相反。但是对康德来讲，这意味着知识的对象必然是"表象"：经验知识之所以可能是因为它部分由人类的理智构成，理智的这部分作用至关重要。因此对象必须要符合**我们的**知识。在康德看来，这个"主观的"贡献并不会剥夺我们客观和经验的知识，它提供了这种知识之所以可能的条件。我们可能会说，康德将知识人性化了（humanize），拥有知识并不是像神一样看待这个世界。② 理智的"扭曲"并没有剥夺知识的可能性，它们提供了知识的条件。他的原创性并不体现在认为对象一定要符合理智，而在于他对于对象所要符合的那个理智的描述。

而在亚里士多德看来，对象一定要符合我们的知识，并不是因为它们一定要符合人类的理智，而是因为它们一定要符合神或者主动理智。因此我们可以说亚里士多德是一个"**客观观念论者**"（objective idealist）。他是一个观念论者，因为自然世界的秩序说到底依赖理智。但是在他的观念论里没有任何主观性的痕迹。对象必然要符合知识，但是那并不意味着它们要由我们的贡献构成。

---

① 康德：《纯粹理性批判》Bxvi。
② 参见 H. E. Allison, "Kant's Transcendental Humanism," *Monist*, 1971; Allison, *Kant's Transcendental Idealism*, Yale University Press, 1983。

亚里士多德和康德的差别并不在于对象是不是一定要符合理智，而在于它们所要符合的那个理智在哪里。在亚里士多德看来，对象所要符合的那个理智不是人类特有的，所以我们就没有理由说我们沉思的本质仅仅是表象。

概括来讲，我们有两种看待哲学史的方式，一种是看到不连续性，另一种是看到连续性。我们最熟悉的方式是前者。比如，笛卡尔关注个体的自我可以知道什么，他关于怀疑论的极端研究创造了主观观念论。在笛卡尔之后，哲学的探究不得不从自我及其经验开始，并且从这里向外扩展。有了这样一幅地图，我们看到在 17 世纪出现了一组之前的哲学家完全没有讨论过的问题。① 之前哲学家给那些已经死掉的问题提出的解决方案还能不能对新的问题做出贡献就变得非常可疑。但是我们还有另一幅地图，我们可以说整个哲学史都在关注一个问题，就是心灵与现实的关系问题，或者（或许与前一个问题相同）如何以及在哪里划定主体与客体的界线问题。对柏拉图和亚里士多德来讲这些显然都是非常基本的问题，我们可以论证它们也是康德"第一批判"里的核心问题。事实上，康德的整个先验观念论的核心问题之一就是重新划定主观与客观的界线，这样一来，从经验的角度看经验知识的客观条件，就变成了从先验的角度看表象必然符合心灵的主观条件。事实上，概念怎样应用于对象的问题也是柏拉图和亚里士多德关注的那个心灵与存在如何联系的问题，这个问题其实跨越了古代与现代哲学的二分。形而上学衰落了，在康德看来，原因在于它"仅仅在概念中摸索"。形而上学要想前进，只能冲破关于

---

① 参见 M. F. Burnyeat, "Idealism in Greek Philosophy: What Descartes Saw and Berkeley Missed," in G. Vesey ed., *Idealism Past and Present*, Cambridge University Press, 1982。

概念之间联系的贫乏研究，重新开始研究概念如何与对象发生关系。① 到这里，我们应该清楚了主观心灵与客观世界的关系是亚里士多德哲学的一个核心问题。心灵与世界的关系问题跨越了古代与现代哲学的鸿沟。以这样的方式看待哲学史，笛卡尔和休谟的怀疑论对于康德来讲确实是问题，但是它们在形而上学的传统问题面前，只是次级的问题，传统的问题就是心灵与存在的关系问题，主观与客观的界线问题，概念与对象的关系问题。极端怀疑论并不是一个独立的问题，它只是最近才成了一个在西方哲学更大的概念框架中令人不安的问题。

在这方面，我们或许可以提到，对康德哲学的一个主要回应是重新给对象要去符合的那个心灵定位。黑格尔试图将心灵放在绝对观念之中，之后维特根斯坦试图将它安置在共同体的活动和习俗中——他称之为生活形式。他们俩都论证，没有一个合法的制高点，从那里可以将知识判定为仅仅是表象，是人类系统扭曲的产物。虽然他们同意康德的看法，对象必然要符合我们的概念，但是他们都认为个体的人类心灵不足以成为对象符合的那个大写的"心灵"。我的看法是，如何给对象所要符合的心灵定位，依然是一个严肃的哲学问题。虽然表现形式可能有所不同，但是亚里士多德对这个问题保持着高度的敏感。

八、人在自然之外的位置②

这本书始于一个很有悖论性的人的观念：人被他的自然驱使去超越他的自然。虽然刚提出来的时候，它显得非常怪异，但我

---

① 《纯粹理性批判》Bxv。
② 本节相关阅读：《尼各马可伦理学》X.7-9。

们还是要回到这种思想的合理性上。① 在《形而上学》的开篇，亚里士多德说对第一原理和原因的理解是神圣的。② 他并不是在用比喻的方式讲话。神本身就是第一原理和原因，因此在理解第一原理的过程中，我们就理解了神。正是我们想要去理解的自然欲求驱使我们达到了这种理解。对神来讲这种理解就是自我理解。我们现在可以看到，对我们来讲，这种理解也是一种弱化的自我理解。通过我们的学习和理解活动，我们将自己理解成这个世界的理解者。我们在理解这个世界，以及理解主导着这个世界可理解的形态的原理和原因的活动中，认识到神的某种活动方式。这就是我们对这个世界的理解为什么同时也在某些方面是神圣的。

在第一章中我提到，说理解第一原理和原因是神圣的，会带来两个惊人的后果。第一，因为神是一切事物的原理，并且由自我理解构成，由此能够推论出，这个理解本身就是一切事物的原因或原理。因此对第一原理的理解，也就是哲学，不是理解某个独立于那个理解的东西。这个理解本身就是这个世界中的原理或力量。我们现在可以看到为什么是这样。对世界的哲学理解是对首要实体的理解，也就是理解这个世界在最基本的意义上是什么。但是这个理解**就是**首要实体处在最高的实现活动中。在这里，哲学的理解、神圣的理解和首要实体重合了。形式或者本质是世界中基本的驱动力，当理智理解了这个世界，它就变成了这个驱动力。哲学活动就是宇宙中的一种基本力量。这么说当然是用一种带有误导性的方式来表达亚里士多德关于这个世界的一个深刻的真理。"哲学活动"只是我们给实体形式的迟到的名字，形

---

① 参见本书第一章。
② 《形而上学》I.2.982b28-983a11。

式在闲暇阶层出现以前很久就发挥作用了，而对人类而言，直到这个阶层出现才有人完全投身于满足理解的欲求。

第二，当人完全满足了理解的欲求，当他理解了世界的原理和原因，他不是获得了对某个特殊的神圣对象的理解。这个理解本身是神圣的。因为"人类理智沉思形式""实体形式""首要实体""神思考自身"这些说法是用不同的方式在描述同样的事情，也就是形式处于最高层次的实现之中，人的理解不仅仅是对神圣者的理解，而且**就是**神圣的。在这里我们就直面了那个带有悖论色彩的观念：人被他的自然驱使超越他的自然。在满足理解的欲求时，人在最终实现自然的时候也必定超越了自己的自然。但是如果亚里士多德的意思是，人为了完全成为人，一定要超越人之所是，这意味着人一定要最终超越自己吗？

如果想要理解这个悖论，我们一定要把握另一个悖论：对于成熟时期的亚里士多德来讲，人在一个很重要的意义上背离了他的自然。乍看上去，这个说法肯定显得非常荒谬。人的自然或形式是他本质上的所是。我们不可能说他背离了自己的自然，这就等于说他背离了自己。但是我们来考虑一下亚里士多德说的理解的欲求引领他走过的研究之路。在他的研究中，亚里士多德发现了一条基本的形而上学研究之路去研究首要实体。这个研究带来了对人的发现，人可以用两种方式看待自己。他可以将自己看作形式与质料的复合体，即灵魂在血肉和骨头中实现出来。他也可以将自己看作他的实体，也就是他最真实的所是，即人的灵魂。"人"是亚里士多德给灵魂-肉体复合物的名字。在这个意义上，"人"就像"塌（鼻子）"（snub），它指的是形式在某种质料中的实现，它不像凹（concave）指的是某种形式本身，可以在各种不同的质料中实现。

人作为形式与质料的复合体是自然世界中的生物。他依据自然是政治的动物,对他来讲好的生活是伦理德性的生活。政治生活是指在社会这个人类的栖息地中度过积极的生活。我们可以说人在政治社会中从事积极生活的图景为"单纯人类的视角"。一旦发现人的形式是他最真实的所是,我们离发现人可以在"单纯人类的视角"之外还有更高的追求,就只有一步之遥了。当人实现了最深刻的自我理解,他就会意识到他在一个很重要的意义上不是人了。他是人的灵魂,而且是人的灵魂处于最高层次的活动中,即主动的理智,这个时候就没有任何物质性的体现了。一旦人可以在一个重要的意义上将自己理解成非人,一种极端不同的生活方式就对他展开了:

> 如果幸福是合乎德性的活动,那么说它合乎最高的德性就是合理的,这是**我们之中最好的东西**。不管它是理智或者其他什么,它被认为是我们自然的统治者和指引,它让对事物的思想高贵和神圣,不管它本身是神圣的还是仅仅是我们之中最神圣的要素,合乎它的德性的活动就是最完美的幸福。这个活动就是我们已经说过的沉思活动。①

人是可以沟通神圣与自然世界之间鸿沟的生物。作为动物,人生活在自然世界中,作为理智,他是完全脱离质料从事神圣活动的能力。我们可能会认为,对亚里士多德来讲,并没有一种单一的

---

① 《尼各马可伦理学》X.7.1177a12-18。

生活方式可以和谐地混合人类这两方面的特征。人不可避免地会受到来自相反方向的拉扯：一方面是社会中的政治生活，另一方面是反社会的沉思生活。但是并非如此。《尼各马可伦理学》的主体部分描述的伦理德性的生活，那是一种和谐的生活，毕竟不是只有血肉和骨头的生活，而是人类灵魂在血肉和骨头之中的生活。对亚里士多德来讲，问题并不是不可能过一种和谐的生活，而是某种不和谐的生活太有价值，甚至值得我们将关于和谐的考虑抛在身后。①

因此，虽然亚里士多德并没有否认人可以过一种适合人的和谐的生活，但是他毕竟面临着一个根本性的选择。当然绝大多数人根本就不会遭遇这个选择：或者是因为物质生活的原因，或者是因为缺少内在的能力，大多数人被排除在了沉思生活之外。只有极少数既有物质条件又有思想能力去追求沉思生活的人，才不得不面对这个选择。因为他追求理解的内在欲求会引领着他，直到他不得不面对两种根本上不同的生活之间的冲突。不过亚里士多德给我们提供了一些安慰，这并不是一种悲剧性的选择。如果我们确实要做这个选择，毫无疑问我们应该选择沉思生活，没有任何理由因为将伦理生活抛在身后而感到后悔或惋惜。

亚里士多德对沉思生活的赞美胜过了其他一切。在读他的赞美时，我们可能会觉得他赞美的那种生活没有什么吸引力。第一，沉思生活是最自足的生活。在《尼各马可伦理学》开头，自足被描述成一种政治德性。② 作为政治德性，自足在一个人与家庭、朋友、同胞公民的关系中得到表现。自足的人是既有物质条

---

① 《政治学》VII.2 也提到沉思生活是不同于伦理生活的另一种生活方式。
② 《尼各马可伦理学》I.7.1097b7-22。

件又有品格条件，可以和自己的同胞公民一起过节制的、慷慨的、正义的生活。根据这个理解，自足的生活只能在政治社会中度过，事实上，亚里士多德将它与孤独的生活相对照，在孤独的生活中人无法实现幸福。① 但是，当他赞美沉思生活的时候，出现了一种超越伦理生活的自足。节制、正义、勇敢的人都依赖社会环境去实现他们的伦理行动，"但是哲学家**甚至在自己独处时**都可以沉思。"② 在《伦理学》的最后，自足不再是一种政治德性，而是成为了一种**形而上学**德性。神的活动最终向我们表明自足到底是什么，人有机会分有这种"形而上学的幸福"。神圣的自足也就是思想与对象在形式的最高实现中达到绝对的同一，这就是形而上学幸福的典范。正是因为人依据自然是一种思考的存在，他渴望理解，因此最终他会将"单纯人类的视角"抛在身后。当然，一个严肃的问题是，人可以在多大程度上成功。因为不管他的思想飞得多么高远，人依然是一个复合物，无法完全超越主观的理智（它能够进行理解）和客观的世界（它可以被理解）之间的划分。即便如此，人依然可以获得一种**类似**神的自我理解。因为在他的沉思中，思考的理智与思想的对象是同一的。人这个主动的理解者，不需要任何外在于他自己的东西。他拥有了形而上学的幸福。

亚里士多德赞美沉思生活的第二个理由是说，沉思不生产任何东西，没有任何超出它自身的价值。③ 勇敢的行动可能帮助构成好生活，因此本身是好的，但是它也有进一步的目的，比如说保卫雅典。而沉思不为了任何超越它自身的目的。在这个意义上，

---

① 《尼各马可伦理学》I.8.1099b3-6；参见第五章第六节。
② 《尼各马可伦理学》X.7.1177a32-33。
③ 《尼各马可伦理学》X.7.1177b1-26。

它模仿了神的生活，什么都不生产。

亚里士多德对沉思生活的第三个赞美是这种生活是闲暇中的生活。① 伦理上有德性的人经常要承担社会的要求。政治家和将军会在政治生活的要求中感到快乐，或许可以实现高贵和伟大，但是他们的生活在某些方面是紧迫的和苛刻的。亚里士多德认为，哲学的诞生是一个历史性的事件。只有当社会组织高度发达，保证了生活所需，并且将主人阶层解放出来可以享受闲暇之后，才有可能出现。② 沉思的生活是闲暇的主人阶层才能选择的。虽然一个沉思者会卸掉他对社会的责任，但他还是依靠社会给他提供物质条件，去满足他反社会的沉思生活。说的难听点，沉思生活从社会角度看是寄生性的；说的好听点，沉思生活确实做出了属于人的贡献。因为如果理智是我们之中最好的东西，那么过理智生活的沉思者就对人性做出了贡献，因为他提供了一个人类形式达到最高实现的范例——我们之中最好的东西统治着我们。

不管怎样，将同胞的一切都抛在身后，听起来并不像是对人来讲最有吸引力的生活。但是如果沉思生活看起来确实缺少吸引力，除了说亚里士多德的价值与我们的价值不同之外，我们还可以学到更重要的东西。我们认为这种生活没有吸引力，是因为我们从一个伦理的或者单纯人类的视角去看待它。沉思的生活就其本性而言是非伦理的。亚里士多德的要点在于某些人可能有压倒性的理由去过非伦理的生活。理由是人的一部分是神圣的，如果他有机会过神圣的生活，毫无疑问他应该这样做：

---

① 《尼各马可伦理学》X.7.1177b4-26。
② 《形而上学》I.1.98113-25, I.2.982b20-24；另参见本书第一章。

> [沉思的]生活对人来讲太高了，因为这不是就他是人来讲要过的生活，而是就他有某种神圣的要素而言，它超越了我们复合的自然，因此这种活动也超越了其他德性的活动。如果理智和人相比是神圣的，那么合乎理智的生活相比人类的生活也是神圣的。但是我们不能听从那些人的教导，他们说作为人就应该思考人的事情，作为有朽者就应该思考有朽者的事情，我们必须要尽我们所能让自己不朽，尽一切努力根据我们中最好的东西生活。虽然它在体积上很小，但是它在力量和价值上远远超越了其他一切。它似乎也是每个人本身，因为它是主导性的和更好的部分。如果他不选择自己的生活而选择其他的生活，就很奇怪了。我们之前说的在这里也适用，最适合每个事物的就是依据自然对它来讲最好的和最快乐的。因此对人来说，合乎理智的生活就是最好的和最快乐的，因为理智比任何其他东西更是人。因此这种生活也是最幸福的。①

或许我们这些现代人不会像亚里士多德一样感受到沉思生活的吸引力。但是我们确实能够像亚里士多德一样认识到，人的自然中有不同的方面，不是都可以纳入伦理生活的。我们现代人可能会认为，伟大的艺术家对于创造性的要求，可能会促使他忽视自己对家庭、朋友或者社会的责任。② 我们可以想象亚里士多德也可能会论证一个人之中的神圣要素是他的创造性。艺术家就像神一样

---

① 《形而上学》X.7.1177b26-1178a8。
② 参见 Bernard Williams, "Persons, Character and Morality," "Moral Luck," in *Moral Luck*; *Ethics and the Limits of Philosophy*, ch. 3.

是个创造者，因此如果一个人要在艺术生活和伦理生活中进行选择，他应该选择艺术生活。

亚里士多德将人等同于他的理智。人首先被等同于他的实体或者形式，之后等同于实体中最高的或统治性的要素。这是一种非质料性的能力去沉思非质料的形式。在亚里士多德眼中，人最真实的所是并不是人格的或者个体性的。当他沉思本质的时候，他过着哲学家的生活，他将人格中的东西都抛在身后。他的沉思是完全普遍的和非人格化的。当然，他必然有个体的历史，才能达到沉思本质的程度。他在这个世界中走过了一条道路，遇到了在自然对象和人造物中的本质。通过他的经验和学习，他的理智接受了体现在世界中的形式。这样哲学家的理智就可以复制这个世界（或者说复制这个世界中的形式）。亚里士多德的人在最不是他自己的时候恰恰最是他自己，也就是当他变成这个世界（至少是世界的形式）的时候。在同样的行动中，他也在模仿神。因为神是主动地思考（同时就是）形式。人的理智活动就是最真正的神圣之物。

因此，虽然沉思的人将他的社会责任抛在了身后，这个选择并非自私，因为沉思的人也同时抛开了任何可以自私的自我。当然，在一个意义上，沉思的人选择了对他来讲最好的生活，但是如果我们问他实现的是什么样的**自我**理解，我们就可以看到这个选择全然没有自私的成分。这种理解显然不是对个人人格的理解，而最多是对他之中最好的东西的理解，即理智。沉思的人将自己等同于这个理智，并且将它变成自己的生活。但是我们看到了，理智只能通过它的活动得到理解。只有通过研究和理解这个世界，我们才能理解理智是什么。这个研究和理解完全满足了理解的欲求，最终构成了最高形式的自我理解。如果我们深入到这个世界可理解的结构中，就可以理解神，或者说神的理解活动。但是神圣的理解完全**就是**这个世界可理解性的原因。因此我们就发现了（在研究这个世界的过程中）我们一直思考的其实**就是**神的理智。我们的思考就是模仿和重现神的思考。在这种重现中，人理解了世界和神，同时也理解了自己。只有通过这种重现，人实现了最高的自然，也只有这时他才能理解他之中最好的东西——他神圣的理智。正是这种形式的"自我理解"才是理解的欲求最终的欲求对象。这样人才完全理解了一个世界的系统理解者是什么意思。

重现神的思考看起来可能非常抽象和难以理解。或许用一个类比可以有所帮助。在本书中，亚里士多德的世界一直是我们研究的对象。事实上，我们对亚里士多德这个世界（也就是他的信念和观点构成的系统）的态度，就类似亚里士多德对这个世界整体的态度。如果我这本书是成功的，那么我们就没有和亚里士多德的世界存在理智上的距离，我们就像他思考那些难题和观念一样，理解了他的世界。因此我们对亚里士多德的理解在某种意义上就是他思考的重现。因此在进行理解的主体／理智（也就是亚里士多德），与意在被理解的对象（也是亚里士多德）之间就没有明确的区分。在理解亚里士多德的时候，主体与研究对象重合了。在我们的研究和亚里士多德自己的思考之间的关系，与思考与对象之间的关系相同。当我们思考这个世界时，我们的思考重现了体现在这个世界中的形式。当我们思考神的时候，我们的思考是神的思考的（部分）重现。在亚里士多德看来，世界和神都是意在被理解的，就像对我们来说，亚里士多德是意在被理解的。在这两种情况下,理解都是通过重现实现的。但是如果自我理解是通过在思想中重现世界中的形式实现的,我们就应该期待"自我"理解是一种高度非个人化的事情。

  人可以在伦理生活中表达自己的人格和品格。他可以在伦理世界过一种幸福的生活。但是相比沉思的生活,伦理生活只是第二好的。① 从伦理生活的角度看,沉思生活看起来是非伦理的;而从沉思生活的角度看,伦理生活看起来太人性了:"伦理德性必然属于我们复合的自然,复合的自然的德性是属人的,因此符合这些德性的生活和幸福也是属人的。"② 伦理德性关注的是人作为一个有质料的存在,在自然世界里和他的同胞生活在一起。这或许是人类的状况,但是在另一个意义上,沉思生活是最"人性"的生活。但是,伦理生活里面有什么东西"太人性了",通过超越它,沉思生活将我们带到人性最高的实现之中呢?答案就是,伦理生活中的德性属于我们复合的自然,从"单纯人类的角度"看,这种生活就是对我们来讲最好的生活。但是哲学家看到了"单纯人类的视角"确实仅仅是属人的。他看到了还有一些形而上学的德性,也就是从宇宙角度看的卓越。他还看到了人是世界上唯一有机会实现形而上学幸福的生物。通过研究这个世界,人意识到,只要占据理智的位置,他就获得了最高的位置。通过实现他之中最好的东西,人超越了自己的自然,他不再过**对人来讲**最好的生活;而是过着无条件的最好的生活。

  我们需要注意,沉思的生活并不是将这个世界完全抛在身后。就算人能够成功地过沉思生活,他也不会因此就不再是一个

---

① 《尼各马可伦理学》X.8.1178a9-24。

② 《尼各马可伦理学》X.8.1178a19-22。

有质料的存在。物质需要对沉思者来讲不重要，不是因为他不再需要它们，而是因为如果他足够幸运可以过这样一种沉思的生活，根本就不需要操心那些需要。但是还有一种更深层的含义，沉思生活与地上的存在有关。因为人对自然的研究本身构成了沉思生活。我们除了走到世界之中——不管是青蛙生活的池塘，还是人生活的社会——之外没有其他的选择。因为人与神不同，如果想要沉思首要实体就要先发现它们。这个发现只能通过积极地研究这个世界才能实现。沉思的人不必须要使用他的身体以及感觉和理智。当然，最终构成沉思生活的是对首要实体的思考，而这是由人非质料性的部分实现的。但是作为一个思考的存在者就是人最真实的所是。现在我们就可以理解在什么意义上人可以超越人性变得神圣了，也可以理解人在什么意义上必须要保持人性，无法实现与神的同一了。人的主动沉思是神圣的，但是人本身，即便在过沉思生活的时候，也只是变得与神**相似**。因为神的生活方式就只是**思考**。而沉思的人只能接近这种生活方式，因为即便在沉思的时候，他依然是一个有质料的存在。沉思生活只能与神的生活**相似**，不是等同。

人们经常说，亚里士多德的哲学是未完成的，它依然处在两个理想的张力之间，一个是伦理生活，另一个是沉思生活。并非如此。对于现代读者来讲，很难严肃对待亚里士多德说在人之中有某个神圣的要素。如果我们认为人是生活在大地上的、有质料的动物，那么我们很难不认为《尼各马可伦理学》的主体部分出色地描述了一种在任何时候都适合他的生活。从这个角度看，《伦理学》的结尾似乎是一个没有完成的附属物，或许（有人希望如此）是被愚蠢的编辑加上的。如果这么想，就忽视了亚里士多德思想中现代读者倾向于回避的两个方面：他的形而上学和他的神学。问题并不是亚里士多德没有弄清楚人应该如何生活，而是因为他将人从形而上学的角度分析为质料与形式的复合物，使得他可以将人看作极端分裂的。人是一个复合物，但是**在最真实的意义上他是形式中最高的要素**。

是人想要理解的自然欲求促使他穿过研究和经验的生活，直到可以意识到他真正的所是。正是这个自然的欲求促使他超越了自己的自然。但是即便在他神圣的生活中，也依然有某种人性的痕迹，因为那种生活只能短暂地度过。死亡也会征服哲学家。但是在进行沉思的时候，理智的生活像神一样。毫无疑问，亚里士多德认为自己过着这样的生活。

参考文献

我决定保持参考文献目录的短小精悍。它是给阅读了本书，还想要在某些方面进一步探讨的读者准备的。因此我只列出了脚注中提到的和明显相关的文献。显然，在我引用到的那些作品里可以找到更多的参考文献。在 J. Barnes, M. Schofield, and R. Sorabji eds., *Articles on Aristotle* 中有很详细的有关亚里士多德的著作和论文的参考文献。就亚里士多德的文本而言，除了罗斯（Ross）编辑的《分析篇》《物理学》和《形而上学》，以及希克斯（Hicks）编辑的《论灵魂》之外，我主要使用了牛津古典文本中的亚里士多德和柏拉图的著作。

J. L. Ackrill, *Aristotle's Categories and De Interpretation.* Clarendon Press, 1963

——"Aristotle's Definitions *of Psuchê*," in *Articles on Aristotle*, vol. 4

——*Aristotle the Philosopher.* Oxford University Press, 1981

Rogers Albritton, "Forms of Particular Substances in Aristotle's *Metaphysics*," *Journal of Philosophy*, 1957

D. J. Allan, *The Philosophy of Aristotle.* Oxford University Press, 1970

Henry Allison, "Kant's Transcendental Humanism," *The Monist,* 1971

——*Kant's Transcendental Idealism.* Yale University Press, 1983

Julia Annas, *Aristotle's Metaphysics Books M and N.* Clarendon Press, 1976

D. M. Balme, *Aristotle's Use of Teleological Explanations.* Athlone Press, 1965

Renford Bambrough, ed., *New Essays on Plato and Aristotle.* Routledge & Kegan Paul, 1979

Sir Ernest Barker, *The Political Thought of Plato and Aristotle*. Dover, 1959

Jonathan Barnes, *Aristotle's Posterior Analytics*. Clarendon Press, 1975

——*The Presocratic Philosophers*. Routledge & Kegan Paul, 1979

——*Aristotle*. Oxford University Press, 1982

——ed., *The Complete Works of Aristotle, The Revised Oxford Translation*. Princeton University Press, 1984

Jonathan Barnes, Malcolm Schofield, and Richard Sorabji eds., *Articles on Aristotle*, vol. 1-4. Duckworth, 1975-1979

Paul Benacerraf, "Tasks, Supertasks and the Modern Eleatics," *Journal of Philosophy*, 1962

——"Mathematical Truth," *Journal of Philosophy*, 1973

Jonathan Bennett, *Linguistic Behaviour*. Cambridge University Press, 1976

Franz Brentano, *The Psychology of Aristotle*. University of California Press, 1977

M. F. Burnyeat, "Idealism in Greek Philosophy: What Descartes Saw and Berkeley Missed," in *Idealism Past and Present*, ed. G. Vesey. Cambridge University Press, 1981

——"Aristotle on Understanding Knowledge," in *Aristotle on Science: The Posterior Analytics*. Editrice Antenore, 1984

——"Is Aristotle's Philosophy of Mind Still Credible?" (unpublished)

——ed., *Notes on ZETA*. Oxford Sub-faculty of Philosophy, 1979

——ed., *Notes on ETA and THETA*. Oxford Sub-faculty of Philosophy, 1984

R. G. Bury, trans., *Sextus Empiricus*, vols. 1-4. Loeb Classical Library. Harvard University Press, 1933-1949

S. H. Butcher, *Aristotle's Theory of Poetry and Fine Art*. Dover, 1951

Harold Cherniss, *Aristotle's Criticism of Plato and the Academy*. Russell & Russell,

1972

Alan Code, "The Aporematic Approach to Primary Being in *Metaphysics* Z" (abstract), *Journal of Philosophy*, 1982

——"The Aporematic Approach to Primary Being in *Metaphysics* Z," *Canadian Journal of Philosophy*, 1984

——"Aristotle: Essence and Accident," in *Philosophical Grounds of Rationality: Intentions, Categories and Ends*, eds. R. Grandy and R. Warner. Clarendon Press, 1985

——"On the Origins of Some Aristotelian Theses about Predication," in *How Things Are: Studies in Predication and the History of Science*, eds. J. Bogen and J. McGuire. D. Reidel, 1985

John Cooper, *Reason and Human Good in Aristotle*. Harvard University Press, 1975

——"Aristotle on Natural Teleology," in *Language and Logos: Studies in Ancient Greek Philosophy Presented to G.E. L. Owen*, eds. M. Schofield and M. Nussbaum. Cambridge University Press, 1982

John Corcoran, "Aristotle's Natural Deduction System," in *Ancient Logic and Its Modern Interpretations*, ed. J. Corcoran. D. Reidel, 1974

R. M. Dancy, *Sense and Contradiction: A Study in Aristotle*. D. Reidel, 1975

Donald Davidson, "How is Weakness of Will Possible?" in *Essays on Action and Events*. Clarendon Press, 1980

——*Inquiries into Truth and Interpretation*. Clarendon Press, 1984

Richard Dawkins, *The Selfish Gene*. Granada, 1978

Hermann Diels, *Die Fragmente der Vorsokratiker*, 6. verbesserte Auflage hrsg. von W. Kranz, 3 vols. Weichmann, 1951-1952

John A. Driscoll, "EIΔH in Aristotle's Earlier and Later Theories of Substance," in

Studies in Aristotle, ed. D. J. O'Meara. Catholic University Press, 1981

Michael Dummett, *Truth and Other Enigmas*. Duckworth, 1978

Troels Engberg-Pederson, *Aristotle's Theory of Moral Insight*. Clarendon Press, 1983

Cynthia Farrar, *The Origins of Democratic Thinking: The Invention of Politics in Classical Athens*. Cambridge University Press, 1988

Hartrey Field, *Science Without Numbers*. Blackwell, 1980

Michael Frede, "Individuen bei Aristoteles," *Antike und Abendland*, 1978

Michael Frede and Gunther Patzig, *Aristoteles, Metaphysik Z*. Beck, 1987

Gottlob Frege, *The Foundations of Arithmetic*. Blackwell, 1968

David Furley, *Two Studies in the Greek Atomists*. Princeton University Press, 1967

Montgomery Furth, *Aristotle, Metaphysics Books Zeta, Eta, Theta, Iota*. Hackett, 1986

Marjorie Grene, *A Portrait of Aristotle*. University of Chicago Press, 1963

D. W. Hamlyn, *Aristotle's De Anima, Books II, III*. Clarendon Press, 1968

W. F. R. Hardie, *Aristotle's Ethical Theory*. Clarendon Press, 1980

Edwin Hartman, *Substance, Body, and Soul: Aristotelian Investigations*. Princeton University Press, 1977

T. L. Heath, *Mathematics in Aristotle*. Clarendon Press, 1970

G. W. F. Hegel, *Philosophy of Right*, trans. T. M. Knox. Clarendon Press, 1952

——*Lectures on the History of Philosophy*. Humanities Press, 1974

——*Phenomenology of Mind*, trans. A. V. Miller. Clarendon Press, 1977

Robert Heinaman, "Knowledge of Substance in Aristotle," *Journal of Hellenic Studies*, 1981

R. D. Hicks, *Aristotle, De Anima*. Cambridge University Press, 1907

David Hilbert, *Foundations of Geometry*. Open Court, 1971

Jaakko Hintikka, *Time & Necessity*. Clarendon Press, 1973

Werner Jaeger, *Aristotle: Fundamentals of the History of his Development*. Oxford University Press, 1934

B. Jowett, *The Politics of Aristotle*. Clarendon Press, 1885

Immanuel Kant, *Foundations of the Metaphysics of Morals*, trans. L. Beck. Bobbs-Merrill, 1959

——*Critique of Pure Reason*, trans. N. K. Smith. St Martin's Press, 1965

——*Critique of Practical Reason*, trans. L. W. Beck. Bobbs-Merrill, 1966

——*Critique of Judgement*, trans. J. C. Meredith. Clarendon Press, 1978

Anthony Kenny, *Aristotle's Theory of the Will*. Yale University Press, 1979

J. N. Keynes, *Studies and Exercises in Formal Logic*. Macmillan, 1928

Christopher Kirwan, *Aristotle's Metaphysics, Books Γ, Δ, E*. Clarendon Press, 1971

Melanie Klein, *Love, Guilt and Reparation*. Hogarth Press, 1981

L. A. Kosman, "Aristotle's Definition of Motion," *Phronesis*, 1969

——"Understanding, Explanation and Insight in the Posterior Analytics," in *Exegesis and Argument*, eds. E. N. Lee, A. P. D. Mourelato, and R. M. Rorty, *Phronesis*, supplementary volume 1, 1973

——"Perceiving that We Perceive," *Philosophical Review*, 1975

Jonathan Lear, "Aristotelian Infinity," *Proceedings of the Aristotelian Society*, 1979-1980

——*Aristotle and Logical Theory*. Cambridge University Press, 1980

——"A Note on Zeno's Arrow," *Phronesis*, 1981

——"Aristotle's Philosophy of Mathematics," *Philosophical Review*, 1982

——"Leaving the World Alone," *Journal of Philosophy*, 1982

———"The Disappearing 'We'," *Proceedings of the Aristotelian Society*, supplementary volume, 1984

———"Moral Objectivity," in *Objectivity and Cultural Divergence*, ed. S. C. Brown. Cambridge University Press, 1984

———"Transcendental Anthropology," in *Subject, Thought and Context*, eds. P. Pettit and J. McDowell. Clarendon Press, 1986

———"Active Episteme," in *Mathematik und Metaphysik bei Aristoteles: X Symposium Aristotelicum*, ed. A. Grasser. Bern, 1987

J. H. Lesher, "Aristotle on Form, Substance and Universals: A Dilemma," *Phronesis*, 1971

———"The Meaning of *Nous* in the *Posterior Analytics*," *Phronesis*, 1973

G. E. R. Lloyd, *Aristotle: The Growth and Structure of his Thought*. Cambridge University Press, 1968

G. E. R. Lloyd and G. E. L. Owen, eds., *Aristotle on the Mind and the Senses*. Cambridge University Press, 1978

John McDowell, "Are Moral Requirements Hypothetical Imperatives?" *Proceedings of the Aristotelian Society*, 1978

Alasdair MacIntyre, *After Virtue*. Duckworth, 1981

A. Mansion, *Introduction a la physique aristotelicienne*. Louvain, 1945

S. Mansion, "La Premiere Doctrine de la Substance," *Revue Philosophique de Louvain*, 1946

R. G. Mulgan, *Aristotle's Political Theory*. Clarendon Press, 1977

Thomas Nagel, *The Possibility of Altruism*. Clarendon Press, 1970

———"The Limits of Objectivity," in *The Tanner Lectures on Human Values*, vol. 1, ed. S. McMurrin. University of Utah Press, 1980

——*The View from Nowhere*. Oxford University Press, 1986

Martha Nussbaum, *Aristotle's De Motu Animalium*. Princeton University Press, 1978

——*The Fragility of Goodness*. Cambridge University Press, 1986

Brian O'Shaugnessy, *The Will*. Cambridge University Press, 1980

G. E. L. Owen, "Zeno and the Mathematicians," *Proceedings of the Aristotelian Society*, 1957-1958

——"Logic and Metaphysics in Some Earlier Works of Aristotle," in *Aristotle and Plato in the Mid-Fourth Century*, eds. I. Düring and G. E. L. Owen. Studia Graecaet Latina, 1960

——"*Tithenai ta Phainomena*," in *Aristote et les problemes de methode*, ed. S. Mansion. Louvain, 1961

——"Inherence," *Phronesis*, 1965

——"Particular and General," *Proceedings of the Aristotelian Society*, 1978-1979

Joseph Owens, *The Doctrine of Being in the Aristotelian Metaphysics*. Pontifical Institute of Mediaeval Studies, 1978

Charles Parsons, "Mathematics, Foundations of," in *Encyclopedia of Philosophy*, vol. 5, ed. P. Edwards. Macmillan, 1967

T. Penner, "Verbs and the Identity of Actions," in *Ryle*, eds. G. Pitcher and O. P. Wood. Doubleday, 1970

Hilary Putnam, "Philosophy and Our Mental Life," in *Philosophical Papers, vol. 2: Mind, Language and Reality*. Cambridge University Press, 1975

W. V. Quine, "Two Dogmas of Empiricism," in *From a Logical Point of View*. Harper and Row, 1961

John Rawls, *A Theory of Justice*. Harvard University Press, 1971

——"Kantian Constructivism in Moral Theory," *Journal of Philosophy*, 1980

Amelie Rorty, *Essays on Aristotle's Ethics*. University of California Press, 1980

Richard Rorty, *Philosophy and the Mirror of Nature*. Princeton University Press, 1979

W. D. Ross, *Aristotle's Physics*. Clarendon Press, 1936

——*Aristotle, De Anima*. Clarendon Press, 1961

——*Aristotle's Prior and Posterior Analytics*. Clarendon Press, 1949

——*Aristotle*. Methuen, 1971

——*Aristotle's Metaphysics*. Clarendon Press, 1975

——ed., *The Works of Aristotle*. Clarendon Press, 1918-1954

Bertrand Russell, *The Principles of Mathematics*. Allen and Unwin, 1972

David Sanford, "Infinity and Vagueness," *Philosophical Review*, 1975

Wilfred Sellars, "Substance and Form in Aristotle," *Journal of Philosophy*, 1957

——*Science, Perception and Reality*. Routledge & Kegan Paul, 1963

Richard Shute, *On the History of the Process by which the Aristotelian Writings Arrived at their Present Form*. Clarendon Press, 1888

T. J. Smiley, "What is a Syllogism," *Journal of Philosophical Logic*, 1972

Friedrich Solmsen, *Aristotle's System of the Physical World*. Cornell University Press, 1960

Richard Sorabji, "Body and Soul in Aristotle," in *Articles on Aristotle*, vol. 4

——*Aristotle on Memory*. Duckworth, 1972

——*Necessity, Cause and Blame*. Duckworth, 1980

Charles Taylor, *The Explanation of Behavior*. Routledge & Kegan Paul, 1964

——"The Explanation of Purposive Behavior," in *Explanation in the Behavioral Sciences*, eds. R. Borger and F. Cioffi. Cambridge University Press, 1970

Gregory Vlastos, "A Note on Zeno's Arrow," in *Studies in Presocratic Philosophy*, vol. 2, eds. R. E. Allen and D. Furley. Routledge & Kegan Paul, 1975

Sarah Waterlow (Broadie), *Nature, Agency and Change in Aristotle's Physics*. Clarendon Press, 1982

N. P. White, "Origins of Aristotle's Essentialism," *Review of Metaphysics*, 1972-1973

Wolfgang Wieland, "The Problem of Teleology," in *Articles on Aristotle*, vol. 1

——*Die aristotelische Physik*. Vandenhoeck & Ruprecht, 1970

Bernard Williams, *Morality: An Introduction*. Cambridge University Press, 1972

——*Moral Luck*. Cambridge University Press, 1981

——*Ethics and the Limits of Philosophy*. Harvard University Press, 1985

Timothy D. Wilson, "Strangers to Ourselves: The Origin and Accuracy of Beliefs about one's own Mental States," in *Attribution, Basic Issues and Applications*, eds. J. H. Harvey and G. Weary. Academic Press, 1985

Ludwig Wittgenstein, *Philosophical Investigations*. Blackwell, 1978

M. J. Woods, "Problems in Metaphysics Z, Chapter 13," in *Aristotle: A Collection of Critical Essays*, ed. J. M. E. Moravcsik. Doubleday, 1967

——*Aristotle's Eudemian Ethics*. Clarendon Press, 1982

Crispin Wright, "Language Mastery and the Sorites Paradox," in *Truth and Meaning*, eds. G. Evans and J. McDowell. Clarendon Press, 1976

索　引

（页码均为原书页码，即本书边码）

activity（活动）：参见 actuality（现实，现实性）；change（变化）；motion（运动）

actuality（现实，现实性），actualize（实现）17, 19, 22, 30-36, 39, 40-42, 59-65, 66-71, 96-97, 99, 102-116, 118-119, 123-140, 241, 271, 292-293, 295-305, 307, 310, 312-313；另参见 potentiality（潜能，潜在性）

appetite（欲望）：参见 desire（欲求）

arithmetic（算数）：参见 mathematics（数学）

art（技艺），artefact（人造物）16-17, 20, 28, 33-35, 40-42, 43-44, 61-62, 99, 127, 137-138, 170-171, 280-281, 316；另参见 Divine Craftsman（神圣的工匠）

body（物体，肉体），embodied（体现，以质料的方式体现）46-50, 96-99, 121, 132-133, 198；另参见 matter（质料）；soul（灵魂）

cause（原因）：参见 change（变化）；efficient cause（动力因）；final cause（目的因）；form（形式）；matter（质料）

chance（偶然性）36-37；另参见 spontaneity（自发性）

change（变化）15-26, 32-35, 55-95, 104-106, 112, 271, 304

character（品格）164-171, 175, 186-191；另参见 habit（习惯）；virtue（德性）

citizen（公民）：参见 politics（政治）；state（城邦）

contemplation（沉思）58, 96, 104, 116-141, 172-173, 230, 243, 292-320；另参见 mind（理智）；understanding（理解）

convention（习俗）：参见 law（法律）

deliberation（思虑）42, 44, 141-151, 164-165, 171-174, 180-181, 188-191；另参见 reason（理性）

desire（欲求）141-151, 154-160, 163-168, 187-190, 294-295；另参见 desire to understand（理解的欲求）

desire to understand（理解的欲求）1-14, 57, 64, 73, 117, 134, 159-160, 173, 209, 212, 248-249, 265, 298, 302, 310-311, 313, 317, 320

Divine Craftsman（神圣的工匠）18-19,

41-42, 44；另参见 art（技艺）；final cause（目的因）；God（神）

efficient cause（动力因）29-33, 40, 44

essence（本质）28-29, 45, 98, 117, 120-122, 125, 129-131, 137, 150, 212, 222, 229-230, 249, 257-258, 264, 267-271, 278-284, 290-293, 297-298, 301-301, 306-308；另参见 form（形式）；substance（实体）

excellence（卓越）, excellent（卓越的）：参见 virtue（德性）

experience（经验）1-2, 45, 51-53, 93-94, 101-117, 120, 128, 180, 243, 293, 306

final cause（目的因）19, 35, 44, 71, 295；另参见 Divine Craftsman（神圣的工匠）；form（形式）

flourishing（繁盛）：参见 happiness（幸福）

form（形式）, formal cause（形式因）16-22, 33-50, 60-63, 96-116, 118-141, 163, 213, 219, 243, 270-273, 2770293, 295, 298, 310；另参见 essence（本质）；matter（质料）

freedom（自由）149-151, 186-192；另参见 slavery（奴隶制）

generation, of natural things（自然物的生成）23, 35, 38n, 40-41, 43, 59, 100；另参见 change（变化）

geometry（几何）：参见 mathematics（数学）

God（神）9-10, 293-320；另参见 Divine Craftsman（神圣的工匠）

growth（生长）：参见 generation（生成）

habit（习惯）, habituation（习惯化）165-167, 169, 183-184, 186-187, 202；另参见 character（品格）；learning（学习）；virtue（德性）

happiness（幸福）154-170, 177, 186, 201-202, 205-207, 209, 312, 315, 318；另参见 virtue（德性）

incontinence（不自制）174-186；另参见 character（品格）；habit（习惯）；virtue（德性）

individual（个体）：参见 particular（个体）

infinite（无限的）, infinity（无限）65-84

knowledge（知识）：参见 understanding（理解）

law（法律）200, 206；另参见 politics（政治）

learning（学习）32, 34-35, 104-105, 117, 139-140, 182-183, 292, 310；另参见 habit（习惯）；self-understanding（自我理解）；understanding（理解）

leisure（闲暇）2, 64, 207

logic（逻辑）209-231, 253

mathematics（数学）122, 231-247

matter（质料）, material cause（质料因）16-27, 35-50, 60-62, 72-73, 96-101, 113-116, 121, 125-133, 135-141, 242-243, 270-272, 274-277, 280, 318-319；另参见 form（形式）；potentiality（潜能）

mind（理智）114-115, 116-141, 293-

309；另参见 contemplation（沉思）；understanding（理解）

motion（运动）83-95

nature（自然）15-54

necessity（必然性）37-39, 43-46

non-contradictio, principle of（不矛盾律）249-265

particular（个体）2, 270, 278, 280-282, 284-290；另参见 substance（实体）；universal（普遍物）

passion（情感，激情）：参见 incontinence（不自制）；virtue（德性）

perception（感觉）：参见 experience（经验）

philosophy（哲学）3-9, 51, 57, 64, 173, 178-179, 202, 210-211, 248, 249-250, 264, 308-310, 313, 314, 318；另参见 contemplation（沉思）；understanding（理解）

pleasure（快乐）161, 167-169, 296-298, 315

politics（政治）；political（政治的）200-208, 311, 314

potentiality（潜能）17, 19, 22-24, 29, 30-36, 40-41, 59-71, 73, 74, 82-83, 96, 99, 102-116, 118-119, 123-140, 241, 271, 292, 299, 301, 307；另参见 actuality（现实，现实性）；form（形式）

power（力量，能力）：参见 potentiality（潜能）

practical reason（实践理性）：参见 deliberation（思虑）；practical wisdom（实践智慧）；reason（理性）

practical wisdom（实践智慧）170-174；另参见 character（品格）；virtue（德性）

purpose（目的）：参见 final cause（目的因）

reason（理性），rationality（理性）5, 44-45, 47, 51-52, 100, 130, 142, 155, 162-163, 169, 177, 187, 198 199, 203, 211, 225, 229, 254, 293, 295, 315；另参见 mind（心灵，理智）；practical wisdom（实践智慧）；sufficient reason, principle of（充足理由律）

self-sufficiency（自足）201, 313

self-understanding（自我理解）8-10, 117, 131, 134-135, 150, 157, 185-187, 310-314, 316-317

sense experience（感觉经验）：参见 experience（经验）

sexual reproduction（有性生殖）：参见 generation（生成）

skepticism（怀疑论）56, 93-95, 193-197

slavery（奴隶制）192-208；另参见 leisure（闲暇）；politics（政治）

soul（灵魂）8, 64, 75, 78, 83, 94, 96-101, 118-120, 125-129, 132-142, 161-164；另参见 body（身体，肉体），mind（理智，心灵）

species-form（种－形式）274-275, 280, 285-287, 289-290

substance（实体）24-26, 59-60, 73, 97-98, 248, 257-260, 263-264, 265-293, 296, 303,

316, 319
sufficient reason, principle of（充足理由律）57-58, 61
syllogism（三段论）210, 220-230
telos（目的）：参见 final cause（目的因）
time（时间）74-95
understanding（理解）1-14, 26-28, 58, 64, 73-74, 96, 104-105, 116-119, 123-135, 140, 172, 181-182, 183, 201-202, 209, 229, 230, 249, 269, 293, 298, 302-303, 310-314；另参见 contemplation（沉思）；desire to understand（理解的欲求）；learning（学习）；mind（理智，心灵）；practical widsom（实践智慧）；self-understanding（自我理解）
universal（普遍物）2, 270, 274, 278, 282-291；另参见 form（形式）；particular（个体）；substance（实体）
virtue（德性），virtuous（有德性的）153, 156-159, 162-163, 164-174, 177, 182-184, 186-191, 205-207, 312, 315, 318；另参见 character（品格）；happiness（幸福）

译后记

亚里士多德在《形而上学》开篇写下的那句"所有人都依据自然欲求认识"（πάντες ἄνθρωποι τοῦ εἰδέναι ὀρέγονται φύσει, all men by nature desire to know）大概是他最为人熟知的名言了。这句话揭示了人广泛而深刻的求知欲，也成为哲学和一切人类知识的起点。正是以这样的信念为起点和贯穿始终的动力，亚里士多德成为人类思想史上真正的"百科全书"。

亚里士多德思想系统清楚、逻辑严谨，因此在一个意义上，要为亚里士多德的思想撰写导论相对比较容易处理，只要把他的思想系统呈现出来，大体上都不会太离谱，不会像关于柏拉图的导论那样，有大量截然不同的进路，也不会像海德格尔的导论那样，有那么多的争议。亚里士多德导论通常的处理方式，都是首先介绍他的生平，之后按照亚里士多德本人划定的知识门类，分成逻辑学、自然哲学（包括物理学、生物学、灵魂学说）、形而上学、实践哲学（包括伦理学和政治学）和技艺哲学（包括修辞学和诗学）的顺序展开（这也是现在标准的亚里士多德全集的编辑顺序）。正是因为体系清晰，线索明确，西方学界由单人撰写的关于亚里士多德的导论不在少数，仅仅是在英文学界著名的导论就有罗斯①、劳埃德②、阿克瑞尔③、巴恩斯④、希尔兹⑤等多个不同的版本。⑥

但也正是因为亚里士多德的思想框架清晰,不同版本的亚里士多德导论读起来又难免不让人感到大同小异,读起来意兴阑珊。在这个意义上,想写出一部优秀的亚里士多德导论,又格外困难。

如果让我从所有读过的亚里士多德导论中推荐,我会毫不犹豫地推荐巴恩斯和乔纳森·李尔的这两个版本。它们具有很强的互补性,巴恩斯是简明扼要又不失阅读快感的代表,如果想快速了解亚里

---

① W. D. Ross, *Aristotle*, London: Methuen, 1923 初版(本书在罗斯生前出版了五版,第六版在 1995 年出版,并由阿克瑞尔撰写序言)。这本至今为止依然经典的亚里士多德导论就是按照我上面提到的顺序,全面介绍了亚里士多德的生平和思想的各个方面;中译本参见 W. D. 罗斯:《亚里士多德》,王路译,张家龙校,北京:商务印书馆,1997 年。

② G. E. L. Lloyd, *Aristotle: The Growth and Structure of his Thought*, Cambridge: Cambridge University Press, 1968. 本书试图兼顾亚里士多德的思想发展和思想的系统结构,前半部分用耶格尔(Jaeger)的"发展论"讨论亚里士多德的思想发展,后半部分用逻辑学、物理学、形而上学、伦理学、政治学、文学批评理论展开亚里士多德的思想体系。但是由于"发展论"在耶格尔提出之后引起了很多争议,这本导论的价值在今天看来也大打折扣。

③ J. L. Ackrill, *Aristotle the Philosopher*, Oxford: Clarendon Press, 1981。阿克瑞尔的导论在内容上比较有选择,在介绍了亚里士多德的生平之后,首先讨论他的物理学(第 3-5 章),之后是逻辑学和方法论(第 6-8 章)、形而上学(第 9 章)和伦理学(第 10 章)。阿克瑞尔的一个很大的特色是使用大段的引文,用一种半注疏的方式,来讨论亚里士多德思想中最有代表性的方面。

④ Jonathan Barnes, *Aristotle*, Oxford: Oxford University Press, 1982(后收入"牛津极简导论"[Oxford Very Short Introduction] 系列)。中译本参见:乔纳森·巴恩斯:《亚里士多德的世界》,史正永、韩守利译,南京:译林出版社,2013 年。这本导论篇幅很小,却分了 20 章,巴恩斯非常言简意赅地概述了亚里士多德思想的全部方面,从生平著述到身后影响,堪称"极简导论"的代表作。

⑤ Christopher Shields, *Aristotle*, London: Routledge, 2007 初版(第二版 2013)。中文版参见:克里斯托弗·希尔兹:《亚里士多德》,余友辉译,北京:华夏出版社,2015 年(根据第一版翻译)。这本导论的篇幅最大,英文第二版有 500 页,有比较强的研究性,吸收了大量近年的研究成果,也有很多希尔兹自己的观点,阅读感觉略显拖沓和冗长。

⑥ 德语、法语、意大利语学界也都有各自的亚里士多德思想导论;目前由中国学者撰写的亚里士多德思想导论,主要是靳希平:《亚里士多德传》,石家庄:河北人民出版社,1997 年。

士多德思想的全貌，没有比巴恩斯的导论更好的入门书了。而李尔的这本《理解的欲求》，则是一本既有深度又有温度的导论，是能够带着你一同思考的导论。

在我看来，李尔不算是抱定一个研究领域皓首穷经的"学者"，而是很有才情的"思想家"。他跟随著名逻辑学家克里普克（Saul Kripke）撰写了关于亚里士多德逻辑学的博士论文，毕业之后先后在剑桥大学（1979—1985）、耶鲁大学（1985—1996）、芝加哥大学任教（1996年至今），现在依然是芝加哥大学社会思想委员会的约翰·内弗杰出贡献讲席教授（John U. Nef Distinguished Service Professor）。在古代哲学方面，他对柏拉图（特别是《理想国》）和亚里士多德（特别是逻辑学、物理学和形而上学）都有非常独到的研究；他还是一个心理分析师，研究经典的心理分析理论和当代心理学，特别是对弗洛伊德有深入的研究。李尔还将哲学与心理学完美结合，由此关注了很多与人类心理相关的重要哲学概念，比如爱、幸福、疾病、死亡、想象力、希望、反讽等，在有关这些概念的研究中，李尔都结合了宽广的哲学史视野和精彩的哲学-心理学分析。他在所有这些作品里展现出的洞见，经常让人拍案叫绝。[①]

[①] 不算发表的五十多篇论文和这里翻译的《理解的欲求》，李尔撰写的著作包括：*Aristotle and Logical Theory*, Cambridge: Cambridge University Press, 1980；*Love and Its Place in Nature: A Philosophical Interpretation of Freudian Psychoanalysis*, New York: Farrar, 1990；*Open Minded: Working Out The Logic of the Soul*, Cambridge: Harvard University Press, 1998；*Happiness, Death and the Remainder of Life*, Cambridge: Harvard University Press, 2000；*Therapeutic Action: An Earnest Plea for Irony*, New York: Other Press, 2003；*Radical Hope: Ethics in the Face of Cultural Devastation*, Cambridge: Harvard University Press, 2006；*A Case for Irony*, Cambridge: Harvard University Press, 2011；Freud, London: Routledge, 2005（第二版2015；也是一部非常精彩的弗洛伊德导论；中译本参见：乔纳森·里尔：《弗洛伊德》，邵晓波译，北京：华夏出版社，2013年，根据第一版翻译）；*The Idea of a Philosophical Anthropology*, Assen: Van Gorcum, 2017；*Wisdom Won From Illness: Essays in Philosophy and Psychoanalysis*, Cambridge: Harvard University Press, 2017。

这本《理解的欲求》是李尔离开剑桥的告别之作，他带着对亚里士多德、对剑桥大学、对同事和学生的感情写了这本书。他对亚里士多德的讨论不是简单地罗列观点、整理论证，整本书有着非常精巧的构思，围绕"所有人都依据自然欲求认识"这句话展开。在第一章引入这句话作为全书的导论之后，后面的内容分别对应着这句话里的几个关键词。第二和第三章讨论"自然"（因为亚里士多德将"自然"定义成运动／变化与静止／不变的原理，所以讨论自然也就必然要讨论"变化"），主要是关于亚里士多德的物理学；第四章讨论"人"，主要是亚里士多德的灵魂学说；第五章讨论人的"欲求"具有什么样的机构，如何规范自己的欲求，主要涉及亚里士多德的伦理学和政治学的内容；最后一章讨论"认识"或者说"理解"，主要讨论亚里士多德的逻辑学和形而上学。

从这个内容简介，我们可以看到，李尔的导论不求面面俱到，比如亚里士多德的生平、生物学、修辞学和诗学的内容基本上完全没有涉及，伦理学和政治学的内容也是非常有选择地做了讨论。李尔选择这些主题，一方面是为了突出"所有人都依据自然欲求认识"这句话的深意，它不仅展示了人的根本欲求，也展示了人与世界的关系——即欲求认识的人生活在一个可以被认识的世界之中，并且在对世界的认识之中，达到自我认识的顶点。另一方面，也是为了突出《理解的欲求》是一本真正**带有哲学性**的亚里士多德导论。李尔想要用这些问题再现困扰亚里士多德的疑难，刺激我们去和亚里士多德一同思考，同时他对这些问题给出了很有深度、很有洞见的讨论，特别是第三章关于无限和芝诺悖论的讨论、第四章关于感觉在感觉器官中造成何种变化以及"主动理智"的讨论，第五章关于"不自制"的讨论，第六章关于亚里士多德数学哲学和"实体"概念的讨论，都是学界争论非常激烈的问题,而李尔用非常清晰的语言和读者容易理解的方式,对这些问题给出了自成一派又非常言之成理的解答,同时展示了对这些问题的思考在今天依然具有启发性。

在我看来,李尔的这本《理解的欲求》是亚里士多德最好的导论之一,因此在筹备这套"西方古典学研究"丛书时,我就建议将它纳入了第一批的翻译计划,想起来那已经是2013年的事了。这之后经历过译者变化和自己的拖沓,直到七年后的今天才完成了最终的翻译和校对工作,实在汗颜,感到自己对不起北大出版社的信任、对不起读者的期待,也对不起李尔教授的等待。在此,我要感谢北大出版社和编辑王晨玉一如既往的支持与耐心!

刘 玮
2020年6月30日
于中国人民大学